LOOK UP!!

資料集 ＋ 食品成分表

JN045733

開隆堂

CONTENTS
もくじ

詳しいデータや
関心が高まる
コラム

衣食住の
日本と世界の
伝統文化

私たちは家庭科で

「家庭生活を中心にした人間の生活」について学んでいる。

生活のなかにはいろいろ課題があるが，

それに気づかず自覚していないことも多い。

しかし生きている限り，毎日何がしかの課題に取り組み，

これらの解決策を実践し積み重ねている。

これまで「当たり前」と思っていたことが

「当たり前」ではないと気づいたとき，

より詳しいデータ，興味・関心が高まるコラムが

自分なりの答えを見つけるヒントになる。

生活は，手で道具を使いモノをつくっている。

日本と世界の伝統文化にふれることで，

視野が広がり多様な生活にふれることができる。

青年期

「自分」ってどんな人？

1 高校生が打ち込んでいる活動と悩み

❶ 高校生が打ち込めるもの

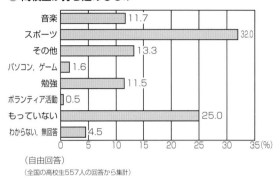

	(%)
音楽	11.7
スポーツ	32.0
その他	13.3
パソコン, ゲーム	1.6
勉強	11.5
ボランティア活動	0.5
もっていない	25.0
わからない, 無回答	4.5

（自由回答）
（全国の高校生557人の回答から集計）

（NHK放送文化研究所「中学生・高校生の生活と意識調査・2012」）

❷ 高校生の悩み

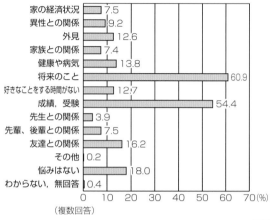

	(%)
家の経済状況	7.5
異性との関係	9.2
外見	12.6
家族との関係	7.4
健康や病気	13.8
将来のこと	60.9
好きなことをする時間がない	12.7
成績, 受験	54.4
先生との関係	3.9
先輩, 後輩との関係	7.5
友達との関係	16.2
その他	0.2
悩みはない	18.0
わからない, 無回答	0.4

（複数回答）

（同左）

2 進路選択の課題と意思決定

❶進路選択についての気がかり

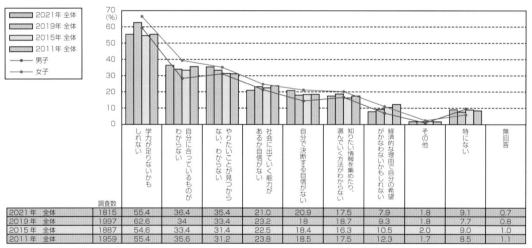

凡例：
- 2021年 全体
- 2019年 全体
- 2015年 全体
- 2011年 全体
- 男子
- 女子

	調査数	学力が足りないかもしれない	自分に合っているものがわからない	やりたいことが見つからない, わからない	社会に出ていく能力があるか自信がない	自分で決断する自信がない	知りたい情報を集めたり, 選んでいく方法がわからない	経済的な理由で自分の希望がかなわないかもしれない	その他	特にない	無回答
2021年 全体	1815	55.4	36.4	35.4	21.0	20.9	17.5	7.9	1.8	9.1	0.7
2019年 全体	1997	62.6	34	33.4	23.2	18	18.7	9.3	1.8	7.7	0.8
2015年 全体	1887	54.6	33.4	31.4	22.5	18.4	16.3	10.5	2.0	9.0	1.0
2011年 全体	1959	55.4	35.6	31.2	23.8	18.5	17.5	12.3	1.7	8.5	1.1

（（株）リクルート進学総研「高校生と保護者の進路に関する意識調査」2011年〜2021年）

コラム セクシャリティの多様性

これまで, 世の中は男性と女性だけで構成されていると考えられてきた。しかし, 「身体の性」, 自分の性をどのように認識しているかという「性自認」, どういう性別の人を好きかという「性的指向」, 自分自身をどのように見せたいかという「性表現」などの多様な組み合わせによってとらえられ, それぞれは一様ではない。

セクシャリティの多様性をテーマにした映画
『ミルク』（2008年）
　1970年代, ゲイであることを自ら公表し, 社会的弱者の救済のために戦った政治家ハーヴィー・ミルクの生涯を描いた伝記映画。

『彼らが本気で編むときは,』（2017年）
　トランスジェンダーの介護士と, すべてを受け入れる恋人, 2人の前に現れた, 愛を知らない孤独な少女。それぞれの幸せを見つけるまでの心温まる60日。
『カランコエの花』（2018年）
　LGBTの授業が行われたあるクラス。LGBTの人がクラスにいるのではと噂されるところから始まる。思春期の悩みや, LGBTとしての苦難がリアルに描写される。
『ミッドナイトスワン』（2020年）
　新宿で働くトランスジェンダーの主人公が, 養育費目当てで育児放棄された親戚の娘を預かるところから始まる物語。惑いからやがて母になりたいと考えるようになる。

3 恋愛は対等な立場で…

❶未婚者の異性との交際状況

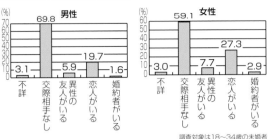

男性
- 不詳 3.1
- 交際相手なし 69.8
- 異性の友人がいる 5.9
- 恋人がいる 19.7
- 婚約者がいる 1.6

女性
- 不詳 3.0
- 交際相手なし 59.1
- 異性の友人がいる 7.7
- 恋人がいる 27.3
- 婚約者がいる 2.9

調査対象は18～34歳の未婚者
（国立社会保障・人口問題研究所「第15回出生動向基本調査」2015年）

❷恋人が欲しいと思わない理由

現在，恋人がいない，かつ恋人が欲しいとは思わない人／複数回答（上位6位まで）

	男性・順位	女性・順位
一人の方が気楽だから	1位・59.7%	1位・70.9%
恋愛が面倒だから	2位・34.5%	2位・49.3%
好きな人がいないから	3位・29.2%	3位・48.6%
お金がかかるから	4位・25.0%	6位・23.2%
時間を奪われるから	5位・22.2%	4位・36.8%
恋人より自分の趣味に力を入れたいから	6位・18.4%	5位・28.5%

全国の20～49歳の未婚男女，回収サンプル数2,400人
（㈱リクルートマーケティングパートナーズ「ブライダル総研　恋愛・結婚調査」2019年）

❸相手への執着がわがままになる!?

（上田美和『パピヨン―花と蝶―』第3巻講談社）

❹恋愛の「パワーバランス」を意識しよう

　恋愛は「男女とも対等な立場で，愛情や信頼のもとお互いを高めあってゆくのが理想的」といわれます。でも，実際の恋愛関係では，愛と信頼とは別の次元で，なんらかの「力関係」がおのずと生じるものです。

　たとえばちょっと強引な彼氏が，おとなしい彼女をそれとなくしたがえているような［彼氏主導型］カップルもいれば，カカア天下的な彼女が，甘えやワガママを駆使して彼氏を思いどおりに動かす［彼女主導型］カップルもいる。（中略）しかしなかには，このバランスが極端にかたより，片方がもう片方にしいたげられ，窮屈さや不快感を感じながら交際を続けているようなカップルも少なくありません。

（瀧田信之『それ，恋愛じゃなくてDVです』WAVE出版）

コラム ストーカー行為招く恐れ　交際相手のスマホチェック，徳島の若者3割超「許せる」

　相手からの束縛について「許せる」「やや許せる」と答えたのは，スマホのチェック278人（34・8%），スマホへのGPSアプリのインストール207人（25・9%），交際相手以外との行動制限175人（21・9%），全ての行動把握323人（40・4%）。同じ束縛を自分が行う場合に「許される」「やや許される」と答えた割合はそれぞれ9～14・3ポイント低かった。

　交際を断られた相手に対し，繰り返しても許される行為として「相手の家に行く」を挙げた人が12人（1・5%）いた。「待ち伏せする」が2人（0・3%），「メールやSNSで『会いたい』『やり直したい』と伝える」が40人（5%）だった。「相手の気持ちが変わると思う」という理由が目立った。

　調査した元徳島文理大准教授で岡山県立大の小畑千晴准教授（臨床心理学）は「スマホのチェックなどを愛情の形として捉えている可能性がある。一時的な判断で同意するのではなく，長期的な視野に基づく対応が必要」と指摘した。県警少年女性安全対策課の喜田薫課長補佐による被害防止対策講座もあった。調査には，大学と専門学校に通う18～25歳の男性243人，女性557人が回答した。

（「徳島新聞」 2021年1月19日）

❺デートDV　あなたは大丈夫?

　付き合っているなら，当たり前だと思うことは何ですか?

☐恋人からの連絡には即レス
☐一緒にいるためならバイトをやめる
☐付き合っていればいつも一緒が当たり前
☐記念日なら何でもプレゼントは当たり前
☐愛し合っていればどこでもキスOK?

　「当たり前!」と思うことが多かったあなたへ

　「好きだから，気持ちを通じ合わせたい」「一緒にいたい」というのと，「自分の思いどおりに動いてほしい」「独り占めしたい」と相手をコントロールしたり，「自分のモノ」として扱うのは違うことです。相手をコントロールしたり，「自分のモノ」として扱ったりすることは，交際相手に対する「暴力」，いわゆる「デートDV」にあたります。

（内閣府男女共同参画局ホームページを基に作成）

青年期

パートナーシップを築く

1 男女の役割観についての国別青年意識

❶男は外で働き，女は家庭を守るべきだ

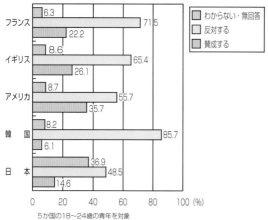

凡例:
- わからない・無回答
- 反対する
- 賛成する

国	反対	賛成/わからない
フランス	71.5	6.3 / 22.2
イギリス	65.4	8.6 / 26.1
アメリカ	55.7	8.7 / 35.7
韓国	85.7	8.2 / 6.1
日本	48.5	36.9 / 14.6

5か国の18〜24歳の青年を対象
（内閣府「平成30年度我が国と諸外国の若者の意識に関する調査報告書」2019年）

❷子どもが小さいときは，子どもの世話は母親がするべきだ

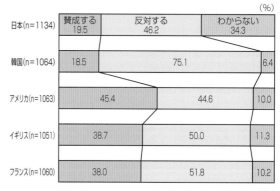

(%)

	賛成する	反対する	わからない
日本(n=1134)	19.5	46.2	34.3
韓国(n=1064)	18.5	75.1	6.4
アメリカ(n=1063)	45.4	44.6	10.0
イギリス(n=1051)	38.7	50.0	11.3
フランス(n=1060)	38.0	51.8	10.2

（同左）

2 男女の家事労働時間と給与格差の比較

❶有業・有配偶者の年齢階級別1日当たり平均家事関連時間

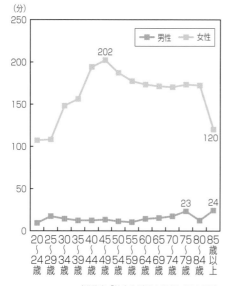

（分）

凡例: ■男性 ■女性

女性のピーク: 202（40〜44歳）、85歳以上: 120
男性: 75〜79歳: 23、85歳以上: 24

横軸: 20〜24歳, 25〜29歳, 30〜34歳, 35〜39歳, 40〜44歳, 45〜49歳, 50〜54歳, 55〜59歳, 60〜64歳, 65〜69歳, 70〜74歳, 75〜79歳, 80〜84歳, 85歳以上

（総務省「社会生活基本調査」2016年）

❷男女間所定内給与格差の推移

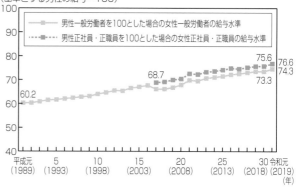

（基準とする男性の給与＝100）

凡例:
- 男性一般労働者を100とした場合の女性一般労働者の給与水準
- 男性正社員・正職員を100とした場合の女性正社員・正職員の給与水準

60.2 → 68.7 → 75.6 / 76.6 / 74.3 / 73.3

横軸: 平成元(1989), 5(1993), 10(1998), 15(2003), 20(2008), 25(2013), 30(2018), 令和元(2019)（年）

（内閣府「男女共同参画白書令和2年版」）

コラム ▶ 同性婚・パートナーシップ制度の動向

　2001年にオランダで初めて同性婚が法的に認められてから世界各地に広がり，同性婚やパートナーシップ制度等を認める国・地域が増加している。2021年9月時点で31の国・地域で同性婚等が可能になっている。日本はG7（主要7カ国）の中で唯一同性婚が認められていない。

　日本では国による法制化はされていないが，パートナーシップ制度等という取り組みが各自治体で行われている。2017年に渋谷区や世田谷区で始まり，2022年1月4日時点では147自治体（5都道府県を含む）がパートナーシップ制度を導

入しており，導入する自治体は急速に増えている。2021年12月31日時点で2537組が登録している（「渋谷区・NPO法人虹色ダイバーシティ全国パートナーシップ制度共同調査」より）。

　国による法制化でないと，法的な効力をもたないことやその自治体から出て行ってしまうと制度は解消してしまうこと，相続，配偶者ビザなどに多くの問題がある。

　2019年には，日本で初めて同性カップルが結婚できないことは憲法違反であると問う「結婚の自由をすべての人に」訴訟が起こった。

3 男女の年齢階級別の労働力

❶男女の年齢階級別の労働力率の推移

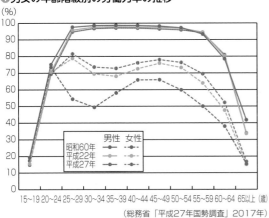

（総務省「平成27年国勢調査」2017年）

❷女性の年齢階級別の労働力率の国際比較

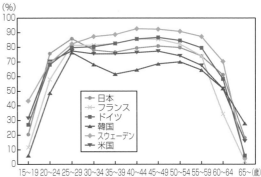

（内閣府「男女共同参画白書令和3年版」2021年）

M字型の就労の状況は，韓国が一番強く，次に日本がその傾向を示している。アメリカ，ドイツ，フランス，スウェーデンはM字型の傾向は見られない。

4 男女の社会的平等の現状

❶ジェンダーギャップ指数

順位	国名	値
1位	アイスランド	0.992
2位	フィンランド	0.861
3位	ノルウェー	0.849
5位	スウェーデン	0.823
11位	ドイツ	0.796
16位	フランス	0.784
23位	イギリス	0.775
30位	アメリカ	0.763
102位	韓国	0.687
107位	中国	0.682
120位	日本	0.656

（世界経済フォーラム「The Global Gender Gap Report 2021」より作成）
ジェンダー・ギャップ指数とは，各国における男女間の格差を数値化したものである。

❷日本と諸外国の国会議員に占める女性の割合

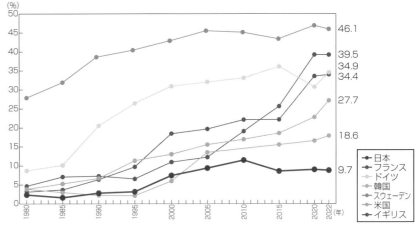

（IPU（列国議会同盟）Women in politicsより作成）

コラム 「多様な人材活躍」と「仕事と家庭の両立」を実現
NTTデータ

　D&I（ダイバーシティ&インクルージョン）を経営方針のひとつに掲げ，多様な人材の活躍と，誰もが仕事と家庭の両立ができる，働きやすい環境づくりを目指している。なかでもとくに重視しているのが，新たな価値を創出し，より創造性を高めることを目標とした「女性の活躍推進」だ。これには，システム開発が主な業務となる同社ならではの“男性社員が多い”という環境要因に課題を感じているという。そのような背景から，2025年を目処に女性社員および女性の経営幹部や管理職を増やすための数値目標を設定。具体的には，仕事と育児の両立や，育児や介護休職から復帰した際のキャリア育成をサポートする研修など，継続的に安定して働くための各種研修を実施している。

　「女性の活躍推進はもちろんですが，誰もが仕事と家庭の両立ができるように，たとえば男性の育休取得者を増やすことも目標にしています」

　そう話すのは，人事本部の作田さん。昼休みの時間帯に開催している「ワーパパセミナー」では，育休中の過ごし方や育休の取得方法など，実際に育休をとった男性社員の体験談を紹介して，育休を取得しやすい環境づくりに努めているという。

NTTデータ
[女性活躍推進のための目標]
（2025年度末まで）

● 継続した女性採用比率30%超
● 女性管理職比率10%
● 女性経営幹部数（役員，組織長等）15人以上
● 男性育児休職取得率30%

NTTデータ
[社員数と管理職数の数値]
● 女性社員数
2010年度末15.3%
（全社員1万139名中，女性1551名）
2020年度末22.3%
（全社員1万1955名中，女性2662名）
● 女性管理職数
2010年度末3.5%（67名）
2020年度末7.2%（192名）

（NTTデータによる2011年度発行「CSR報告書」，2021年度発行「サスティナビリティレポートより」）

（「メトロポリターナ」2022年3月10日）

家族

結婚するってどういうこと？

1 結婚に関する意識

国立社会保障・人口問題研究所が行った「第15回出生動向基本調査（結婚と出産に関する全国調査）2015年」に基づき，18歳以上35歳未満の未婚男女を中心に集計分析を行ったのが❶〜❸のグラフである。

❶生涯の結婚の意思は？

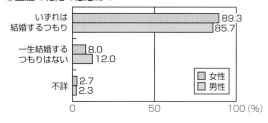

❷結婚については？

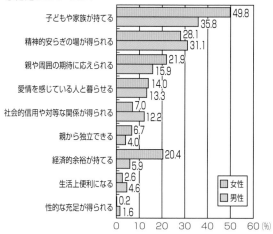

❸結婚の障害は？

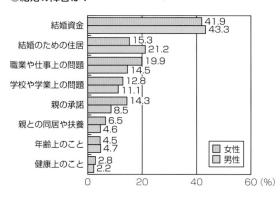

2 未婚率の推移と結婚のきっかけ

❶年齢階層別未婚率の推移

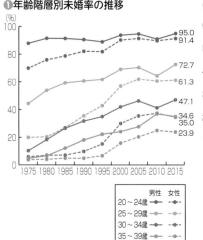

（総務省「平成27年国勢調査」2017年）

❷夫婦が最終的に結婚を決めたきっかけ

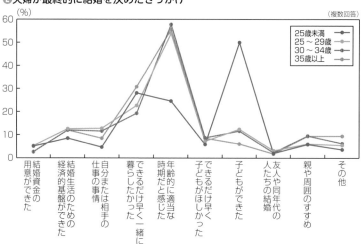

（国立社会保障・人口問題研究所「第14回出生動向基本調査」2010年）

3 進む少子化

❶結婚持続期間別にみた，夫婦の平均出生子ども数

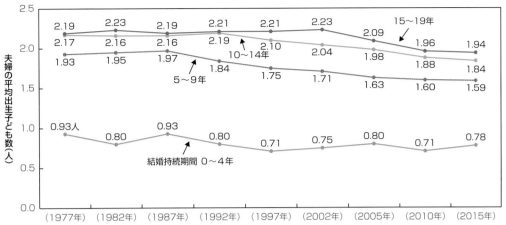

(注) 対象は初婚どうしの夫婦（出生子ども数不詳を除く）。

(国立社会保障・人口問題研究所「第15回出生基本調査」2015年)

❷理想の子ども数をもたない理由

(%)

予定子ども数が理想子ども数を下回る組み合わせ	予定子ども数が理想子ども数を下回る夫婦の内訳（集計客体数）
理想1人以上予定0人	6.1 (77)
理想2人以上予定1人	39.2 (491)
理想3人以上予定2人以上	54.7 (685)
総数	100.0 (1,253)

(複数回答) (%)

経済的理由			年齢・身体的理由			育児負担	夫に関する理由				その他	
子育てや教育にお金がかかりすぎるから	自分の仕事（勤めや家業）に差し支えるから	家が狭いから	高年齢で生むのはいやだから	欲しいけれどもできないから	健康上の理由から	これ以上、育児の心理的、肉体的負担に耐えられないから	夫の家事・育児への協力が得られないから	一番末の子が夫の定年退職までに成人してほしい	夫が望まないから	子どもがのびのび育つ社会環境ではないから	自分や夫婦の生活を大切にしたいから
15.6	6.5	1.3	39.0	74.0	24.7	9.1	2.6	2.6	3.9	6.5	9.1
43.8	11.8	6.1	42.4	34.8	17.5	14.1	11.6	6.5	9.4	5.7	4.9
69.8	18.7	16.1	38.1	9.8	14.7	21.0	9.6	8.3	7.7	6.1	6.3
56.3	15.2	11.3	39.8	23.5	16.4	17.6	10.0	7.3	8.1	6.0	5.9

(注) 対象は予定子ども数が理想子ども数を下回る初婚どうしの夫婦。予定子ども数が理想子ども数を下回る夫婦の割合は30.3%。

　3人以上を理想としている夫婦では「お金がかかりすぎる」という経済的理由，理想数が2人以下の夫婦は「高齢だから」「欲しいけどできない」など年齢・身体的理由を多くあげている。

(国立社会保障・人口問題研究所「第15回出生動向基本調査」2015年)

4 いろいろな暮らし方

❶あなたの暮らし方は？

家族

多様化する家族と法律の中の「家族」

1 家族に求めるもの

❶あなたにとって家族とは？

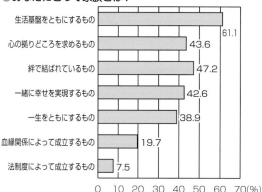

- 生活基盤をともにするもの 61.1
- 心の拠りどころを求めるもの 43.6
- 絆で結ばれているもの 47.2
- 一緒に幸せを実現するもの 42.6
- 一生をともにするもの 38.9
- 血縁関係によって成立するもの 19.7
- 法制度によって成立するもの 7.5

0 10 20 30 40 50 60 70(%)

（電通ダイバーシティ・ラボ「ダイバーシティ家族」調査2013年）

10代から60代の男女1,000人を対象に行った「家族とは何か」という意識調査（複数回答）。多くの人が，家族を規定するものは「共通の生活基盤」や「絆」であるという回答を寄せた。

❷家族の間で大切にしていること

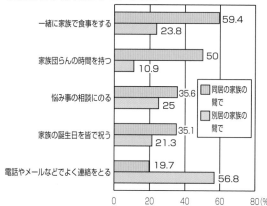

- 一緒に家族で食事をする 59.4 / 23.8
- 家族団らんの時間を持つ 50 / 10.9
- 悩み事の相談にのる 35.6 / 25
- 家族の誕生日を皆で祝う 35.1 / 21.3
- 電話やメールなどでよく連絡をとる 19.7 / 56.8

凡例：
□ 同居の家族の間で
□ 別居の家族の間で

0 20 40 60 80(%)

（内閣府「少子化対策と家族・地域の絆に関する意識調査」2007年）

「あなたは，同居（別居）している家族の間で大切にしていることはありますか」という質問に対する回答（複数回答）。

2 時代とともに変わる家族

❶高齢期における子との住まい方（距離）の希望

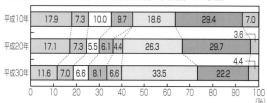

平成10年 17.9 / 7.3 / 10.0 / 9.7 / 18.6 / 29.4 / 7.0
平成20年 17.1 / 7.3 / 5.5 / 6.1 / 4.4 / 26.3 / 29.7 / 3.6
平成30年 11.6 / 7.0 / 6.6 / 8.1 / 6.6 / 33.5 / 22.2 / 4.4

0 10 20 30 40 50 60 70 80 90 100(%)

- □ 子と同居する（二世帯住宅を含む）
- □ 子と同じ敷地内の別の住宅に住む，または同じ住棟内の別の住戸に住む
- □ 徒歩5分程度の場所に住む　注 平成15年以前は「子のすぐ近く」
- □ 片道15分未満の場所に住む　注 平成15年以前は「同一市区町村内」
- □ 片道1時間未満の場所に住む
- □ 特にこだわりはない　■ その他　□ 不明

（国土交通省「住生活総合調査結果」2018年）

❷ 子世帯を中心としたインビジブル・ファミリー
A雄さん一家を中心に近居しながら支え合う

父（60代）母（50代）A雄さんの両親

車で10分 同じ区内

A雄さん（30代）B子さん（妻・30代）Cくん（長男・5歳）A雄さん一家

電車で20分

父（70代）母（60代）B子さんの両親

電車で10分 同じ沿線

電車で15分 同じ沿線

D美さん（20代）A雄さんの妹

A雄さん世帯を中心とした4家族は単身世帯が一つ，夫婦のみの世帯が二つ，核家族世帯が一つ。世帯はバラバラだが，それぞれが密接に関わっているのがインビジブル・ファミリーの特徴。

（野村総合研究所）

コラム 「ヤングケアラー」への関心と支援

　「ヤングケアラー」について，日本では2020年代前後から関心を集めるようになってきたが，まだ知らない人も少なくない。「ヤングケアラー」は，"大人が担うものと想定されている家事や家族の世話などを，日常的に行っている子ども"と説明されている。親や祖父母の介護，きょうだいの世話などを，"手伝う"という程度を超えて，毎日，かなりの量を，しかも，責任をもたせられるようになると，その子どもは人間的な成長をしている反面，遊び・勉強・友達との付き合いなど，子ども期にふさわしい時間を過ごすことが難しくなる。

　厚生労働省・文部科学省は，2021年から中・高校生を対象に実態調査を始めた。2022年には小学生・大学生を対象に調査を行ったが（2022年4月現在未発表），新聞報道によれば，小学生の割合は6.5%と中学生を上回る数字となっている。ヤングケアラーとして過ごしている子どもた

ちが困っている時に相談できる人や場所の充実，支援を必要とする家族には，子どもが過剰なケアを担うことのないよう公的ケアサービスの提供について検討されつつある。

子どもが世話をする家族の有無

	世話をする家族がいる	内訳　複数回答（%）	
中学2年生	5.7%（17人に一人）	親	23.5
		祖父母	14.7
		きょうだい	61.8
高校2年生	4.1%（24人に一人）	親	29.6
		祖父母	22.5
		きょうだい	44.3

きょうだい：幼い・障がい等

対象　公立中学校2年生（5,558人）
　　　公立高等学校2年生（7,407人）

（厚生労働省・文部科学省「ヤングケアラーに関する調査研究」2021年）

3 民法の改正で18歳から成人に

❶18歳でできることと20歳までできないこと

18歳でできること	20歳までできないこと
・選挙権取得 ・親の同意がなくても契約できる（携帯電話／クレジットカードを作る／部屋を借りる） ・10年有効のパスポートを取得する ・公認会計士や司法書士，医師免許，薬剤師免許などの国家資格を取る ・結婚できる（女性の結婚可能年齢の引上げ） ・性同一性障害の人が性別取扱いの変更審判を受けられる ・普通自動車免許の取得（従来通り）	・お酒を飲む ・たばこを吸う ・競馬，競輪，オートレース，競艇の投票券（馬券）などを買う ・養子を迎える ・大型・中型自動車運転免許が取れる（大型は21歳）

（政府広報オンライン「成年年齢引き下げって？」より）

❷世界の成人年齢

18歳	日本，アメリカ（50州中の45州），イギリス，イタリア，インド，オーストラリア，オランダ，ギリシャ，ケニア，サウジアラビア，スイス，スペイン，中国など
19歳	韓国など
20歳	タイ，台湾，ニュージーランド，パラグアイ，モロッコなど
21歳	インドネシア，エジプト，ガーナ，シンガポールなど

成年年齢の引き下げは2018年に民法が改正され，2022年4月から施行される。

4 離婚の現状

❶離婚件数と離婚率の年次推移

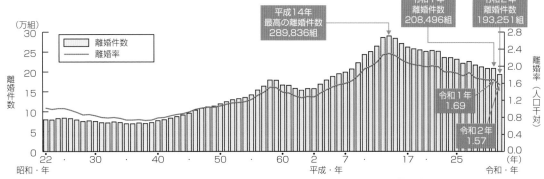

平成14年 最高の離婚件数 289,836組

令和1年 離婚件数 208,496組

令和2年 離婚件数 193,251組

令和1年 1.69

令和2年 1.57

（厚生労働省「令和2年人口動態統計（確定数）の概況」2020年）

離婚の件数は，増加傾向が続いていたが，2002（平成14）年以降減少に転じている。

離婚の形は大きく次の2つに分けられる。

協議離婚：夫婦が話し合って合意し離婚届を提出する。2019年現在は約88%が協議離婚。

裁判離婚：裁判所が関与して成立する離婚であって，調停離婚，審判離婚，和解離婚，認諾離婚及び判決離婚の5種があり，調停が成立したとき，和解が成立したとき，請求の認諾をしたとき，又は審判若しくは判決が確定したときに離婚の効果が生ずる。

5 親子に関する民法

❶親族・親等図

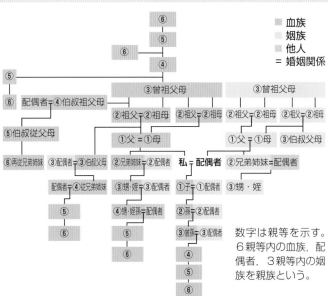

■ 血族
■ 姻族
■ 他人
＝ 婚姻関係

数字は親等を示す。6親等内の血族，配偶者，3親等内の姻族を親族という。

保育

生命の誕生

1 「性」について考えてみよう

❶デートと性交の経験率

性交経験率の推移

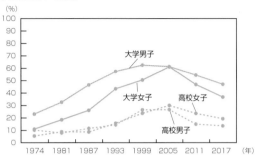

（日本性教育協会「第8回青少年の性行動全国調査報告」2017）

❷避妊の方法～望まない妊娠を避けるために

方　法	使用法	よいところ	注意が必要なところ
ピル（経口避妊薬）	2種類の女性ホルモン入りの薬を飲んで，排卵を防ぐ方法。医師の処方が必要。	女の人が自分で使える。正しく飲めば効果が高い。	毎日飲まないといけない。少しの間，不正出血や吐き気などの副作用がある。
コンドーム	男性の性器に被せて，膣内に精子が入らないようにする。	入手が簡単。性感染症の予防になる。	使い方を間違えると失敗する。
殺精子剤	精子を殺す薬を錠剤やゼリー状にして膣内に入れる。	副作用がない。	有効時間が1時間程度。
基礎体温法	毎朝体温を計って記録し，排卵日を予測する。低体温から高体温に変わるときが排卵。	副作用がない。自分の月経周期を把握できる。	毎朝体温測定の必要がある。体調変化で体温が変動し排卵期が把握しにくく，避妊効果が薄い。

❸主な性感染症

疾患名	潜伏期間	症状など	感染期間
クラミジア	2～3週間	（男）排尿困難，排尿時の痛み，尿道口より膿が出る。（女）無症状のこともある。おりものの増加，下腹部痛，進行すると卵管閉塞を起し，不妊の原因になることもある。	粘膜に炎症が見られる急性期に強い感染力がある。無症状でも感染する。（注）
性器ヘルペス	3～7日	（初感染した場合）外陰部に小さい水泡や潰瘍（かいよう）性の病変。発熱を伴うことが多い。2～4週間で自然に治癒（ちゆ）するが，ウイルスが潜伏していて，月経，性交などの刺激が誘因となって，再発を繰り返す。	主に症状のある期間。再発しやすいので，常時感染に気を付ける必要がある。（注）
尖圭（せんけい）コンジローム	数週間～2，3か月	性器周辺部にイボ状の小腫瘍（しゅよう）がたくさんできる。自然に治癒することも多いが，再発を繰り返すことがある。	イボがある期間。（注）
淋病（りんびょう）	2～5日	（男）尿道に軽いかゆみや熱っぽさ，排尿時の痛み，尿道から膿が出る。（女）無症状のことが多い。軽い排尿痛，頻尿，悪臭のある緑白色や黄色のおりもの。放置すると不妊の原因になることもある。	完治しなければ，数か月から数年。（注）
エイズ（HIV）	2～3週間でかぜ様の初感染症状	HIVの感染によって，免疫（めんえき）不全が起こり，健康なときにはかからないような感染症や悪性腫瘍にかかる（HIVの感染からエイズの発症は治療しなければ約10年）。感染してからかぜ様の初感染症状が出るまでは，通常2～3週間。	一般的には終生。

（注）治療しなければ何年も人に感染させる。

2 生命をはぐくむ

❶妊娠から出産まで

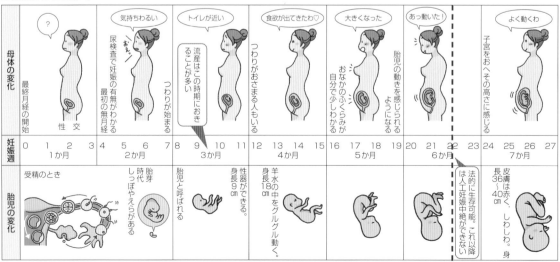

（河野美代子『新版　SEX & our BODY～10代の性とからだの常識』（株）NHK出版を参考に作成）

3 出生前診断と不妊治療

❶出生前診断

出生前診断

	超音波検査（NT）	新型出生前診断	母体血清マーカー（クアトロ検査）	羊水検査
時期（妊娠週数）	11〜13週	10〜22週	15〜18週	15週以降
方法	膣の中か，腹部の上からプローブと呼ばれる機器をあてる		妊婦の血液採取	妊婦の腹部に針をさし羊水を採取
対象疾患	ダウン症候群　18／13トリソミー		ダウン症候群　18トリソミー　開放性二分脊椎	染色体疾患全般

新型出生前診断は，検査対象者に次のような条件がある。①出産予定時点の年齢が35歳以上。②過去の妊娠・分娩で，染色体異常があった。③今回の妊娠で，超音波検査や母体血清マーカー検査による染色体異常の疑いが判明した。

コラム　産まれてきてくれてありがとう

08年8月，第2子を妊娠中だったK市のK・Tさん（36）は，妊娠14週で受けたエコー検査で，胎児の腹部に水がたまっている「胎児水腫」と指摘された。原因を探るために受けた羊水検査の結果は「ダウン症」だった。（中略）

出産か中絶かをたずねる医師の質問に，ふと思い出した「あの時」——。大学を卒業したてのころ，教会の活動で，同年代の女性たちと「出生前診断」について開いた勉強会。自分たちだっていつ事故や病気で障害を抱えるとも限らない。20代の自分がたてた「命の選択はしない」という誓いがK・Tさんの胸によみがえり，その場で妊娠継続を決めた。

胎児水腫は夏の終わりに突然消え，医師を驚かせた。予定日より2カ月早かったが，次男は合併症もなく無事に生まれてきた。3歳になり，一人で上手に食事をしたり，言葉をつなげて話すことは苦手だが，いつも笑顔を絶やさない。

（毎日新聞社取材班『こうのとり追って』毎日新聞社2013年）

❷不妊の心配経験や治療経験

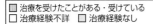
- 治療を受けたことがある・受けている
- 治療経験不詳
- 治療経験なし

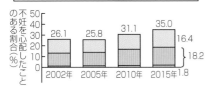

不妊のある割合（％）／不妊を心配したこと

	2002年	2005年	2010年	2015年
	26.1	25.8	31.1	35.0

16.4 / 18.2 / 1.8

（国立社会保障・人口問題研究所「第15回出生動向基本調査」2015年より作成）

❸男女・夫婦での不妊原因の割合

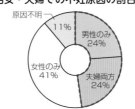

原因不明 11%
男性のみ 24%
夫婦両方 24%
女性のみ 41%

男性に原因があるケースは全体の48%

（世界保健機関（1996年）発表資料より作成）

不妊を心配したことがある夫婦や不妊検査や治療を受けたことがある夫婦も年々増加している。不妊原因の割合を示した1996年のWHOの統計によると，男性のみが24%，夫婦両方が24%であり，男性側に不妊の原因がある夫婦は48%にのぼる。

2022年4月から，体外受精などの基本治療は全て保険適用された。年齢や回数の制限はあるが，窓口での負担額が治療費の3割となる。

ハアハア	ううっ	楽になった
腰痛，おへそが引き伸ばされる・息切れがする	おなかが大きく一番つらい	もういつ陣痛がおきても不思議ではない 入院用意
28 29 30 31 8か月	32 33 34 35 9か月	36 37 38 39 40 10か月
皮下脂肪がつき始める。身長40〜43cm	頭を下にしたポーズをとる。身長48cm	誕生のとき

❷母子健康手帳と父子手帳

妊娠していると診断されたら，住んでいる市区町村に届け出をして交付してもらえる母子健康手帳。妊娠期から乳幼児期までの健康に関する重要な情報を，一つの手帳で管理することができる。

父親の育児参加を目指して，父子健康手帳を配布している自治体もある。育児にかかわるお父さんへの情報がつまっている。写真は明石市のもの。

保育

子どもの健やかな成長と安全

1 乳幼児の生活リズム（例）を知ろう

	0am	1	2	3	4	5	6	7	8	9	10	11	12pm	13	14	15	16	17	18	19	20	21	22	23
生後2か月	睡眠	ぐずぐず		授乳	睡眠		授乳	睡眠		ぐずぐず	授乳	睡眠	12:30 沐浴	授乳	睡眠		授乳	睡眠			ぐずぐず	授乳	睡眠	
2歳	睡眠						6:30 起床	朝食	遊び		おやつ	一人遊び	昼食	昼寝		15:30 おやつ		17:30 遊び	18:30 夕食	19:30 入浴	20:30 就寝	睡眠		
保育所に通う4歳	睡眠						6:30 起床	朝食	8:00 登園	遊び・製作			昼食	昼寝		おやつ	遊び	降園	夕食	入浴	就寝	睡眠		

2 子どもの健康と安全

❶睡眠・覚醒，ホルモンのリズム

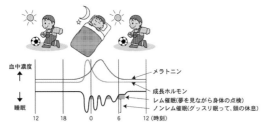

（神山潤『子どもの睡眠〜眠りは脳と心の栄養〜』芽ばえ社）

　成長ホルモンは深い眠りに入っているときにまとまって出る。メラトニンはよく眠る作用をもつホルモンで，幼児期に最も多く分泌される。夜に強い光を浴びると分泌が遅れる。

子どもの発達を促がすものは？

　人間の子どもの発達は順を追って進んでいくもので，無理に知識を教えこもうとしたり，ある段階をとびこえて教えようとしたりすると，発達にゆがみを生じることもある。

　しかし一方で，ある時期に発達を促す適切な刺激が与えられないと，発達が阻害されてしまうことがあり，この時期のことを臨界期という。人間の脳の場合，人間としての基本的な発達のための臨界期は，5〜6歳であろうと考えられている。

　ジーニーという女の子は，生まれてから13年間，裸のまま薄暗い部屋でただ一人，便器付きのイスにしばりつけられ，立つことも歩くことも許されず，誰からも話しかけられることもなく育てられた。。彼女は救出後に訓練をうけて，二語文までは話せるようになったが，その先は進歩が見られず，人として幸せな生活を送ることはできなかった。

　人間らしく発達するためには，身体や脳の側に必要な準備が整っていること，適切な時期に周囲からの適切な働きかけが重要である。

（久保田競『脳の発達と子どものからだ』築地書館）

❷就寝時刻午後10時以降の割合

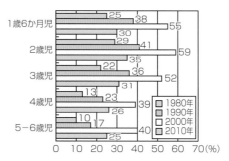

（（社）日本小児保健協会「幼児健康度調査報告書」2011年）

　午後10時以降に就寝する子どもは，1980年から20年間で2〜4倍に増加しており，生活リズムが夜型になってきていたが，2010年には大幅に減少した。

❸乳幼児に多い事故
乳幼児の事故の形態と中等症以上の割合

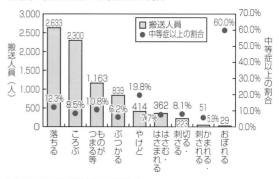

（注）2019年度の東京消防庁管内の統計データ
東京消防庁管内：東京都のうち稲城市，島しょ地区を除く地域（東京消防庁『救急搬送データからみる日常生活事故の実態』2019年）

❹子どもの事故を防ぐために

	起こりやすい事故			気をつける ポイント
生後 3か月 頃まで	ふとんでの窒息	ホットカーペットでの 低温やけど	抱いたまま車に 乗っての事故	◎うつぶせに寝かせないようにしていますか。 ◎チャイルドシートをとりつけて車に乗っていますか。
3〜 6か月	たばこや小さなおもちゃの誤飲		ベッドからの転落	◎たばこの後始末はしていますか。 ◎ベッドの柵を必ず上げていますか。 ◎熱湯の取扱いに注意していますか。
6か月〜 1歳頃	手に届くものの 誤飲	風呂場での転落・ おぼれ	ストーブやヒータ ーでのやけど	◎赤ちゃんの手の届くところに危ないものをおいていませんか。 ◎風呂場に入れなくしましたか。 　階段や危険な窓に柵はありますか。 ◎ストーブや扇風機に近づけないようにしていますか。
1〜 3歳頃	コンセントのいた ずらによる感電	洗濯機での転落・ おぼれ	袋をかぶっての 窒息・衝突	◎コンセントを危なくないようにしていますか。 ◎洗濯機の近くにふみ台になるものはないですか。
4〜 5歳頃	マッチやライター での火遊び	道路への飛び出し	テラスや窓からの 転落	◎ベランダにふみ台になるものはないですか。 ◎のどに詰まりやすいもの（ナッツ類・あめ）は注意して与えましょう。

（注）救急箱は取り出しやすい場所に置いておきましょう。　　　　　　　　　　　　　　　　　　　　　　　　　　　（浦安市ホームページより）

❺情報メディアと子ども
平均使用時間（学齢別）

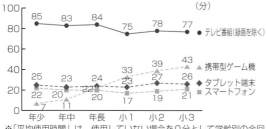

※「平均使用時間」は，使用していない場合を0分として学齢別の全回
答者を母数として算出。
（ベネッセ教育総合研究所「幼児期から小学校低学年の親子のメディア活用調査」2021年

子どものメディア漬けで起こること

（内海裕美・清川輝基『メディア漬けで壊れる子どもたち』少年写真新聞社）

コラム　母親の「スマホ育児」を悪として断定できないワケ

　ここ数年で「スマホ育児」という言葉が広まったが，悪いイメージばかりが先行して，罪悪感と悩みで葛藤している保護者は少なくないようだ。

　はたして，スマホ育児は悪いことなのだろうか。

　スマホ育児とは，主に「小さな子どもにスマホを使わせること」，または「育児中に保護者がスマホを利用すること」を指す。

　「スマホ育児は悪」という言葉は，保護者なら誰もが恐れるもの。「3歳児神話」「母乳育児」と同じで，自分のせいで大切な子どもに何か悪い影響があったらどうしようと不安になるからだ。同時に，スマホを子どもから取り上げる難しさも感じているのが保護者の現状だろう。

　ただ，さまざまな専門家はすべて「短時間の利用なら問題ない」と言っているのがほとんど。「問題になるのはあくまで使い過ぎた場合」だという。

　専門家いわく，「子どもの発達に大切なのは生身の人間とのやり取りがあるかどうか」だそうだ。

　スマホの活用が母親の精神的健康を保つことにつながるなら，むしろ子どもにとってもメリットなはず。

　ただしかつて筆者が失敗したように，スマホを使わせすぎてしまうと子どもが依存するリスクがあるので，とくに小さいうちは保護者が利用時間を管理して制限するようにしてほしい。利用方法さえコントロールすれば，スマホ育児はそれほど怖いものではない。

（高橋暁子，「東洋経済オンライン」2019年3月23日）

保育

子どもが育つ環境と子育て支援

1 子どもが育つ環境としての集団保育

	認可保育所	認定こども園	幼稚園
設置数	24,425か所（2014年4月1日現在） 23,896か所（2021年4月1日現在）	1,359か所（2014年4月1日現在） 7,428か所（2021年4月1日現在）	13,043か所（2013年5月1日現在） 9,420か所（2021年5月1日現在）
管　轄 性格（法律）	厚生労働省 児童福祉施設（児童福祉法）	文部科学省・厚生労働省 ←両者の性格を有する→	文部科学省 学校教育機関（学校教育法）
保育者	保育士	保育士（0〜2歳児） 幼稚園教諭・保育士（3〜5歳児）	幼稚園教諭
対　象	0歳〜就学までの乳幼児 （保育が必要と認められること）	0歳〜就学までの乳幼児 （保護者の希望による）	3歳〜就学までの幼児 （保護者の希望による）
保育時間	原則8時間（＋延長保育など）	4時間（＋預かり保育）8時間（＋延長保育など）	標準4時間（＋預かり保育）
入園手続き 保育料の設定	市区町村と契約 市区町村（所得に応じて決定）	設置者と直接契約 施設の設置者による	

保育所は児童福祉法に基づく「福祉施設」，幼稚園は学校教育法に基づく「教育施設」である。保育所入所の待機児童が増加していることもあり，幼稚園と保育所のよいところを活かしながら，制度の枠組みを超えた新たな仕組みとして，「認定こども園」が2006年10月にスタートした。幼稚園と認可保育所とが連携して一体的な運営を行う「幼保連携型」が半数近くを占める。

保育所には認可保育所のほかに「認可外保育所」があり，認可外保育園は認可保育園に比べて緩やかな設置・運営基準を定めているところも多く，地方自治体が独自の基準を設けて開設している施設であり，地域により「認定（認証）保育園」などと呼ばれている。

2015年4月から幼児期の学校教育や保育，地域の子育て支援の量の拡充や質の向上を進める「子ども・子育て支援新制度」の一つとして，0〜2歳児を対象とした「地域型保育」がスタートした。特に大都市部で問題となっている待機児童対策や地方の児童人口減少地域での保育基盤維持できるように取り計らうなど，その地域が抱えるさまざまな保育ニーズに，きめ細かく対応している。地域型保育には4つのタイプがある。

●家庭的保育（保育ママ）
家庭的な雰囲気のもとで，少人数（定員5人以下）を対象にきめ細かな保育を行う。

●小規模保育
少人数（定員6〜19人）を対象に，家庭的保育に近い雰囲気のもと，きめ細かな保育を行う。

●事業所内保育
会社の事業所の保育施設などで，従業員の子どもと地域の子どもを一緒に保育する。

●居宅訪問型保育
障害・疾患などで個別のケアが必要な場合や，施設が無くなった地域で 保育を維持する必要がある場合などに，保護者の自宅で1対1で保育を行う。

2 いろいろな子育てサービス

・乳児家庭全戸訪問
生後4か月までの乳児がいる全家庭を訪問し，子育て支援の情報提供を行うなど子育て家庭と地域社会をつなぐ最初の機会をつくる。

・地域子育て支援拠点
児童館や子育て支援センターなどで育児相談，地域の子育て関連情報の提供，遊び場の提供，育児サークルの支援などを行う。

・一時預かり，幼稚園の預かり保育
保育所の一時預かり，幼稚園時間外での預かり保育を行う。

・病児・病後児保育
子どもが病気や病気回復期のときに預かる。地方自治体の委託を受けた医療機関などに併設されている。

・放課後児童クラブ
共働き家庭などの小学生を対象に，適切な遊びや生活の場を提供する。

・ファミリー・サポート・センター
地域で育児援助を受けたい人と行いたい人が互いに会員になって助け合う制度。援助内容は，子どもの送迎や一時預かりなど。

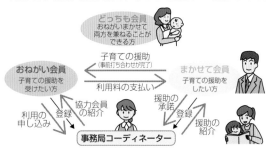

・ベビーシッター
国の資格制度はない。派遣会社が仲介し，各家庭にシッターを派遣して保育する。個別保育なので集団保育より利用料は割高だが，必要な時間数だけ利用が可能。料金が比較的安価な個人事業のベビーシッターもあるが，利用時には事前面接，保険加入の有無など信頼性の確認を慎重に行う必要がある。

3 子どもを育てる親の現状

❶ 出産前有職者に係る第1子出産前後での就職状況

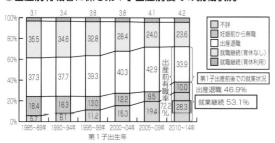

（内閣府男女共同参画局「「第1子出産前後の女性の継続就業率」及び出産・育児と女性の就業状況について」2019年）

・第1子出産前後に女性が就業を継続する割合は上昇。これまでは，4割前後で推移してきたが，53.1%まで上昇。
・育児休業制度を利用して職業を継続した割合も大きく上昇。
・第1子出産を機に離職する女性の割合は46.9%。

❷ 男性の育児休業取得にあたっての課題

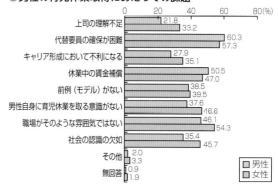

（「令和2年度東京都男女雇用平等参画状況調査」2021年）

男性の育児休業取得にあたっての課題は，「代替要員の確保が困難」「休業中の賃金補償」の順に数字が高い。

4 児童虐待の現状

❶ 相談のあった児童虐待の内訳

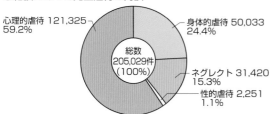

心理的虐待 121,325
59.2%
身体的虐待 50,033
24.4%
総数
205,029件
(100%)
ネグレクト 31,420
15.3%
性的虐待 2,251
1.1%

（厚生労働省「令和2年度福祉行政報告例の概況」2020年）

❸ 児童虐待相談における主な虐待別構成割合

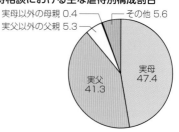

実母以外の母親 0.4　その他 5.6
実父以外の父親 5.3
実母 47.4
実父 41.3

（厚生労働省「令和2年度福祉行政報告例の概況」2020年）

❷ 虐待により死亡した子どもの年齢構成

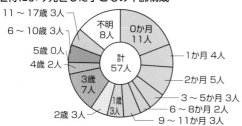

11～17歳 3人
6～10歳 3人
5歳 0人
4歳 2人
3歳 7人
2歳 3人
1歳 3人
不明 8人
0か月 11人
1か月 4人
2か月 5人
3～5か月 3人
6～8か月 2人
9～11か月 3人
計 57人

（厚生労働省「子どもの虐待による死亡事例等の検証結果について 第17次報告」2021年）

2019年4月から2020年3月までの1年間に厚生労働省が把握した子ども虐待により死亡した事例は，心中以外の虐待死事例で50例（57人），心中による虐待死事例で16例（21人）であった。

❹ 虐待につながった家庭の状況

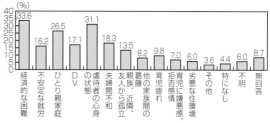

経済的な困難 33.6
不安定な就労 16.2
ひとり親家庭 26.5
DV 17.1
虐待者の心身の状態 31.1
夫婦間不和 18.3
友人から孤立、近隣、親族 13.5
他の家族間の葛藤 8.2
育児疲れ 9.8
育児に嫌悪感、拒否感 7.0
劣悪な住環境 6.0
その他 3.6
特になし 4.4
不明 6.0
無回答 8.7

（全国児童相談所長会「全国児童相談所における家庭支援への取り組み状況調査」報告書2009年）

経済的困窮や，育児に対する不安やストレスなどが，虐待につながっていると見られる。また，子ども時代に虐待を受けた経験が，虐待につながるケースもある。

コラム　子どもとかかわるための絵本例

『もうねんね』
松谷みよ子／作
瀬川康男／絵（童心社）

『月ようびは なにたべる?』
エリック・カール／絵
もりひさし／訳
（偕成社）

『さんまいのおふだ』
水沢謙一／再話
梶山俊夫／絵（福音館）

『スイミー』
レオ・レオニ／作
谷川俊太郎／訳（好学社）

（仙台市民図書館「おとうさんのためのよみきかせ」より）

コラム　子どもとなかよくなるためのヒント

・手遊びや簡単な昔の遊びを知っていると，子どもと打ち解けるきっかけになる。
・自分でつくったおもちゃを持っていくと，なかよくなれるきっかけになる。
・どのようにかかわったらよいかわからないときは，子どものそばにいて同じことをしてみる。そうしているうちに子どもの気持ちがわかるかもしれない。

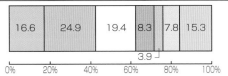

高齢者

高齢者の生活

1 高齢者のイメージと実像

高齢者とは一般に「65歳以上」を指すことが多いが，実際には個人差が大きい。確かに身体的には衰えていくが，一律にすべてが衰えるわけではない。逆に年齢を重ねたからこそ可能になることもある。ステレオタイプな見方をしていては，高齢者の実像をつかむことは難しい。

❶高齢者自身の意識は？

●あなたは，何歳まで働きたいですか。

- □60歳ぐらいまで □65歳ぐらいまで □70歳ぐらいまで
- □75歳ぐらいまで □80歳ぐらいまで □生涯働きつづけたい □その他

16.6	24.9	19.4	8.3	7.8	15.3

3.9

0% 20% 40% 60% 80% 100%

（厚生労働省「平成30年高齢期における社会保障に関する意識調査報告書」2018年）

❷加齢による身体の変化

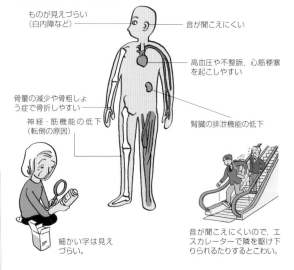

- ものが見えづらい（白内障など）
- 音が聞こえにくい
- 高血圧や不整脈，心筋梗塞を起こしやすい
- 骨量の減少や骨粗しょう症で骨折しやすい
- 神経・筋機能の低下（転倒の原因）
- 腎臓の排泄機能の低下
- 細かい字は見えづらい。
- 音が聞こえにくいので，エスカレーターで隣を駆け下りられたりするとこわい。

コラム いつも元気，いまも現役　池田きぬさん

私は，今年（2021年）で97歳になる現役看護師です。三重県津市の一志町にある，サービス付き高齢者向け住宅「いちしの里」で働いています。

私がいちしの里で働き始めたのは88歳のときです。それまで婦長（現在は師長）などの責任者をしていましたが，最後は肩書のない，一看護師として仕事を全うしたい。誰にも知られずに，「そおっと勤めよう」と思いました。

いちしの里はシフト制なので，今は，だいたい週1〜2日くらい，半日の勤務です。週1〜2日の勤務がちょうどよろしいですね。働く日があるから，その日を目標に1週間がんばろうと思えます。

「そのお年まで働き続けるなんて，すごいですね」と言われます。すごいことなんて，ひとつもありません。ただ，目の前に仕事があるから，それをしてきただけ。患者さんが元気になり，ご家族が喜んでくれるのが，何よりのやりがいです。

90歳を過ぎた頃から，家の仕事をするとすぐ疲れが出るようになりました。できなくなることが増えてきたからこそ，「目標をしっかり立てなあかんな」と思います。1つでも2つでも，できたことを書いておくと，「これはできた」という達成感があってうれしくなります。

最近，ボランティアをしたいという目標ができました。もし，私が施設に入ることになったら，CDプレーヤーを持って行って，音楽をかけながら入居者のみなさんと歌を歌おうと思います。

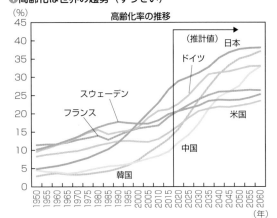

（池田きぬ『死ぬまで，働く。』すばる舎）

3 日本と世界の高齢化率の移り変わり

❶高齢化は世界の趨勢（すうせい）

（%）
高齢化率の推移

45
40 （推計値）日本
35 ドイツ
30
25 スウェーデン
20 フランス 米国
15
10 中国
5 韓国
0

1950 1955 1960 1965 1970 1975 1980 1985 1990 1995 2000 2005 2010 2015 2020 2025 2030 2035 2040 2045 2050 2055 2060（年）

（内閣府「平成29年版高齢社会白書」2017年）

欧米諸国や日本だけでなく，今後アジア諸国などでも急速に高齢化が進行すると予測されている。

❷長寿国　日本

平均寿命上位の国や地域

	女　性			男　性	
1	香港	88.13	1	香港	82.34
2	日本	87.45	2	スイス	81.70
3	スペイン	86.22	3	日本	81.41
4	韓国	85.70	4	シンガポール	81.40
5	シンガポール	85.70	5	スウェーデン	81.34
6	フランス	85.60	6	ノルウェー	81.19
7	スイス	85.40	7	アイスランド	81.00
8	イタリア	85.182	8	イタリア	80.88
9	オーストラリア	84.90	9	スペイン	80.87
10	スウェーデン	84.73	10	オーストラリア	80.70

（厚生労働省「令和元年簡易生命表の概況」2019年）

2019年の日本人の平均寿命は女性が87.45歳，男性が81.70歳で，いずれも前年を上回り，女性，男性とも過去最高となった。このまま推移すれば，2060年には女性90.93歳，男性が84.19歳となると推計されている（死亡中位の場合）。

❶人口構成の推移

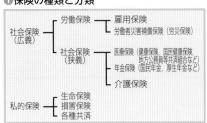

人口（万人）

（内閣府「平成29年版 高齢社会白書」2017年をもとに作成）

　2013年に高齢化率が25.1％，4人に1人が高齢者となった。2035年には33.4％，3人に1人となると予想されている。2065年には38.4％に達して，国民の約2.6人に1人が65歳以上の高齢者となる社会が到来すると推計されている。

❷平均寿命と健康寿命

男性	平均寿命	81.41
	健康寿命 76.68	8.73年
女性	平均寿命	87.45
	健康寿命 75.38	12.06年

（厚生労働省「健康寿命の令和元年値について」2021年）

　「健康寿命」は，2000年にWHO（世界保健機関）が提唱した「健康上の問題で日常生活が制限されることなく生活できる期間」。平均寿命と健康寿命との差は，日常生活に制限のある「不健康な期間」である。
　2020年には，この差は男性8.73年，女性12.06年だった。「不健康な期間」が拡大すれば，健康上の問題だけでなく，医療費や介護費の増加による家計への影響も懸念される。

---

5 生活を支える保険・年金制度

❶保険の種類と分類

- 社会保険（広義）
  - 労働保険
    - 雇用保険
    - 労働者災害補償保険（労災保険）
  - 社会保険（狭義）
    - 医療保険（健康保険，国民健康保険，地方公務員等共済組合など）
    - 年金保険（国民年金，厚生年金など）
  - 介護保険
- 私的保険
  - 生命保険
  - 損害保険
  - 各種共済

※1 平成27年10月から，公務員や私立学校の教職員も厚生年金に加入。また，共済年金の職域加算部分は廃止され，新たに年金払い退職給付が創設。ただし，それまでの共済年金に加入していた期間分は，平成27年10月以後においても，加入期間に応じた職域加算部分を支給。

※2 国民年金の第2号被保険者等とは，厚生年金被保険者をいう（国民年金の第2号被保険者のほか，65歳以上で老齢，または，退職を支給事由とする年金給付の受給権を有する者を含む）。

❷年金の種類

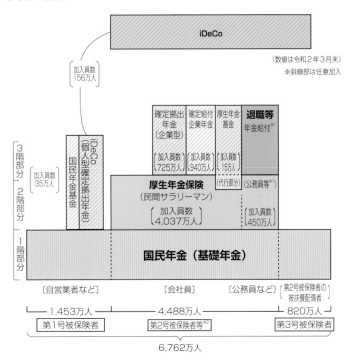

（数値は令和2年3月末）
※斜線部は任意加入

（厚生労働省「年金制度のポイント令和3年版」2021年）

❸高齢者の暮らし向き

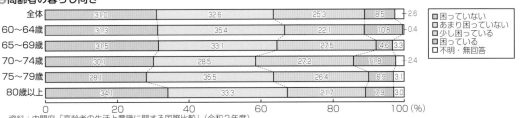

	困っていない	あまり困っていない	少し困っている	困っている	不明・無回答
全体	31.0	32.6	25.3	8.5	2.6
60〜64歳	31.3	35.4	22.1	10.8	0.4
65〜69歳	31.5	33.1	27.5	4.6	3.3
70〜74歳	30.1	28.5	27.2	11.8	2.4
75〜79歳	28.1	35.5	26.4	6.9	3.1
80歳以上	34.1	33.3	21.7	7.9	3.0

資料：内閣府「高齢者の生活と意識に関する国際比較」（令和2年度）
（注1）調査対象は，60歳以上の男女。
（注2）四捨五入の関係で，足しても100％にならない場合がある。

（内閣府「令和3年版高齢社会白書」2021年）

高齢者

高齢者のケア

1 高齢者介護の問題点

❶要介護者等からみた主な介護者の続柄

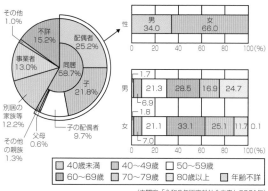

その他 1.0%
不詳 15.2%
事業者 13.0%
別居の家族等 12.2%
その他の親族 1.3%
父母 0.6%
子の配偶者 9.7%
子 21.8%
配偶者 25.2%
同居 58.7%

性　男 34.0　女 66.0

男 ─1.7
21.3 ｜ 28.5 ｜ 16.9 ｜ 24.7

女 ─6.9 ─1.8
21.1 ｜ 33.1 ｜ 25.1 ｜ 11.7 ｜ 0.1
─7.0

40歳未満　40〜49歳　50〜59歳
60〜69歳　70〜79歳　80歳以上　年齢不詳

(内閣府「令和3年版高齢社会白書」2021年)

❷深刻化する高齢者虐待

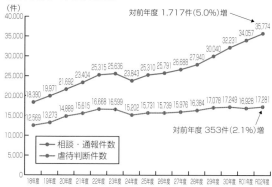

(件)

対前年度 1,717件(5.0%)増

35,774 / 34,057 / 32,231 / 30,040 / 27,940 / 26,688 / 25,791 / 25,310 / 23,843 / 25,636 / 25,315 / 23,404 / 21,692 / 19,971 / 18,390

対前年度 353件(2.1%)増

17,281 / 16,928 / 17,249 / 17,078 / 16,384 / 15,976 / 15,739 / 15,731 / 15,202 / 16,599 / 16,668 / 15,615 / 14,889 / 13,273 / 12,569

● 相談・通報件数
● 虐待判断件数

18年度 19年度 20年度 21年度 22年度 23年度 24年度 25年度 26年度 27年度 28年度 29年度 30年度 R01年度 R02年度

(厚生労働省「令和元年度 高齢者虐待の防止、高齢者の養護者に対する支援等に関する法律に基づく対応状況等に関する調査結果」2020年)

❸高齢者虐待の主な種類

身体的虐待	暴力的行為によって身体に傷やアザ, 痛みを与える行為や外部との接触を意図的, 継続的に遮断する行為
心理的虐待	脅しや侮辱などの言葉や態度, 無視, 嫌がらせ等によって精神的に苦痛を与えること
性的虐待	本人が同意していない, 性的な行為やその強要
経済的虐待	本人の合意なしに財産や金銭を使用し, 本人が希望する金銭の使用を理由なく制限すること
介護・世話の放棄・放任	必要な介護サービスの利用を妨げる, 世話をしない等により, 高齢者の生活環境や身体的・精神的状態を悪化させること

●虐待という自覚がない場合も多い

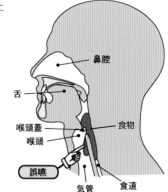

夜おもらししないように水分は控えておこう。
家族の気持ち

脱水症状を起こし一刻の猶予も許さない本人の状況

●虐待が疑われるケースの約1割は生命の危険がある状態。

2 高齢者の病気や事故

❶高齢者に多い病気─3つの老年症候群

加齢変化なし	めまい, 息切れ, 肥満, 頭痛, 低体温, 不眠, 睡眠時呼吸障害 など
前期高齢者で増加	認知症, 脱水, 骨関節変形, 視力低下, 腰痛・関節痛, 体重減少 など
後期高齢者で増加	骨粗しょう症, 尿失禁, 嚥下(えんげ)困難, 貧血, 低栄養, 不整脈, 難聴など

(東京都医師会「介護職員・地域ケアガイドブック」をもとに作成)

❷高齢者の事故の8割が「転倒」

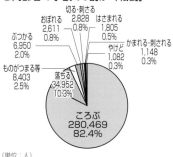

切る・刺さる 2,828 0.8%
おぼれる 2,611 0.8%
はさまれる 1,805 0.5%
ぶつかる 6,950 2.0%
やけど 1,082 0.3%
かまれる・刺される 1,148 0.3%
ものがつまる等 8,403 2.5%
落ちる 34,952 10.3%
ころぶ 280,469 82.4%

(単位：人)

(東京都消防庁「救急搬送データから見る高齢者の事故の実態」2016〜2020年)

転倒事故を防ぐことは高齢者の事故予防にとって重要だ。日常生活の中での転倒や転落による事故が多く発生しており, この2つの事故だけで5年間に約26万人の高齢者が医療機関に救急搬送されている。

❸誤嚥(ごえん)を防ぐ

　食物が食道に入るとき, 気道の入口は一時的にふさがれるしくみになっている。この嚥下反射が加齢による機能低下や病気によるまひなどによりうまくいかず, 気道に食物が誤って入るのが誤嚥である。

　誤嚥によって引き起こされる肺炎を誤嚥性肺炎という。

【誤嚥を予防する手立て】

・口腔内を清潔に保ち, 細菌を減らす。
・食事の形態を刻み食, ペースト食, ミキサー食などに変える。
・摂食の際, 前傾姿勢を保つ。
・食べ物を嚥下するための筋肉を鍛える。

鼻腔
舌
喉頭蓋
喉頭
食物
誤嚥
気管
食道

3 どうすればよい？　これからの介護

❶介護保険制度のしくみ

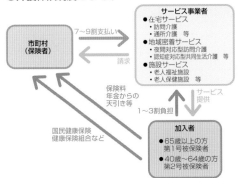

	範囲	サービス受給要件
第1号被保険者	65歳以上の者	要介護・要支援状態
第2号被保険者	40歳から64歳までの医療保険加入者	要介護（要支援）状態であって，加齢に伴う疾病であって政令で定めるもの

　介護保険制度は，加齢に伴う介護を要する状態になって入浴・排泄・食事等の介護，機能訓練，看護・療養上の管理等のサービスを提供することを，国民が共同連帯して支える社会保険制度。国・都道府県・市町村の財源で半分がカバーされている。介護保険料を支払っている65歳以上または40歳以上の「特定疾病」の人は，一定の介護を要する状態になったときに，市町村の認定を受けて，ケアマネジャーによるケアプランに基づいて，指定された事業者により介護サービスが提供される。

❷介護保険制度を利用するための手続き

相談・申請
・介護保険やサービスの利用は，市区町村の介護担当窓口，地域包括支援センター，居宅介護支援事業者等に相談できる。
・サービスの利用を希望する場合は，市区町村の介護保険担当窓口に介護保険被保険者証を添えて「要介護（要支援認定）」の申請をする。
・地域包括支援センター，居宅介護支援事業者，介護保険施設などに申請の依頼することもできる。

要介護（要支援）認定

訪問調査
・市区町村の認定調査員が訪問し，全国共通の認定調査票に基づいて，申請者の心身状態等の聞き取り調査を行う。

一次判定
・訪問調査の結果に基づき，コンピュータ判定が行われる。

主治医意見書
・かかりつけ医に申請者の疾病の状態，特別な医療，認知症や障がいの状況について意見を求める。

二次判定
・介護認定審査会で一次判定結果，概況調査，主治医意見書等を踏まえ，どれくらいの介護が必要か審査・判定を行う

認定・結果通知
・要介護1～5，要支援1・2，の7つの区分に認定され，いずれの区分に認定された人が，介護保険のサービスを利用することができる。
・非該当（自立）と認定される場合もある。
・原則として，申請から約30日で結果が通知される。
・新規の要介護（要支援）認定の有効期間は，原則として6ヶ月間。有効期間内に利用したサービスの利用料が，保険料・税金の補助により，1割または2割の自己負担となる。有効期間を超えて，継続してサービスを利用する場合，有効期間の終了前に更新申請が必要。

要介護1～5の場合	要支援1・2の場合
居宅サービス計画（ケアプラン）の作成 ・自宅でサービスの利用を希望する場合は，居宅介護事業所にケアプランの作成を依頼する。	**介護予防サービス計画（ケアプラン）の作成** ・自宅でサービスの利用を希望する場合には，地域包括支援センター（介護予防支援事業所）にケアプランの作成を依頼する。

サービスの利用
・ケアプランは，必要なサービスの利用計画で，自宅での生活を支えるために，居宅介護支援事業所や地域包括支援センター（介護予防支援事業所）のケアマネージャーが，申請者である利用者やその家族と相談しながら作成する。
・利用者は，ケアプランに位置付けたサービスの事業者と契約を結び，ケアプランに基づいてサービスの利用を開始する。
・施設への入所（入居）を希望する人も，ケアマネージャーに相談しながら，施設選び，入所（入居）する。
・サービスの種類，量や内容等については，利用開始後も一定期間ごとに確認を行い，必要に応じて見直しを行う。

コラム　岡野雄一『ペコロスの母に会いに行く』

©岡野雄一

　『ペコロスの母に会いに行く』は，認知症でグループホームに入所している母親の介護体験を題材にした漫画。
　「僕は，母がうらやましいと思う。認知症になって，母の中に父が生き返ったのだから，ボケることもそんなに悪いことばかりじゃないんだ，と」
　介護するのもされるのも，怖く，苦しく，つらいことばかりではない。

（独立行政法人福祉医療機構WAM NETパンフレットをもとに作成）

共生・福祉

バリアフリーからノーマライゼーションへ

1 みんなが共に生きる社会をめざして

❶「障がい者の権利条約」

2006年12月に採択された，障がいのある人の基本的人権を促進・保護すること，固有の尊厳の尊重を促進することを目的とする国際的原則。日本は2007年9月28日，国連で障がい者権利条約に署名した（2008年4月3日発効）。国内では2013年12月4日に国会で批准が承認され，2014年2月19日に効力を生ずることになった。

第3条：一般原則
この条約の原則（中心となる考え方）は次のとおりです。
- (a) すべての人の固有の尊厳，自分自身で選ぶ自由，そして自立を尊重する。
- (b) 非差別（すべての人を平等に扱うこと）
- (c) 社会への完全参加とインクルージョン（コミュニティに仲間入りすること）
- (d) 障がい者をさまざまな違いの一部と考え，違いを尊重し，受け入れる。
- (e) 平等な機会
- (f) アクセシビリティ（交通機関を利用したり，ある場所へ行ったり情報を手に入れたりする手段）があること。そして障がいがあることを理由に，これらの利用を拒否されないこと。
- (g) 男女間の平等（女の子でも男の子でも同じ機会があること）
- (h) 障がいがある子どもの発達しつつある能力と，アイデンティティを守るための権利を尊重する。（皆さんが能力を尊重され，あるがままの自分に満足できるようにすること）

（ユニセフ『わたしたちのできること　権利条約のはなし』2008年）

❷こんなときどうすればいい？

●とまどっている視覚障がい者と出会ったら

「何かお手伝いできることがありますか」などと声をかけ，支援を求められたら，どうすればよいか確認する。

●（参考）ブロックの種類

警告ブロック「止まれ」「危険」を表す。　誘導ブロック歩行する方向を示す。

●視覚障がい者に料理の位置を説明するには

「6時の位置にハンバーグ，3時の位置にポテトサラダがあります」と説明するとわかりやすい（クロックポジション）。

●電車で精神障がい者と乗り合わせた

独り言をいったり独り笑いしても，できるかぎり温かく見守る。

❸バリアって何だろう？

バリアの種類	主な内容と例
物理的バリア	道路・公共交通機関・建築物などで利用者に移動の困難をもたらす障がい ・乗降口に段差のあるバス ・駅の狭い改札口，ホームまでの階段 ・車いすでは利用できないトイレ ・子どもや車いすでは届かない自動販売機
制度のバリア	法令・制度などで・障がい者が機会の均等を奪われている構造 ・点字による試験を認めてくれない ・障がいの有無で就職，資格が制限される
文化・情報のバリア	情報を入手する際に困難をもたらす構造 ・イベントなどで手話通訳や託児がない ・タッチパネル式のスイッチ ・駅や車内で，視覚情報による情報提供がないため，アナウンス内容がわからない
意識のバリア	社会の中の心の壁。障がいのある人が社会参加しようとするときの最も大きな障がいとなる ・高齢者や障がい者への無関心や偏見（「かわいそう」「気の毒」と思ってしまうこと） ・バリアフリーへの認識や理解不足でつくったまちや建物

❹バリアフリー法

バリアフリー法（高齢者，障害者等の移動等の円滑化の促進に関する法律）は，乗り物を中心としていた「交通バリアフリー法」と，建築物を中心としていた「ハートビル法」を一つにまとめ，2006年に施行された。①公共交通施設や建築物，②地域のバリアフリー化をすすめるのがねらいである。

バリアフリー法の基準に適合している建築物と認定されていることを示す。

障がい者が利用できる建築物，施設であることを世界共通に示す。

妊産婦が交通機関等を利用する際に身につけ，周囲が妊産婦への配慮を示しやすくする。

2 ノーマライゼーション

❶ノーマライゼーションとは何だろうか

もともとは，「障がいのある人でも普通の（normal）生活を送ることができるような社会をめざすこと」という意味であった。現在では障がいだけでなく，年齢，性別，高齢者や子どもなどそれぞれに平等に人権が保障され，自分のライフスタイルを自分で選択できる共生社会をめざすという広い意味で使われている。

●民間企業における実雇用率と雇用されている障がい者の数の推移

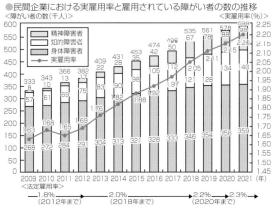

（厚生労働省「令和3年障害者雇用状況の集計結果」2021年）

❷ノーマライゼーションの現状

障がい者雇用促進法は常時雇用の従業員のうち民間企業2.0%以上，国・地方公共団体2.0%以上，都道府県教育委員会2.2%以上の障がい者の雇用を義務づけている（法定雇用率）。だが未達成の民間企業が多いのが実状である。

●民間企業における雇用状況（法定雇用率2.3%）

	法定雇用障害者数算定の基礎となる労働者数	障害者の数	実雇用率	法定雇用率達成企業の数／企業数	達成割合
2021年6月1日現在	27,156,780.5人	597,786.0人	2.20%	50,306／106,924	47.0%
2014年6月1日現在	23,650,463.5人	431,225.5人	1.82%	38,760／86,648	44.7%

（雇用義務のある企業（2014年までは50人以上、2021年は435人以上の規模）についての集計(同左)）

3 ユニバーサルデザイン

❶ユニバーサルデザインの7原則

ユニバーサルデザイン（UD）の特徴は，障がい者・高齢者などの社会的弱者だけでなく，個人差や国籍の違いなどに配慮し，すべての人を対象とし，はじめからだれもが使いやすいように配慮している点で，バリアフリーを一歩進めたものといえる。UDには次の7つの原則がある。

（1）　だれでも公平に使えること
（2）　使う上で自由度が高いこと
（3）　使い方が簡単に分かること
（4）　必要な情報がすぐに理解できること
（5）　うっかりミスや危険につながらないこと
（6）　少ない力で楽に使用できること
（7）　操作がしやすいスペースや大きさにすること

（芦澤昌子・小林康人「人にやさしいユニバーサルデザイン…美しく快適な社会に向けて…」教育図書　2005年）

❸カラーユニバーサルデザイン

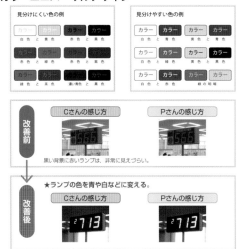

色の見え方にはタイプがある。どのタイプの人にも正しく情報が伝わるよう人に配慮したのがカラーユニバーサルデザインである。

❷身の回りのユニバーサルデザイン

●だれでも使いやすいトイレ

（京王聖蹟桜ヶ丘ショッピングセンター／東京都多摩市）

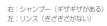

●シャンプーとリンス

もともとは視覚障がい者が区別しやすいように考案された方法だが，洗髪をしているときは目を閉じて使用するので，健常者にも便利。

右：シャンプー（ギザギザがある）
左：リンス（ぎざぎざがない）

●小さな力でかたいふたを開けられるオープナー

かたいビンのふたやプルトップも，小さな力で開けることができる。

食生活

からだと栄養素①　－消化と吸収・炭水化物・脂質－

2
食生活

1 ごはんを食べて，32時間後……

食物は口に入ると全長約9mの人体トンネルを進んでいく。出口の肛門に達するまで32時間かかる長い道のりだ。トンネルの中では，器官内の酵素や微生物によって食物が細かく分解され，栄養素として取りこまれる。食物に含まれる栄養素がどこでどのように分解・吸収されるのかを見てみよう。

口
食物を歯でかみ砕き，だ液と混ぜ合わせる。だ液はでんぷんの一部を分解する。

食道
細い筒状で，伸び縮みして食物を胃に送る。消化・吸収はしない。

胃
消化の下準備として，食物を胃液と混ぜ，かゆ状にして十二指腸へ送る。
胃液は強い酸性で殺菌性がある。

十二指腸
すい液や胆汁を分泌しており，胃から送られたかゆ状食物をさらに分解する。

すい臓
消化酵素を含むすい液をつくり，十二指腸に食物が入るとすい管を通してすい液を送りこむ。

肝臓

空腸
空腸には腸液が分泌されており，でんぷんをぶどう糖に，たんぱく質をアミノ酸に，脂肪を脂肪酸に分解する。分解された栄養分は，内側のひだ状になった粘膜から血管やリンパ管を通って他器官へ送られる。

大腸
栄養分吸収後の食物のカスから水分を吸収し，残りカスを固形化して便をつくる。
胃や腸で消化されない食物繊維は，腸内細菌のえさになったり便通をよくしたりする。

小腸
栄養と水分の80%を消化吸収する。
十二指腸，空腸，回腸から成り，全体の長さは約6m。

肛門
大腸に便がたまると肛門に送られ，排出される

2 朝食はとれている？

朝食欠食率の推移

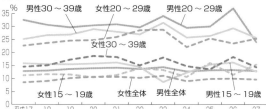

（厚生労働省「国民健康・栄養調査」）
注：各年次結果の前後年次結果を足し合わせ，3年分を平均したもの。
　　ただし，平成22年以降については単年の結果

コラム だれもが朝食をとれるわけではないという現実

脳の活性化のために朝食をとることが強調されている。なぜなら朝から活動する人々が多数派だからである。学校生活になじめない，低賃金や長時間労働などによって，ストレスを抱えて不規則な生活を余儀なくされている人々も増えている。私たちは，このような社会状況を変える努力をしながら，日々の食生活に可能な限り適正なリズムと栄養バランスを取り入れる工夫をしなければならない。

3 エネルギーの源　炭水化物

炭水化物は穀類，いも類，砂糖類などに多く含まれており，1gあたり4kcalのエネルギーを生じる。消化・吸収される炭水化物を糖質，消化・吸収されない炭水化物を食物繊維と呼ぶ。

❶炭水化物の種類と多く含む食品

ぶどう糖や果糖，でんぷんのように消化・吸収・分解される糖質は，筋肉や臓器に運ばれてエネルギー源となる。消化・吸収されない食物繊維は便通を整えるはたらきをする。

分　類			構成成分	多く含む食品
糖質	単糖類		ぶどう糖（グルコース）	果物
			果糖（フルクトース）	果物，はちみつ
			ガラクトース	（乳糖の成分）
	少糖類	二糖類	麦芽糖（マルトース）	水あめ，いも類
			しょ糖（スクロース）	砂糖
			乳糖（ラクトース）	牛乳
	多糖類		でんぷん	穀類，いも類
			グリコーゲン	レバー，しじみ
食物繊維	多糖類	水溶性	ペクチン	果物
			グルコマンナン	こんにゃく
		不溶性	ガラクタン	海そう，さといも
			セルロース	野菜，きのこ類，いも類

❷食物繊維のはたらき

　食物繊維には水溶性食物繊維と不溶性食物繊維の２種類があり，腸を掃除してくれるのは不溶性食物繊維である。不溶性食物繊維は体内で水分を吸収して何倍にもふくらみ，腸内の老廃物や悪玉菌（注）をかき集めて体外に排出する。
　悪玉菌が減ると，乳酸菌のような善玉菌が増えて腸内の環境が整えられ，栄養が吸収しやすくなる。

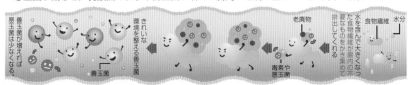

（画像提供　㈱わかさ生活）

（注）人間の腸内には１人あたり100種類以上，100兆個以上の腸内細菌が生息している。このうち，腸内の環境を整えて人間の健康改善につながる菌を善玉菌，腐敗物質や発がん性の物質をつくる菌を悪玉菌という。悪玉菌の代表はウエルシュ菌や大腸菌（p.30参照）などである。

4　脂質にあなたはどうつきあう？

　脂質とは，炭素（C），水素（H），酸素（O）が鎖状に繋がった栄養素である。１ｇあたり９kcalと高エネルギー源であるので，エネルギーの貯蔵に適しているが，過剰摂取には注意が必要だ。一方で，細胞膜や胆汁酸，ホルモンなどの成分でもある。脂溶性ビタミン（p.29参照）の吸収を助けるはたらきもある。

❶脂質の種類とはたらきを知ろう

分類	種類	構造	多く含む食品	はたらき
単純脂質	中性脂肪	脂肪酸＋グリセリン	食物油脂	エネルギー源，エネルギー貯蔵，体温の保持
複合脂質	リン脂質（レシチンなど）	脂肪酸＋グリセリン＋リン酸＋アルコール	卵黄 大豆	細胞膜などの構成成分 脳や神経組織に広く分布
	糖脂質	脂肪酸＋グリセリン＋単糖類	穀類	エネルギー源
誘導脂質	脂肪酸	脂肪を構成する有機酸（CnHmCOOH）	食物油脂	脂肪として蓄積され，分解されてエネルギーを供給
	ステロール（コレステロールなど）	コレステロール（$C_{27}H_{46}O$）	動物性食品	胆汁酸，性ホルモン，細胞膜の構成成分
		エルゴステロール（$C_{28}H_{44}O$）	シイタケ	紫外線を受けてビタミンD_2に変わる。

❸「見える油脂」と「見えない油脂」

　油脂には調理に使う植物油やバターなどの「見える油脂」と，肉類や魚介類，菓子，調味料などに含まれる「見えない油脂」がある。
　2019年の国民健康・栄養調査によると，「見える油脂」の摂取量は１人１日約11ｇ（17.5％），「見えない油脂」の摂取量は約50ｇ（82.5％）であった。近年，「見えない油脂」の摂取量は増加傾向にある。
　「見える油脂」だけでなく，「見えない油脂」も意識して，脂質の適度な摂取を心がけるようにしよう。

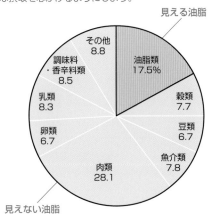

見える油脂

その他 8.8
調味料・香辛料類 8.5
乳類 8.3
卵類 6.7
肉類 28.1
魚介類 7.8
豆類 6.7
穀類 7.7
油脂類 17.5%

見えない油脂

（厚生労働省「国民健康・栄養調査（2019年）」より作成）

❷脂肪酸の種類

　脂肪酸は脂質を構成する重要な化合物で，結合のしかたによって飽和脂肪酸と不飽和脂肪酸に分類される。

・飽和脂肪酸　飽和脂肪酸のとりすぎは血中コレステロール濃度を上昇させ，動脈硬化の原因となる。
・不飽和脂肪酸　種類によってコレステロール濃度を低下させる作用がある。魚類に含まれるイコサペンタエン酸やドコサヘキサエン酸には，心筋梗塞や血圧上昇を予防するなどのはたらきがある。

分類		種類	多く含む食品	はたらき
飽和脂肪酸		酪酸 ヘキサン酸 カプリル酸 ラウリン酸 ミリスチン酸 パルミチン酸 ステアリン酸	バター バター バター，やし油 やし油，鯨油 やし油，落花生油 パーム油，やし油 牛脂，ラード	融点が高く常温で固体のものが多い コレステロールを増やす中性脂肪を増やし，動脈硬化の原因になる 酸化しにくい
不飽和脂肪酸	一価	パルミトレイン酸 オレイン酸 エルシン酸	動植物油 魚油，オリーブ油 なたね油	融点が低く常温では液体。オレイン酸は酸化しにくくコレステロールを減らす
	多価	リノール酸◎ アラキドン酸○ α-リノレン酸◎ イコサペンタエン酸○ ドコサヘキサエン酸○	ごま油，だいず油 肝油，卵黄 なたね油，しそ油 魚油 魚油	必須脂肪酸（注）を含むコレステロールを減らす酸化しやすい

（注）必須脂肪酸　体内で合成できないため，食物からの摂取が必要な脂肪酸。◎は必須脂肪酸，○はリノール酸かα-リノレン酸から生体内で合成される。

　体内で毎日つくられ，エネルギー供給やホルモン成分の構成に係わるコレステロールは，血液中で脂肪とたんぱく質が結合した「リポたんぱく」を乗り物として利用する。軽量で小回りの利く“宅配車”（LDL＝低比重リポたんぱく質）と，どっしりした“資源回収車”（HDL＝高比重リポたんぱく質）だ。
　LDLは肝臓でコレステロールを積み込み，必要とする細胞の要請に応じて少しずつ降ろしていく。ところが，積み荷が多すぎると余分に降ろすくせがあり，「悪玉」呼ばわりされることになる。

宅配車LDL

資源回収車HDL

　このLDLの配達ミスに目を光らせているのがHDLだ。コレステロールがだぶついていると，すぐに回収して肝臓まで持ち帰るため，「善玉」の名がついた。HDLを増やすには，不飽和脂肪酸を多く含んでいる魚や植物油を食べればよい。
　LDLを減らすためには，不飽和脂肪酸を多く含んでいる青魚や植物油を食べるとよい。ほかにも食物繊維の多い野菜を多くとる，適度な運動をする，よく眠ることなどが効果的だ。

食生活

からだと栄養素②　－たんぱく質・ビタミン・無機質－

2 食生活

1 たんぱく質　あなたは何からとる？

❶人間の命はたんぱく質でできている

　たんぱく質の英語名プロテイン（protein）はギリシャ語の"第一のもの"（proteios）が語源。筋肉，骨，内臓，血液，皮膚などの構成成分であり，人体の16％はたんぱく質でできている。また，たんぱく質は約20種類のアミノ酸が数十～数百万個結合しており，複雑な構造をしている。

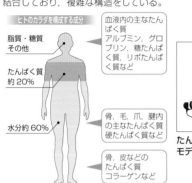

ヒトのカラダを構成する成分

脂質・糖質その他

たんぱく質約20％

水分約60％

血液内の主なたんぱく質
アルブミン，グロブリン，糖たんぱく質，リポたんぱく質など

骨，毛，爪，腱内の主なたんぱく質
硬たんぱく質など

骨，皮などのたんぱく質
コラーゲンなど

たんぱく質の分子構造モデル

❸たんぱく質には栄養価の高いものと低いものがある

　9種類の必須アミノ酸はどれか1つが不足しても体内のたんぱく質合成が十分には行われない。

　動物性たんぱく質は必須アミノ酸をバランスよく含み栄養価が高いが，小麦に含まれる植物性たんぱく質は必須アミノ酸が不足しているものが多い。

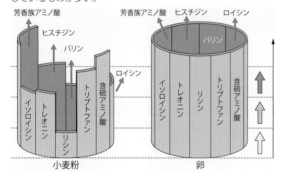

小麦粉　　　　　　　卵

❷アミノ酸の種類とはたらき

　たんぱく質を構成するアミノ酸は約20種類あり，そのうちの9種類は人体内で合成できない必須アミノ酸で，食物から摂取する必要がある。

必須アミノ酸の種類

種類	多く含む食品
ヒスチジン	チーズ，バナナ，鶏肉，ハム
イソロイシン	牛肉，鶏肉，鮭，チーズ
ロイシン	牛乳，ハム，チーズ
リシン	魚介類，肉類，レバー
含硫アミノ酸	牛乳，牛肉，レバー
芳香族アミノ酸	肉類，魚介類，大豆，卵
トレオニン	卵，ゼラチン
トリプトファン	チーズ，バナナ，種実大豆製品
バリン	プロセスチーズ，レバー，牛乳

アミノ酸価

　アミノ酸価とはアミノ酸の種類と量を評価して，たんぱく質の栄養価を決めるものである。人にとって理想的なアミノ酸組成（アミノ酸評点パターン）を100とし，食品に含まれるアミノ酸の含量と比較して最も数値の低いアミノ酸を第一制限アミノ酸，その数値をアミノ酸価とする。

	アミノ酸価	ヒスチジン	イソロイシン	ロイシン	リシン	含硫アミノ酸	芳香族アミノ酸	トレオニン	トリプトファン	バリン
アミノ酸評点パターン		15	30	59	45	22	38	23	6	39
牛乳	100	31	58	110	91	36	110	51	16	71
豚肉もも	100	50	54	94	100	47	90	57	15	60
卵黄	100	31	60	100	89	50	100	61	17	69
木綿豆腐	100	30	52	89	72	30	110	48	16	53
ブロッコリー	100	34	44	71	75	35	81	51	16	64
トマト	85	24	30	49	51	30	65	37	10	35
精白米	93	31	47	96	42	55	110	44	16	69
食パン	51	27	42	81	23	42	96	33	12	50
中華めん	53	25	41	79	24	40	98	33	12	50

（アミノ酸評点パターンは2007年WHO/FAO/UNU合同専門協議会報告による成人の値。アミノ酸含量は「日本食品標準成分表2020年版（八訂）アミノ酸成分表編第2章第3表」による）（mg/gたんぱく質）

　上の表の食パンやトマトのように，アミノ酸価が100に達しない場合でも，他の食品と組み合わせることによって，不足の必須アミノ酸を補うことができる。

コラム　とればとるほど効果あり？コラーゲン

　コラーゲンは「肌によい」とイメージはあるだろうか。コラーゲンは皮膚や腱・軟骨などを構成する繊維状のたんぱく質で，人体のたんぱく質全体の約30％を占める。メディアからの情報で，「美肌＝コラーゲン」という印象が強いように感じるが，「肌に潤いや弾力を与える」いったほかに，「丈夫な骨を形成する」「関節の動きをよくする」「丈夫な腱や筋肉をつくる」という効果もある。コラーゲンを多く含む食品としては，ゼラチンのほか鶏の手羽・フカヒレ・牛すじ・鶏皮などがあるが，それらをたくさんとればとった

だけ効果があるわけではなく，コラーゲンだけにかかわらず，人の体は栄養を過剰にとりすぎるとあらゆる臓器に負担をかけたり，代謝できず余った分は脂肪に変わって体内に蓄積されたりする。特にコラーゲンが含まれる食品は脂質も含まれるものが多いため，それらを食べすぎると体重増加につながったり，ニキビなどの肌トラブルをひき起こしたりするリスクが伴う。とりすぎることへの注意も必要である。

2 ビタミン ためておけないものがあるから 毎日とろう！

❶ビタミンとは

　ごくわずかな量で代謝の促進や，体の生理機能の調節を行う栄養素。体内では合成されないか，合成量が少ないため，食事から摂取する必要がある。

　ビタミンは脂溶性ビタミンと水溶性ビタミンに大きく分けられる。欠乏すると特有の症状が見られる一方，過剰摂取に気をつけたいものもある。

❷脂溶性ビタミンの種類とはたらき

　油には溶けやすいが水には溶けにくい。体内に蓄積されやすく過剰に摂取すると体に害を及ぼす可能性がある

種類（化学名）	はたらき	多く含む食品	1つの食品で1日の推奨量を摂取する場合の目安
ビタミンA（レチノール）	皮膚や粘膜の健康保持，暗所での視力調節 ●目の乾燥感の緩和	レバー，卵黄，緑黄色野菜，バター	うなぎかば焼　1/2串 にんじん　1/4本
ビタミンD（エルゴカルシフェロール，コレカルシフェロール）	カルシウムの吸収補助，骨の形成	卵黄，魚類，干ししいたけ	卵　3個 まぐろさしみ　5切れ
ビタミンE（トコフェロール，トコトリエノール）	体内の脂質の酸化防止，老化防止 ●冷え・しもやけの緩和	植物油	マーガリン　大さじ3 落花生　半カップ
ビタミンK（フィロキノン，メナキノン）	血液の凝固に関与 ●止血	海そう，緑黄色野菜	納豆　小さじ1 ほうれん草　1株

❸水溶性ビタミンの種類とはたらき

　おもにビタミンB群とビタミンCのグループ。水に溶けやすく，過剰に摂取しても尿中に排出されることが多いが，ビタミン剤などの過剰摂取には注意しよう。

種類（化学名）	はたらき	多く含む食品	1つの食品で1日の推奨量を摂取する場合の目安
ビタミンB₁（チアミン）	糖質の代謝 ●肉体疲労時に効果あり	豚肉，胚芽，豆類	豚肉ヒレ　約140g，うなぎかば焼　2串
ビタミンB₂（リボフラミン）	糖質，脂質，たんぱく質の代謝，発育促進 ●皮膚炎，口内炎に効果あり	牛肉，卵，レバー	豚レバー　50g，うなぎかば焼　2串
ビタミンB₃（ナイアシン）	糖質，脂質，たんぱく質の代謝 ●肌荒れ，口内炎の緩和	肉類，魚類，豆類	焼きたらこ　1/3腹，落花生　カップ8分目
ビタミンB₁₂（シアノコバラミン，ヒドロキソコバラミン）	赤血球をつくる，神経の機能維持 ●肩こり，腰痛の緩和	レバー，貝類，チーズ	豚レバー　9.5g，カキ　1個
ビタミンC（アスコルビン酸）	細胞間の結合組織の強化，病気に対する抵抗力 ●しみ，そばかすの緩和	野菜，果物，じゃがいも	じゃがいも　1.5個，レモン　1個半

コラム　ビタミンの歴史

　最初のビタミンとして，現在のビタミンB₁を発見したのは鈴木梅太郎博士だった。その後，新たなビタミンが発見されると正式な構造がわかるまでアルファベットの仮称を付けた。発見後に新たなビタミンでないことがわかったビタミンF，G，Hなどが削除され，現在のビタミンは13種類ある。

　薬や食品添加物などの含有成分に使用されるビタミンは正式名称（化学名）で記すことが多い。

3 無機質 わずかな量でも効果は絶大！

❶無機質とは

・無機質は骨や歯，血液，細胞膜，筋肉などの構成成分である。また体液のpH(注)や浸透圧の調節，神経や筋肉のはたらきの調節を担う微量だが重要な栄養素だ。

（注）水素イオン濃度指数。酸性，アルカリ性の度合いを示す単位

・無機質は体内に40種類ほど存在するが，体内では合成されないため食物から摂取する必要がある。

❷無機質の種類とはたらき

　1日の必要量が100mg以上の無機質を多量ミネラルといい，カルシウム，リン，カリウム，ナトリウム，マグネシウムがこれにあたる。

種類	主なはたらき	多く含む食品	1つの食品で1日の推奨量を摂取する場合の目安
カルシウム	骨や歯の主成分，筋肉の収縮作用や神経のはたらきの調節	乳・乳製品，煮干しなどの小魚	牛乳　約3カップ，いわし煮干し　15尾
鉄	血色素（ヘモグロビン）の成分となり酸素を運搬	レバー，卵，きな粉，煮干し，海そう	干しひじき　小さじ3，あさりのつくだ煮　大さじ2
ナトリウム	体液の浸透圧の調節，pHの調節	食塩，みそ，しょうゆ，漬物，つくだ煮	
リン	骨や歯の主成分，核酸などの成分	卵黄，肉類，魚介類，穀類	プロセスチーズ　スライス7枚，焼きししゃも　10尾
カリウム	細胞内液の浸透圧の調節	野菜，果物	あずき　1カップ，バナナ　4本
亜鉛	酵素の成分であり，その活性化に関与	魚介類（カキ），肉類，玄米	カキ（むき身）3個，牛もも肉　約170g
ヨウ素	成長期には発育を促進，成人期は基礎代謝を盛んにする	海そう，魚介類	わかめ　2g，ぶり　1切
マグネシウム	神経・筋肉のはたらきの調節，酵素の活性化	穀類，海そう	大豆　1カップ，干しひじき　1カップ

人体を構成する栄養素と元素

人体を構成する栄養素

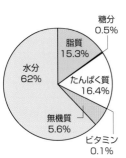

糖分 0.5%
脂質 15.3%
水分 62%
たんぱく質 16.4%
無機質 5.6%
ビタミン 0.1%

人体を構成する元素

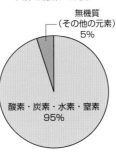

無機質（その他の元素）5%
酸素・炭素・水素・窒素 95%

食生活

ずっと安全に食べていくために

1 食中毒の予防　食中毒の種類と，自分で身を守るための方法を知ろう

❶食中毒の分類　食中毒の疑いがあれば，すみやかに医療機関を受診しよう

		原因菌・原因物質	主な感染源，食品例	潜伏期間	症状
細菌性	感染型	サルモネラ菌	食肉（特に鶏肉），鶏卵，自家製マヨネーズ，野菜サラダ	5～72時間	下痢，腹痛，発熱，頭痛，吐き気，嘔吐
		カンピロバクター・ジェジュニ／コリ	食肉，鶏卵，生乳，飲料水など	2～11日と長い	発熱，下痢，腹痛
		腸炎ビブリオ	魚介類のさしみや寿司，しらす	6～12時間	下痢，腹痛，吐き気，嘔吐
		病原性大腸菌（腸管出血性大腸菌O157，O111など）	食肉，野菜，飲料水，保菌者の糞便	2～9日と長い	下痢，腹痛，溶血性尿毒症
	毒素型	ウェルシュ菌	食肉，魚介，野菜の煮物など多種の食品	8～20時間	腹痛，下痢
		黄色ブドウ球菌	弁当，おにぎり，寿司，菓子	1～5時間	下痢，腹痛，吐き気，嘔吐
		セレウス菌	嘔吐型　穀類，豆類，香辛料（炒飯，カレーライス，パスタなど）下痢型　乳製品，食肉，野菜	嘔吐型 1～6時間　下痢型 8～16時間	嘔吐　下痢
		ボツリヌス菌	ハム・ソーセージ，魚肉発酵食品，野菜や果実のびん詰・缶詰，真空パック	8～36時間	めまい，頭痛，舌がもつれる，呼吸困難
ウイルス性		ノロウイルス	かきやしじみなどの二枚貝，感染者の糞便や吐しゃ物	1～2日	激しい吐き気や嘔吐，下痢，腹痛，悪寒，38℃程度の発熱
自然毒	動物性	ふぐ毒（テトロドトキシン）	ふぐの種類によるが，特に肝臓は青酸カリの1,000倍の毒力をもつ	20分～3時間	麻ひ症状が口唇から四肢，全身に広がり，重症の場合は呼吸困難で死に至る
		貝毒（有毒プランクトン）	二枚貝	麻痺性　30分程度　下痢性　30分～4時間	麻ひ性　顔面や手足のしびれ　下痢，嘔吐，吐き気
	植物性	きのこ毒（ムスカリン）	きのこの種類による	30分～10時間	嘔吐，腹痛，下痢，けいれん，昏睡，幻覚，猛毒の場合は死に至る
		ソラニン	じゃがいもの芽	20分程度	嘔吐，下痢，呼吸困難
		カビ毒（マイコトキシン）	カビの種類による	カビの種類や体調による	胃腸障害，知覚障害，けいれん，急性毒性の場合は死に至る

❷食中毒の予防

細菌をつけない

細菌を増やさない

細菌をやっつける

（イラスト　政府広報オンライン　食中毒予防の3原則）

正しい手の洗い方

❶流水でよく手をぬらした後，石けんをつけ，手のひらをよくこすります。

❷手の甲をのばすようにこすります。

❸指先・ツメの間を念入りにこすります。

❹指の間を洗います。

❺親指と手のひらをねじり洗いします。

❻手首も忘れずに洗います。

（イラスト　政府広報オンライン　食中毒予防の3原則）

❸集団食中毒

　O157，サルモネラ菌，黄色ブドウ球菌などの細菌による食中毒が集団発生しやすい。飲食店，学校，高齢者施設などで起こることが多く，私たちも自分の食べるものには十分注意を払う必要がある。

●白菜キムチによるO157集団食中毒（2020年）
　品川区の業者が漬けた白菜キムチで14人が発症したが10人がO157と認定された。店頭販売とインターネットでの販売であったため，広域に発生した。

●仕出し弁当によるノロウイルスによる食中毒（2020年）
　弁当業者の弁当により239人が発症した。幼児が通う施設の134人の患者が確認され，その内77人は1～6歳の幼児だった。調理従事者を介して食中毒が広まったとみられる。

●台湾まぜそばを原因とするサルモネラ菌による食中毒（2020年）
　滋賀県の飲食店で食事をした24人のうち18人，および同店でまかない食を食べた従業員4人のうち1人が発症。発症者の共通メニューは生卵をのせた「台湾まぜそば」およびそのアレンジメニューであった。鶏卵の管理に問題があったとみられている。

●豆腐ハンバーグ，カボチャの甘煮によるウエルシュ菌食中毒（2021年）
　障がい者施設で豆腐ハンバーグなどを食べた3～81歳の入所者93人が症状を訴え，その内28人からウエルシュ菌が検出された。ウエルシュ菌は熱に強く，調理後に放置すると増殖する。

2 食生活

❶食品関連の問題

日々の生活に欠かせない食材が家畜の病気や，食品メーカーの偽装や犯罪的行為などによって危険にさらされたとき，私たちはどのように対処したらよいのだろう。以下の事例から考えてみよう。

●鳥インフルエンザ

鳥類に対して感染性を示すA型インフルエンザウイルスによる感染症のことで，原因となるウイルスの自然宿主は野生のカモ類で，この野生のカモ由来のウイルスが家きんの間で感染を繰り返すうちに，鶏に対して高い病原性を示すウイルスに変異する。感染が見つかった場合は，その農場で飼育されている家きんの殺処分を行う。

通常はヒトに感染しないが，感染したトリに触れる等，濃厚接触をした場合などにきわめて稀にヒトに感染することがある。

（厚生労働省・農林水産省ホームページより）

●遺伝子組み換え食品

生物の細胞から有用な性質をもつ遺伝子を取り出し，植物などの細胞の遺伝子に組み込み，新しい性質をもたせることを遺伝子組換えという。従来の品種改良のように交配する手間が省け，生産者や消費者の求める性質を効率よくつくり出せる。例えば，除草剤に強い作物，害虫に食べられる被害を防ぐ作物もつくられている。

一方，人体への影響，生態系への影響が懸念されている。日本ではとうもろこし，大豆，なたね，わたなどの主要作物は輸入に大きく依存しており，その大部分が遺伝子組み換え品種と推定される。商品購入の際には，それらのことを考慮して表示を見て確認しよう。

遺伝子組み換え作物トップ4
世界29か国の遺伝子組み換え作物作付面積に占める割合

なたね 5% ── その他 1%
わた 14%
大豆 48%
とうもろこし 32%

（国際アグリバイオ事業団（ISAAA）2019年）

❷安全対策

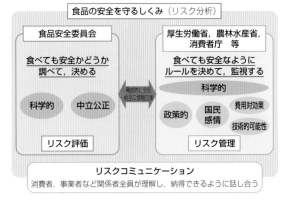

食品の安全を守るしくみ（リスク分析）

食品安全委員会
食べても安全かどうか調べて，決める
科学的　中立公正
リスク評価

厚生労働省，農林水産省，消費者庁　等
食べても安全なようにルールを決めて，監視する
科学的
政策的　国民感情　費用対効果　技術的可能性
リスク管理

リスクコミュニケーション
消費者，事業者など関係者全員が理解し，納得できるように話し合う

●食品安全委員会

食品に含まれる可能性のある添加物，農薬，微生物，放射性物質などの危険要因が人の健康に与える影響についてリスク評価を行う，内閣府に設置された機関。

❸放射能による環境汚染と食品の安全性

2011年3月11日の東日本大震災がきっかけで起きた福島第一原子力発電所事故によって，日本国内では食品，水道水，大気，海水，土壌などから事故由来の放射性物質が検出されるようになった。

●食品中の放射性物質の新基準値

食品の安全・安心を確保するため，厚生労働省は食品に含まれる放射性物質の年間の線量の上限を「5ミリシーベルト」から「1ミリシーベルト」に引き下げた（2012年4月1日より施行）。

放射性セシウムの暫定規制値

食品群	暫定規制値（ベクレル/kg）
飲料水	200
牛乳・乳製品	200
野菜類	500
穀類	500
肉・卵・魚その他	500

放射性セシウムの新基準値

食品群	新基準値（ベクレル/kg）
飲料水	10
牛乳	50
乳児用食品	50
一般食品	100

●Bq（ベクレル）とSv（シーベルト）

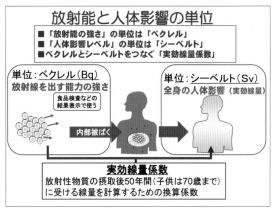

放射能と人体影響の単位

■「放射能の強さ」の単位は「ベクレル」
■「人体影響レベル」の単位は「シーベルト」
■ベクレルとシーベルトをつなぐ「実効線量係数」

単位：ベクレル（Bq）
放射線を出す能力の強さ
食品検査などの結果表示で使う

内部被ばく

単位：シーベルト（Sv）
全身の人体影響（実効線量）

実効線量係数
放射性物質の摂取後50年間（子供は70歳まで）に受ける線量を計算するための換算係数

（食品安全委員会「食品中の放射性物質による健康影響について」2013年）

●新基準値の適用と取り組み

食品中の放射性物質に関する検査は，各都道府県で実施され，その結果は厚生労働省でとりまとめられ，ウェブサイトで毎日公表されている。検査の結果，基準値を超えた場合は，その食品の回収・廃棄が行われ，地域や品目が指定されて出荷制限の指示が行われる。

●食品への影響

福島第一原子力発電所から放出された放射性物質により，東北や関東地方を中心に農産物や畜産物，水産物が汚染された。政府は事故直後より一部の地域における特定の農畜水産物の出荷停止を命じており，事故から10年以上経過した現在も出荷制限がかけられている食品や生産地域がある。

1 巻きずしを知ろう

すしは，どのようにして生まれ，多くの人に食べられるようになったのか。
すしの歴史や巻きずしのつくり方を知り，日本の伝統的な食文化に迫ろう。

2 巻きずしをつくってみよう

①米を炊く。
酢に塩と砂糖を混ぜてとかし，合わせ酢を
つくる。

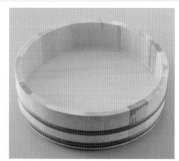

②寿司桶を使う前に水で濡らしてから水気を
切り，ご飯がくっつくのを防ぐ。

巻きずし（4本分） ＜市販の具材を使う場合＞	
米	450g
水	630mL
だし昆布	5 g
酢	60mL
塩	6 g
砂糖	15g
のり	4枚
さやいんげん（ゆで）	8本
厚焼き卵（市販品）	80g
桜でんぶ	30g
かんぴょう（味付き市販品）	80g
しいたけ（味付き市販品，薄切）	80g

⑥巻きすを広げ，のりの光沢がある面を下に
してのせる。のりの手前2cm，奥5cmを
空けてすし飯を広げる。

⑦すし飯の中央より手前に具材を直線状におく。

3 多様なすし

　すしにはさまざまな種類があり，地域に特徴的なものも存在する。例えば，魚の姿をそのまま利用したものや，
箱を使って詰めたものもあり，これらにはその土地特有の食材や食への考え方などが反映されている。海外では
伝統的なつくり方が受け継がれている一方，日本のすしが人気となりスーパーや飲食店で気軽に味わえるように
なってきている。

さばずし（京都）

箱ずし（愛知）

カンボジアのトンレサップ湖で魚を
獲る人

カンボジアの「すし」ブオーク（シ
ェムリアップの市場にて）
（画像提供：日比野光敏教授）

1 すしの歴史

　すしは日本の料理として広く知られているが，その発祥は日本ではなく東南アジアである。もとは生魚の保存を目的として，魚に塩をしてご飯と一緒に漬け込んで乳酸発酵させたもの。これがすしの原型で「なれずし」といわれている。この食べものが中国へ伝わり，日本へと入ってきたのである。なれずしはご飯を食べずに捨てるものだったが，のちにご飯も食べるようになり「なまなれ」が登場した。その後，酢を使うことで酸味をつける発酵させない「早ずし」が生まれて広まり，1850年ごろに握りずしが発明され，すしの種類は多様化した。その中のひとつ，ご飯で魚を巻き付け，手にご飯がつかないようにのりで巻いてできたのがのり巻きずしである。

③炊き上がったご飯を寿司桶に移し，合わせ酢をしゃもじに伝わらせながら回し入れる。

④全体を大きく混ぜて合わせ酢を行き渡らせてからしゃもじで切るように混ぜる。うちわであおぎながら混ぜ，全体を冷ます。

⑤ぬれ布巾をかけてご飯が乾燥するのを防ぐ。

⑧手前から，両手の親指で巻きすごと持ち上げ，残りの指で具材を軽く押さえながら巻く。

⑨片手で巻きすを握って手前に軽く引き寄せ，もう片方の手で巻きすの端を持って奥へ引っ張り，しっかり巻く。

⑩全体が巻けたら両手で握り，形を整える。

⑪巻きすを外し，2cm幅に切る。1回切るごとにぬれ布巾で包丁の刃を拭くと切り口がきれいになる。

イタリアのスーパー。握りずし，巻きずし，ちらしずしなどが並ぶコーナー。

ベルギーのすしレストランの外観。メニューにはさまざまなネタが並ぶ。

フランスのすしレストラン。セットメニューで握りずしと茶碗に盛られたご飯が同時に提供されていた。

② 日本の食文化

視点　ひとつの料理や調味料でも地域により味付けやつくり方が異なり，郷土の味を生み出すことにつながっている。違いを知り，その理由を考えてみよう。

1 雑煮文化

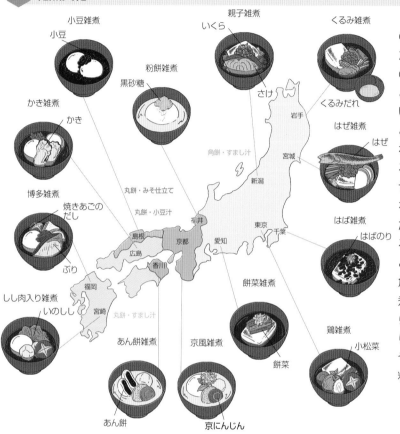

小豆雑煮
小豆

粉餅雑煮
黒砂糖

かき雑煮
かき

博多雑煮
焼きあごのだし
ぶり

しし肉入り雑煮
いのしし

あん餅雑煮
あん餅

京風雑煮
京にんじん

親子雑煮
いくら
さけ

くるみ雑煮
くるみだれ
岩手

はぜ雑煮
はぜ
宮城
新潟

角餅・すまし汁

丸餅・みそ仕立て

丸餅・小豆汁
福井
京都
島根
広島
香川
福岡
宮崎
愛知
東京
千葉

丸餅・すまし汁

はば雑煮
はばのり

餅菜雑煮
餅菜

鶏雑煮
小松菜

雑煮のはじまりは，かつて武士の宴席で最初に汁物が出されていたことが由来だとされている。この汁物がないと宴席が始まらないとされるほど重要な意味をもっていた。このことが，1年の始まりとして重要な正月にも汁物が出されるようになったというわけである。雑煮の語源は「煮雑（にまぜ）」。各地域でとれる土地の食材を入れてつくられ，ベースとなるだしやみその種類もさまざまである。雑煮の共通点は餅を入れることといえるが，餅も地域によって角餅，丸餅と形が異なり，焼くか煮るかといった調理法の違いも見られる。雑煮を食べる習慣があまり見られない地域もあるが，地域や家庭の食文化が反映されやすい料理のひとつともいえる。

▶ 考えよう

地域によって「角餅」と「丸餅」の違いがあるのはなぜだろう？

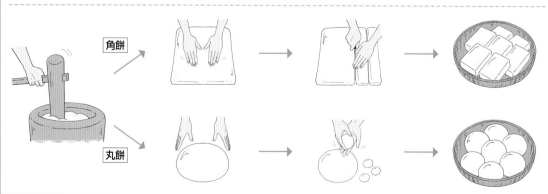

角餅

丸餅

南北に長いその地形や気候の違いが影響し，全国各地にさまざまな種類のみそが存在する。

北海道では赤い色の中辛口みそが主流で，仙台では仙台みそと呼ばれる伊達政宗時代より引き継がれている赤色辛口みそが有名である。みその原料となる麹は全国的に「米」が使われることが多いものの，中部地方では「豆」，九州や四国の一部の地域では「麦」が使われている。

白みそ
原料：米・大豆・塩

麦みそ
原料：大豆・麦・塩

豆みそ
原料：大豆・塩

米みそ
原料：大豆・米・塩

秋田みそ
津軽みそ
北海道みそ
佐渡みそ
越後みそ
仙台みそ
加賀みそ
越中みそ
会津みそ
瀬戸内麦みそ
府中白みそ
越前白みそ
江戸甘みそ
九州麦みそ
讃岐白みそ
御膳みそ
関西白みそ
東海豆みそ
信州みそ

信州みそ

全国のみその生産量の約40％を占める。淡色辛口みその代表的なもの。

東海豆みそ

中京地方を中心に製造されている豆みその総称。濃厚なうま味と渋み，若干の苦みを持ち，懐石料理にかかせない。

関西白みそ

西京みその銘柄名で知られる，白色甘みそ。米麹歩合が高く甘みが強い。着色を抑えるため精米度を高くし，大豆は脱皮したものを用い，蒸さずに煮る。

九州麦みそ

九州地方は麦みその主生産地。温暖な気候のため熟成期間が短く，甘口のものが多く，色は淡色から濃くても淡赤色までに限られる。

○発達した発酵食品

醤油

みそを作る際に，桶に溜まった汁から発展。

酢

中国より製造技術が伝えられ，量産されたのは江戸時代。

みりん

酒類調味料。江戸後期に調味料として定着。

魚醤

魚介類に塩を加えて発酵させたもの。

納豆

室町中期に稲わらに生息する納豆菌から作られた。

漬物

しば漬は800年，すぐきは400年の歴史を持つ乳酸発酵漬物。

水産発酵食品

保存目的で生まれた。くさや，塩辛，ふなずしなど。

酒

稲作の成立と同時期から存在。

3 食器と食具を知ろう

視点 | 食器や食具はその国で食べられてきた料理の特徴や食事の仕方と深く関連している。各地に存在する焼き物や箸の作法を確認してみよう。

1 食器

九谷

唐津

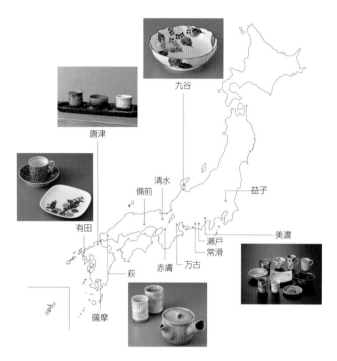
清水
備前
益子
有田
瀬戸
常滑
美濃
萩 赤膚 万古
薩摩

食器は，縄文時代に土器が発明されたことに始まり，食べ物を盛り付ける器としての素材・技術・意匠が多様化した。自然素材を使用した食器には木，竹，漆，陶磁器，ガラスなどがあり，陶磁器は各地に特徴のある産地が存在する。食器は単に料理をのせるものではなく，料理や季節，おもてなしに合わせて食卓を演出する役割ももつ。江戸時代にはそれまでの陶器の製法技術と大陸から伝えられた知識から磁器が作られるようになり，陶磁器の技術力や生産力は向上した。特に，磁器はさまざまな上絵の具や赤絵の開発により色彩の幅が広がったことで柿右衛門様式（有田）が確立し，ドイツのマイセン窯など海外にも影響を与えた（マイセン窯成立の契機）。

やきもの（窯器）の種類：土器・陶器・炻器・磁器

種別	焼成	釉薬	特徴
土器	低火度（1000℃以下）	無釉	軟質，土色，吸水性大
陶器	低中火度（1200℃以上）	施釉	軟硬質，灰白色，吸水性あり
炻器	高火度（1100～1250℃）	無釉	硬質，灰色，吸水性小
磁器	高火度（1350℃以上）	施釉	硬質，白色，吸水性無

2 箸

　日本では粘りのあるジャポニカ種の米を主食とすることや，木で作られた漆器は熱い汁物を入れても手で持ち口をつけて飲むことができるため，匙（スプーン）を使わず箸だけで食事をする習慣が根付いている。また，海外にも箸食を行う文化圏はあるが，素材や長さが異なっていたり，食卓では日本のように横向きに置かず，箸先を奥に向けて縦に置くといった違いなどがみられる。

◯不作法とされる箸の使い方

移り箸
一度箸をつけた料理を取らずに別の料理に移ること。

迷い箸
料理の上で箸を行ったり来たり動かすこと。

寄せ箸
箸先を器に引っ掛けて近くに寄せること。

指し箸
箸先を人に向けること。

渡し箸
食事中の器に箸を渡しておくこと。終了の合図となる。

世界の米食文化

世界で生産される米はジャポニカ種とインディカ種の二つに大別される。日本で日常的によく食べられているのはジャポニカ種であるが，世界的に見るとインディカ種の方が多く生産・消費されている。米の大半はアジアを中心とする国々で生産されており，最も生産量の多い中国が全体の約30％を占める。日本の生産量・消費量は他のアジア諸国に比べると少なく，さらに年々減少傾向となっている。米は粒食することが主流であるが，米麺やライスペーパーにしたり，各国の特徴的な味付けや食材を合わせるなど，さまざまな米料理が存在する。

世界の米生産量・消費量ランキング

生産量		(千t)	消費量		(千t)
1位	中国	144,500	1位	中国	147,500
2位	インド	104,800	2位	インド	98,097
3位	インドネシア	35,760	3位	インドネシア	38,500
4位	バングラデシュ	34,500	4位	バングラデシュ	35,200
5位	ベトナム	28,074	5位	ベトナム	22,100
6位	タイ	18,750	6位	フィリピン	13,200
7位	ミャンマー	12,600	7位	タイ	11,700
8位	フィリピン	11,915	8位	ミャンマー	10,550
9位	ブラジル	8,465	9位	日本	7,966
10位	日本	7,816	10位	ブラジル	7,900
11位	アメリカ	7,068	11位	ナイジェリア	6,400
12位	パキスタン	6,900	12位	韓国	4,450

資料：日本のデータは平成26年度「食料需給表」より．その他の国・地域は米国農務省「PS&D」(10 November 2015, 2014/15年の数値〈見込値を含む〉)より作成
※注：数値は精米ベース

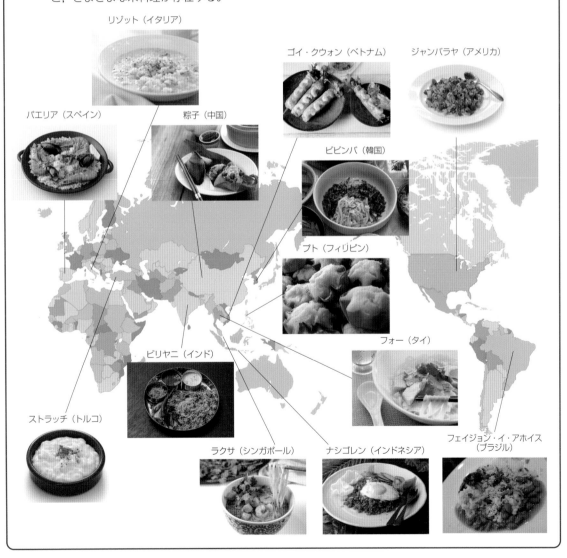

リゾット（イタリア）

ゴイ・クウォン（ベトナム）

ジャンバラヤ（アメリカ）

パエリア（スペイン）

粽子（中国）

ビビンバ（韓国）

プト（フィリピン）

フォー（タイ）

ビリヤニ（インド）

ストラッチ（トルコ）

ラクサ（シンガポール）

ナシゴレン（インドネシア）

フェイジョン・イ・アホイス（ブラジル）

衣生活

選んで着こなす私の衣服

1 衣服の選び方

❶あなたの衣服選びの基準は？

●デザイン
自分に似合っているか
着用目的に合うか
手持ちの服に合わせられるか

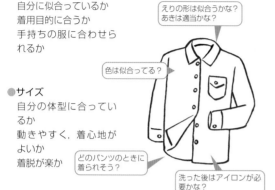

えりの形は似合うかな？
あきは適当かな？

色は似合ってる？

どのパンツのときに着られそう？

洗った後はアイロンが必要かな？

●サイズ
自分の体型に合っているか
動きやすく，着心地がよいか
着脱が楽か

●素材
洗濯などが楽にできそうか
肌ざわりがよいか
着用目的にあった材質か

ファスナーはスムーズに動くか？

ステッチは曲がっていないかな？

●縫製
縫い目は曲がっていないか
すそやそでのしまつができているか
ボタンやファスナーはしっかりついているか

❷じょうずに衣服を選ぶには

●自分のサイズを知ろう
　体型や体格に合った衣服を選ぶためには，自分のサイズを知ることが大切だ。まず身体の寸法を正確に測る。これをメモしておき，衣服の購入時には持っていくとよい。

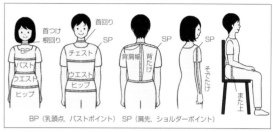

BP（乳頭点，バストポイント）　SP（肩先，ショルダーポイント）

●試着でのチェックポイント
・ファスナーやボタンはすべてとめる。
［セーター，シャツなど］
・胸回りから横にしわが出ていないか。
　そで丈が長すぎないか，短すぎないか。
［パンツ，スカート］
・腰回りに横じわが出ていないか。
・すそ丈は長すぎないか，短すぎないか。
［ジャケット，コートなど］
・肩の傾斜が自分の体に合っているか。
・そで丈が長すぎないか，短すぎないか。
・腕を上げたりひざを曲げたりして，動きやすさを確認する。
・靴をはき，鏡から1.5～2メートル離れて全体のバランスをチェックする。

コラム スマホアプリでバーチャル試着

自分の持っている服と比較

自分の体型で試着

クローゼットで管理

　インターネット通販が普及し，最近ではバーチャル試着ができる通販サイトも増えてきている。ユーザーは自分の持っている服と検討中の服を比較したり，自分のシルエットと服を合わせてどのサイズが適切かを選ぶことができる。

（画像提供：㈱バーチャサイズ）

3
衣生活

❶自分に似合う色

自分に似合う色を見つけるには，チェックしたい色を顔のそばに持ってくるとよい。顔が血色よく見え，明るい感じになる色が似合う色だ。自分だけで判断せず，家族や友人などの意見も参考にしてみよう。

● 色相（色み）
赤み，黄み，青みなど色の違いを表す。

チェックポイント
自分に似合うのは，ブルーなどの寒色系か，オレンジなどの暖色系か。

s
ストロング
（つよい）

lt
ライト
（あさい）

● 色調（トーン）
明度（明るさ）と彩度（鮮やかさ）の2つの属性をまとめたもの。

チェックポイント
自分に似合うのは淡い色調か，はっきりした色調か。

❷コーディネートのコツ

● 季節感のある色をとり入れる
衣服の色は，夏になると寒色系の薄く明るい色，冬になると暖色系の濃いめの色が好まれるようになる。
● 上下の色にメリハリ（濃淡）をつけ，立体感を出す

濃い色のセーターやシャツに，下は淡い色のパンツやスカートをあわせる。

薄い色のワンピースに濃い色のカーディガンを着る。

● 柄物　柄の色や形，大きさによってコーディネートにメリハリをつけることができる。

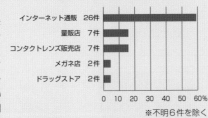

同じ色でもしまの太さや方向によって印象が違う。

コンタクトレンズによるトラブル

国民生活センターにコンタクトレンズの装用による眼障害の情報が50件寄せられている。（2017年7月20日時点）患者は20～30歳代が全体の78.0%を占め，女性が41件（82.0%），男性が9件（18.0%）であった。寄せられた情報はいずれも医療機関を受診せずにコンタクトレンズを購入している。

コンタクトレンズの販売については，2012年に厚生労働省より適正使用に係る通知が出されており，コンタクトレンズを販売するに当たっては，「コンタクトレンズを購入しようとする者に対し，医療機関への受診状況を確認すること」，「コンタクトレンズを購入しようとする者が医療機関を受診していない場合は，コンタクトレンズによる健康被害等について情報提供を行い，医療機関を受診するよう勧奨すること」とされている。

インターネット通販	26件
量販店	7件
コンタクトレンズ販売店	7件
メガネ店	2件
ドラッグストア	2件

0　10　20　30　40　50　60%

※不明6件を除く

（国民生活センター『コンタクトレンズによる目のトラブルにご注意ください―「医師からの事故情報受付窓口」から―』2017年）

ジェルネイルが原因の病気

爪にジェルを塗り重ねて紫外線で固めるジェルネイルは，持ちがよく人気が高い。しかし不十分なケアやジェルを落とす際の薬剤が原因でグリーンネイルなどの爪の病気を発症することがある。

爪と肉，爪とジェルの間に緑膿菌という細菌が入った症状がグリーンネイル

衣生活

繊維の種類と特徴

1 繊維と布地の種類と特徴

❶主な繊維の特徴

		繊維名	原料	断面と側面	主な性質（長所）	主な性質（短所）	用途
天然繊維	植物繊維	綿	綿の種子毛		吸湿性が大きい，湿潤強度が大きい，洗濯に強い，肌ざわりがよい	弾力性が小さい，しわになりやすい	下着，ワイシャツ，タオル，ハンカチ，寝具
		麻	麻の茎（靭皮）または葉脈		吸湿性が大きい，熱伝導性が大きい，通気性が大きい，冷感がある	弾力性が小さい，伸度が小さい，保温性が小さい	夏服，テーブルクロス，テント，ロープ
	動物繊維	毛	羊（メリノ種）山羊などの毛		保温性が大きい，弾性が大きい，吸湿性が大きい，染色性が大きい	アルカリに弱い，日光に弱い，虫害を受ける	セーター，マフラー，服地，毛布
		絹	蚕のまゆ		光沢があり細くしなやかである，弾性・吸湿性が大きい，染色性が大きい	アルカリに弱い，日光で黄変する	ドレス，スカーフ，ネクタイ，和服
化学繊維	再生繊維	レーヨン	木材パルプ		吸湿性が大きい，染色性がよい，肌ざわりがよい，安価である	ぬれると弱くなる，弾性が小さくしわになりやすい	服地，寝具，カーテン，敷物，和装品
		キュプラ	コットンリンター（綿花のくず）		光沢がある，吸湿性が大きい，強度が大きい	ぬれると弱くなる，弾性が小さくしわになりやすい	下着，服地，裏地
	半合成繊維	アセテート	パルプ酢酸		光沢がある，弾性がある，熱で変形を固定することができる（熱可塑性）	アルカリに弱い，吸湿性が少ない	裏地，寝具，下着，服地，スカーフ
	合成繊維	ポリエステル	石油		弾性が大きい，耐久性がある，熱に強い，強伸度である	吸湿性が小さい，染色性が小さい，静電気を帯びやすい	ブラウス，ワイシャツ，スポーツウェア，服地，かさ
		アクリル	天然ガス石油		弾性が大きい，保温性が大きい，日光や酸に強い，軽い	ピリング性（毛玉のつきやすさ）が大きい	服地，セーター，毛布，かつら
		ナイロン	石油		弾性が大きい，耐久性が大きい，軽い，強度が大きい	吸湿性が小さい，耐熱性が小さい，日光に弱い	ウィンドブレーカー，かさ，バッグ，水着

（日下部信幸『生活のための被服材料学』家政教育社，『図説 被服の材料』開隆堂出版，篠原勝彦『繊維の知識』アパレルファッション）

❷糸を織る・編む

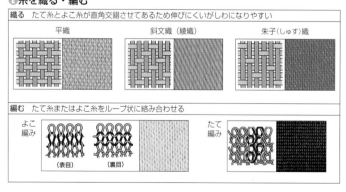

織る	たて糸とよこ糸が直角交錯させてあるため伸びにくいがしわになりやすい
	平織　　斜文織（綾織）　　朱子（しゅす）織

編む	たて糸またはよこ糸をループ状に絡み合わせる
	よこ編み　（表目）（裏目）　　たて編み

❸布地のいろいろ

●ギンガム

先染め糸または先ざらし糸を使い，格子柄かたて縞（じま）に織った綿の平織物

●デニム
たてにインディゴで染めた糸，よこにさらし糸を使った厚手の斜文織物

●サテン

織物表面上に糸が長く浮いて出ており，光沢がある朱子織物

●ツイード

原料に羊毛を使った紡毛織物。斜文織が多いが，平織もある

④ **繊維の燃焼実験**　繊維の種類によって燃え方や燃えるときのにおい，燃え残りには違いがある。

	綿	麻	毛	絹	レーヨン	キュプラ	アセテート	ポリエステル	アクリル	ナイロン
燃え方	パッと早く燃える	綿より少し遅く燃える	ややくすぶりながら燃える	綿より遅く，じりじりと固まりながら燃える	パッと紙のように早く燃える	容易に速やかに燃える	収縮しながら溶けるように燃え続ける	溶けながら黒煙を上げて燃える	収縮し溶けながら黒煙を上げて燃える	火に近づけると玉になり，点火すると少し燃える
におい	紙の燃えるにおい		たんぱく質（毛髪・皮革）の燃えるにおい		紙の燃えるにおい		酢のにおい	特有なにおい（芳香）	辛苦いにおい	アミド特有のにおい
燃え残り	白っぽいやわらかい灰が残る	黒色のもろい球で，押すとつぶれる		白っぽいやわらかい灰が残る			かたくて黒くもろい不規則な形の灰が残る	かたい黒褐色の灰が残る	もろい不規則な黒いかたまりの灰が残る	かたい明褐色のガラスのような灰が残る

2　化学繊維の高機能化

❶ こんなに増えた！高機能化学繊維素材

　防寒，涼感，紫外線しゃ断など，さまざまな機能を持つ付加価値素材が開発されている。こうした新素材は既存の天然繊維（綿や麻など）や化学繊維（ポリエステル，ナイロン，アクリルなど）の改良，織った生地や縫製後の製品への加工によって生まれる。新素材は日々開発されているので，インターネットなどで調べたり，新商品の素材をチェックしたりしてみよう。

素材の特性	機能の例	主な使用繊維	用途
水分特性	吸湿，吸水・吸汗・速乾，はっ水，防水，透湿防水	ポリエステル，ナイロン，綿など	下着，スポーツウェア
熱特性	遠赤外線放射，蓄熱保温，吸湿発熱	ポリエステル，ナイロン，アクリル，綿など	一般・防寒衣料，スポーツウェア
通気	高通気性，通気コントロール	ポリエステル，アセテート，トリアセテート	下着，一般衣料
光	紫外線遮蔽（しゃへい），電磁波シールド	ポリエステル，金属繊維など	一般衣料，傘，マタニティウェア
安全	難燃・防炎，高強度，静電気帯電防止	ポリエステル，ポリプロピレン，アクリルなど	カーテン，カーペット，衣料
健康・衛生	防菌・防臭，マイナスイオン，花粉対策，消臭	綿，ポリエステル，アセテートなど	下着，介護用品，ユニフォーム
取扱い	形態安定加工，防汚，しわを防ぐ，ストレッチ	ポリエステル，綿，ポリウレタン，レーヨン，麻など	スポーツウェア，ユニフォーム

❷ 吸汗・速乾素材のしくみ

　汗を素早く吸収し，ベトつき感が少なく，しかも軽量でドライタッチのポリエステル加工糸などを使用する。

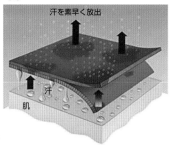

吸湿・速乾のイメージ

　ポリエステルやレーヨンなどの合成繊維を極細化，異型化したり，側面に溝やくぼみを付与して繊維表面積を増加させると，吸水性能を向上させることができる。

3　生地や製品への加工例

加工の種類	目的や効果	利用例
防縮加工	洗濯による収縮を防ぐ。	ジーンズ，ウール製品
防しわ加工	しわがつきにくくする。	作業着，ジャケット
形態安定加工	繰り返しの着用や洗濯をしても収縮や型くずれしないようにする。	ワイシャツ
パーマネントプレス加工	プリーツ（折り目）が消えにくく，型くずれやしわを防ぐ。	スカート，スラックス
防水加工	水がしみ込み濡れることを防ぐ。	レインウェア
撥水加工	水をはじきやすくする。布には隙間が残されるので，通気性は保たれる。	ウインドブレーカー，コート
透湿防水加工	外からの水は通さず，体から発散する湿気は外に放湿して蒸れを抑える。	スキーウェア，登山ウェア
防汚加工	汚れにくく，付着した汚れを落ちやすくする。	ワイシャツ，エプロン
帯電防止加工	繊維に発生する静電気を抑制する。	肌着，作業服
防虫加工	ヒメマルカツオブシムシ，イガなどによる虫害を防止する。	ウール・シルク製品
抗菌防臭加工	細菌の増殖を抑制し，不快な臭いを防ぐ。	肌着，くつ下
制菌加工	大腸菌などの体に有害な菌の増殖を抑制する。	医療・介護関連製品
防かび加工	繊維上のかびの発育を抑制する。	革製品
消臭加工	繊維が臭気成分に触れることによって不快な臭いを減少させる。	肌着，カーテン
難燃加工	着火または延焼しにくくする。	カーテン，作業着・防護服
UVカット加工	紫外線を遮断，または吸収して皮膚を守る。	春夏衣料

衣生活

衣服をじょうずに洗おう

1 洗濯の手順

❶洗濯を始める前にはここをチェック！
- 汚れのひどいものや色落ちするものを仕分けて，別洗いをする。
- 初めて洗う衣類は必ず取扱い表示ラベルを確認をする。

〇シミ汚れ 食べこぼしなどのシミは，先に落としておくか，部分洗い剤や漂白剤を塗っておく。

〇えり，そで口の汚れ 専用の部分洗い剤を塗って，軽くこすってから洗濯する。

〇ボタン とれそうなボタンは洗う前につけ直す。（ボタンつけ p.48参照）

〇ポケット 入っていたものは取り出し，裏返してほこりや糸くずを払い落とす。

〇ファスナー類 開けたままだと他の衣類に引っ掛かりやすいので閉じる。

〇すそのほつれ 小さなほつれも洗濯中に大きくなることがあるので，前もって補修しておく。

❷洗濯機を使うときのポイント
- **洗濯物を入れる量は，洗濯機の最大容量の7～8割に**
  最大容量を超えると洗濯物の動きが悪くなり，汚れが落ちにくくなる。
- **入れるときは重い衣類から**
  軽い衣類，やわらかい衣類を先に入れると，底面にあるパルセーターが空回りして正しい重量が検知できなくなることがある。
- **洗濯機のコース設定**
  全自動洗濯機はコースごとに水流や脱水時間を自動で調節する。衣類の汚れ具合や時間の短縮，節水など目的に合わせてコースを選ぼう。

衣類の重さのめやす
（単位：g）

靴下	50
長そでアンダーシャツ	150
ワイシャツ	200
綿パンツ	600
パジャマ上下	500
大判シーツ	500
バスタオル	300

パルセーター

ドライマークのついた衣類の洗い方

- **手洗いをするとき** ニット・おしゃれ着用中性洗剤で洗剤液をつくる。セーターやパンツは押し洗い，ブラウスなどはふり洗いをする。

押し洗い

ふり洗い

- **洗濯機で洗うとき** 洗濯物を二つ折り程度にたたみ，洗濯ネットに入れる。ニット・おしゃれ着用中性洗剤を使い，洗濯機の「手洗いコース」や「ドライコース」を選ぶ。
- 脱水は洗濯機で15～30秒行うか，タオルドライや押し絞りをする。

2 洗剤の種類と成分

❶洗剤の種類

洗　剤	漂白剤	柔軟剤
  NANOX えりそで用		

アタック高活性バイオパワーの表示（一部）

品名	洗濯用合成洗剤	液性	弱アルカリ性
用途	綿・麻・合成繊維用		
成分	界面活性剤（23％，ポリオキシエチレンアルキルエーテル，直鎖アルキルベンゼンスルホン酸ナトリウム），アルカリ剤（炭酸塩），水軟化剤（アルミノけい酸塩），工程剤（硫酸塩），分散剤，蛍光増白剤，酵素		
洗濯前の確認	この商品は蛍光剤配合。淡色の綿・麻衣料は白っぽくなることがあるので，蛍光剤無配合の洗剤をお使いください。溶け残り，蛍光剤のムラづき等を防ぐため，洗剤を衣料に直接ふりかけずに，一ヶ所にかたよらないように入れる。すすぎは2回をおすすめします。		

さらさの表示（一部）

品名	洗濯用合成洗剤	液性	中性
用途	綿・麻・合成繊維用		
成分	界面活性剤（23％：アルキルエーテル硫酸エステル塩，ポリオキシエチレンアルキルエーテル，純せっけん分（脂肪酸塩），直鎖アルキルベンゼンスルホン酸塩），安定化剤，pH調整剤，水軟化剤（クエン酸），ケア成分（コットンミルク），酵素		
洗濯前の確認	洗う前に，衣類の取り扱い表示を確かめてください。ウールやデリケートな衣類などのお洗濯には使わないでください。頑固な汚れには直接塗って，5分程度おいてから，洗濯機で使うとより効果的です。すすぎは1回でOK。		

シャボン玉酸素系漂白剤の表示（一部）

品名	漂白剤
液性	弱アルカリ性
成分	過炭酸ナトリウム（酸素系）
使えるもの	木綿，麻，化学繊維などの色柄物，白物の繊維製品
使えないもの	毛，絹とこれらの混紡品，水洗いできない絵表示がついたもの，水や洗濯用石けんで色が出るもの，含金属染料で染めたもの，ボタン，バックル

塩素系漂白剤（ハイター）の表示（一部）

品名	衣料用漂白剤
液性	アルカリ性
成分	次亜塩素酸ナトリウム（塩素系），水酸化ナトリウム（アルカリ剤）
使えるもの	水洗い・家庭洗濯ができる白無地のせんい製品（木綿，麻，ポリエステル，アクリル）
使えないもの	水洗い・家庭洗濯ができないもの。塩素系漂白剤が使えないもの。毛，絹，ナイロン，アセテート及びポリウレタンのせんい製品，色物・柄物のせんい製品。金属製の付属品（ファスナー，ボタン等）がついた衣料。

レノア 超消臭1WEEK SPORTSデオX の表示（一部）

品名	柔軟仕上げ剤
用途	衣料品用（綿・毛・絹・化学繊維）
成分	界面活性剤（エステル型ジアルキルアンモニウム塩），安定化剤，香料
使用量の目安	普段のお洗濯：衣料1kgに6.7mL キャップ1杯は約44mL 適正量を使用しましょう

ソフラン プレミアム消臭の表示（一部）

品名	柔軟仕上げ剤
用途	綿・毛・絹・合成繊維の柔軟仕上げ用
成分	界面活性剤（エステル型ジアルキルアンモニウム塩），消臭剤，防臭剤，安定化剤
使用量の目安	洗濯物量1.5Kg（水量30L）に対し10ml

❷洗剤の成分

●界面活性剤

洗剤の主成分で一つの分子の中に「水と馴染みやすい部分（親水基）」と「油と馴染みやすい部分（親油基）」をもっている。

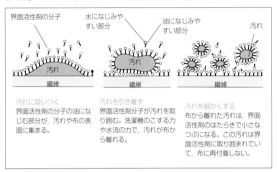

界面活性剤の分子	水になじみやすい部分	油になじみやすい部分	汚れ
汚れに吸いつく	汚れを引き離す	汚れを細かくする
界面活性剤の分子の油になじむ部分が，汚れや布の表面に集まる。	界面活性剤分子が汚れを取り囲む。洗濯機のこする力や水流の力で，汚れが布から離れる。	布から離れた汚れは，界面活性剤のはたらきで小さなつぶになる。この汚れは界面活性剤に取り囲まれていて，布に再付着しない。

●酵素

酵素とは触媒作用（化学反応をを速く進行させる働き）のあるたんぱく質のこと。酵素が界面活性剤の作用を助けて，洗浄力を高める働きをしている洗剤が「酵素パワー洗剤」と呼ばれるものだ。

洗剤に利用される主な酵素

リパーゼ（脂質分解酵素）	動植物油脂などの油汚れを分解
プロテアーゼ（たんぱく質分解酵素）	血液や牛乳などのたんぱく質汚れ，皮膚からはがれた角質などの汚れを分解する
セルラーゼ	木綿やレーヨンなどのセルロース系繊維を分解する

●柔軟剤のしくみ

主成分は陽イオン界面活性剤。すすぎの後の水に入れると，繊維の表面に油の膜ができた状態になり，摩擦抵抗が減少，繊維どうしのすべりもよくなる。

柔軟剤を入れると，親水基が繊維の表面に吸着。乾燥後は親油基を外側にして柔軟剤が繊維表面にきれいに並ぶ

3　取扱い表示

国内規格であるJISL0001は家庭における洗濯などの取扱いを指示するもので主に衣料製品への表示が義務付けられている。

洗濯のしかた		乾燥のしかた		アイロンのかけかた	
〈95〉	液温は，95℃を限度とし，洗濯機で通常の洗濯処理ができる	**タンブル乾燥**		〈⦁⦁⦁〉	底面温度200℃を限度としてアイロン仕上げ処理ができる
〈70〉	液温は，70℃を限度とし，洗濯機で通常の洗濯処理ができる	⊙	洗濯後のタンブル乾燥ができる 高温乾燥：排気温度の上限は最高80℃	〈⦁⦁〉	底面温度150℃を限度としてアイロン仕上げ処理ができる
〈60〉	液温は，60℃を限度とし，洗濯機で通常の洗濯処理ができる	⦿	洗濯後のタンブル乾燥ができる 低温乾燥：排気温度の上限は最高60℃	〈⦁〉	底面温度110℃を限度としてスチームなしでアイロン仕上げ処理ができる
〈60〉	液温は，60℃を限度とし，洗濯機で弱い洗濯処理ができる	⊠	洗濯後のタンブル乾燥はできない	⊠	アイロン仕上げ処理はできない
〈50〉	液温は，50℃を限度とし，洗濯機で通常の洗濯処理ができる	**自然乾燥**		**クリーニングの種類**	
〈50〉	液温は，50℃を限度とし，洗濯機で弱い洗濯処理ができる	▯	脱水後，つり干し乾燥がよい	**ドライクリーニング**	
〈40〉	液温は，40℃を限度とし，洗濯機で通常の洗濯処理ができる	▨	脱水後，日陰でのつり干し乾燥がよい	Ⓟ	パークロロエチレン及び石油系溶剤によるドライクリーニング処理ができる
〈40〉	液温は，40℃を限度とし，洗濯機で弱い洗濯処理ができる	▥	濡れつり干し乾燥がよい	Ⓟ	パークロロエチレン及び石油系溶剤による弱いドライクリーニング処理ができる
〈40〉	液温は，40℃を限度とし，洗濯機で非常に弱い洗濯処理ができる	▩	日陰での濡れつり干し乾燥がよい	Ⓕ	石油系溶剤によるドライクリーニング処理ができる
〈30〉	液温は，30℃を限度とし，洗濯機で通常の洗濯処理ができる	▭	脱水後，平干し乾燥がよい	Ⓕ	石油系溶剤による弱いドライクリーニング処理ができる
〈30〉	液温は，30℃を限度とし，洗濯機で弱い洗濯処理ができる	◪	脱水後，日陰の平干し乾燥がよい	⊠	ドライクリーニング処理はできない
〈30〉	液温は，30℃を限度とし，洗濯機で非常に弱い洗濯処理ができる	▤	濡れ平干し乾燥がよい	**ウエットクリーニング**	
〈手洗い〉	液温は，40℃を限度とし，手洗いによる洗濯処理ができる	▦	日陰の濡れ平干し乾燥がよい	Ⓦ	ウエットクリーニング処理ができる
⊠	洗濯処理はできない	※濡れ干しとは，洗濯機による脱水や，手でねじり絞りをしないで干すこと。		Ⓦ	弱い操作によるウエットクリーニング処理ができる
漂白のしかた				Ⓦ	非常に弱い操作によるウエットクリーニング処理ができる
△	塩素系及び酸素系漂白剤による漂白処理ができる	記号だけでは伝えられない情報は，簡単な言葉で記号の近くに記載される。 例 洗濯ネット使用　中性洗剤使用　弱く絞る　あて布使用　など		⊠	ウエットクリーニング処理はできない
⧄	酸素系漂白剤による漂白処理ができるが，塩素系漂白剤による漂白処理はできない			※ウエットクリーニングとは，クリーニング店が特殊な技術で行うプロの水洗いと仕上げまで含む洗濯のこと。	
⊠	漂白処理はできない				

1 浴衣（ゆかた）の着方

視点　浴衣は江戸時代から夏の普段着として着用されてきた。実際に着てみて和服ならではのよさを感じ，日本の住まいや文化との関連を探してみよう。

1 浴衣（ゆかた）の着方

　浴衣は夏の普段着であるため，肌襦袢や長襦袢は着用せず，肌シャツと女性はペチコート，男性は半ズボン下（ステテコ）を着用してから浴衣を着るとよい。女性の浴衣は着丈より長くできているので，余分を「おはしょり」として整える。男性の浴衣にはおはしょりはない。足袋ははかず，素足に下駄やぞうりをはく。

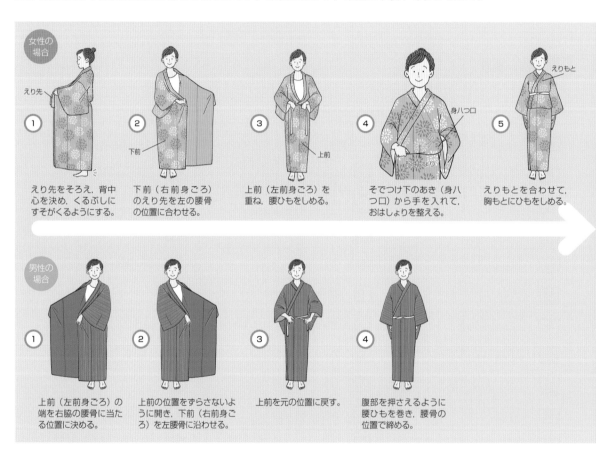

女性の場合

① えり先をそろえ，背中心を決め，くるぶしにすそがくるようにする。

② 下前（右前身ごろ）のえり先を左の腰骨の位置に合わせる。

③ 上前（左前身ごろ）を重ね，腰ひもをしめる。

④ そでつけ下のあき（身八つ口）から手を入れて，おはしょりを整える。

⑤ えりもとを合わせて，胸もとにひもをしめる。

男性の場合

① 上前（左前身ごろ）の端を右脇の腰骨に当たる位置に決める。

② 上前の位置をずらさないように開き，下前（右前身ごろ）を左腰骨に沿わせる。

③ 上前を元の位置に戻す。

④ 腹部を押さえるように腰ひもを巻き，腰骨の位置で締める。

■上手な着方のポイント

女性は首の根元にこぶしが1つ入る程度にえりを抜く。
男性はのどのくぼみが見える程度にえりをつめ気味に合わせる。

　見た目にも着崩れしないためにも，浴衣を着る前に体型補正をしておくとよい。タオル1〜2枚を用いて，女性はウエストの細い部分を埋めるように巻き，くびれをなくす。男性は，特に細身の体型の場合，胸もとから腹部にかけてタオルを当てておくと形よく着付けることができる。

　女性の場合，帯を結ぶ前におはしょりを整えたら伊達締めといって幅広（10cmぐらい）のひも（帯）を使って結んでおくと着崩れしにくい。

3 衣生活

2 帯の結び方

着物に合わせる帯は，着物の種類や季節によって素材，仕立て方が異なる。浴衣に合わせる帯は，女性用は半幅帯，男性は角帯や兵児帯を用いる。若い女性は文庫結びが一般的であり，中年になると貝の口に結ぶ。男性は角帯を貝の口に結ぶか，兵児帯で片輪結び（片結び）または双輪結び（蝶結び）にする。

文庫結び（女性）

蝶結び（男女）

貝の口（主に男性）

衣生活と伝統文化

文庫結び

① 帯の端から約50cmを「手」として幅半分に折り，残りを胴にふた巻きする。

② 帯の手と「たれ」で，交差し，ひと結びする。

③ 帯のたれをたたみ，羽をつくる。

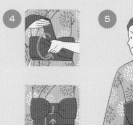

④ 羽に山ひだをつくり，帯の手でふた巻きして帯の手の先を帯の間に差し込む。

⑤ 羽を整え，帯を後ろへ回す。

貝の口

① 帯の端から肩幅くらいを「手」として幅半分に折り，残りを胴にふた巻きする。

② たれの長さを腕の長さくらいに決め，残り部分は内側にたたむ。帯の手とたれを交差し，たれが上になるようにひと結びする。

③ 上にあるたれを下に折り，さらに内側から上に折り上げる。その間に手を通して，左右にひっぱる。

④ 帯を後ろへと回す。

○「右前」と「左前」

洋服は男女で前身ごろの重ね方が異なるが，和服は，男女共に「右前」になるように着る。右前とは自分の体に衣服の右身ごろがくるように着ることである。

奈良時代の719年（養老3），中国の唐の制にならって，「初めて天下の百姓をして衿を右にせしむ」との令がくだされ，それまでの左前から次第に右前が通常の着方となった。

（参考：『図説日本文化史大系3奈良時代』小学館）

2 浴衣（ゆかた）・着物の生地

視点 浴衣・着物の生地や柄に着目してみると日本の気候や風土と関係が深い。全国各地に着物の生地を生産する技術があり，特徴的な染織が受けつがれている。

1 ゆかたの柄

トンボは「勝虫」とも呼ばれ縁起がよい

あじさいと柳の葉が涼しげ

7代目市川團十郎「かまわぬ」紋

「紗綾形」紋「万字（卍）繋ぎ」ともいう

■浴衣の生地と柄

　浴衣は夏の普段着の着物であるので，汗を吸い取りやすい綿や麻で作られたものが多い。最近ではしわになりにくく洗濯がしやすいポリエステルでもつくられている。

　柄は見ただけで涼しく感じられるような夏の風物（花火，金魚，流水など）や草花などが描かれたものが多く，季節感を大切にする日本人の美意識が表れている。

　大相撲の力士らは今でも日常的に浴衣を着用しており，歌舞伎役者や日本舞踊，落語家などの伝統芸能を担っている人たちは，稽古の時をはじめ日常でも着用している人がいる。

　昔，人気を博した歌舞伎役者が，しゃれたオリジナルな柄の浴衣を着て，流行を生み出し，その柄が今も受け継がれ，浴衣や手ぬぐいの柄として好まれている。

2 染めに挑戦

　化学染料が登場するのは明治時代になってからであり，それまでは自然にある草木などから染料をつくっていた。紅花や藍などはよく知られているが，タマネギの皮や道ばたのヨモギ，たんぽぽの花やドクダミの葉などでも染めることができる。このような染色方法を草木染めという。

　タマネギの皮は季節を問わず集めることができるので手軽にできる。染める前に糸や輪ゴムできつくしばるとそこだけが防染されるので模様ができる。白いハンカチやTシャツなどを輪ゴムで何カ所かしぼってタマネギの皮を使って染めてみるのもおもしろい。

①染める布と同量のタマネギの皮を20分ほど煮出し，皮を布で漉す。

②染液に水洗いした布を入れ15分ほど煮る。

ミョウバン

③ミョウバン2gを1Lの水に溶かし水洗いした布を20分ほど浸ける。

輪ゴムでしばり，染めると模様ができる

④水洗いして干すと出来上がり。

（食オタMAGAZINEホームページより）

染物

①有松絞り（愛知県）

②加賀友禅（石川県）

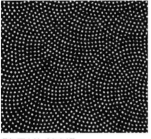
③江戸小紋（東京都）

④紅型染（沖縄県）

織物

⑤西陣・綴れ織（京都府）

⑥大島紬（鹿児島県・奄美大島）

⑦博多織（福岡県）

⑧黄八丈（東京都・八丈島）

■ 「染め」の特徴

「染め」は，白い糸や布に色をつけることであり，染色ともいう。布に染色する方法は大きく2つあり，布に染料を刷毛などで塗っていく方法と染液に浸して染める方法がある。

模様を表現するには①の「絞り」のように染めたくない部分の布を糸などで縛って染液がしみ込まないように防染したり，③や④のように型紙を用いて糊を置き防染したりする。②の友禅染は模様の輪郭を細い口金の先から出る糊で線を描き，糊の線から染料が染み出さないように色を入れていく。

■ 「織り」の特徴

「織り」は織機に経糸を張り緯糸を交差させていく。交差のしかたは三原組織（平織，斜文織り，朱子織）のほかにもさまざまある。⑤は多彩な色を使った西陣の綴れ織りである。⑦は男性の浴衣の帯にも使われる。⑥と⑧は平織であるが⑥は真綿から糸を繰り出した紡ぎ糸を用いている。⑧は自生する植物で絹糸を染め，黄色，樺色，黒色の3色を基調とした絹織物である。⑥と⑧は糸を染めるときに泥を用いており，草木染めの染料と泥に含まれる鉄分などが反応して独特の黒い色が出る。大島紬は織る前の織り糸を別の糸で染めたくない箇所をくくって防染し，小さな十の字絣にするのが特徴である。

「染め」も「織り」も多種多様の技法があり，それぞれの地域で伝統文化として受け継がれている。

衣生活と伝統文化

●江戸小紋染め職人　廣瀬雄一さん（廣瀬染工場4代目）

武士の裃がルーツとなり今日まで受け継がれてきた江戸小紋。江戸小紋と呼ばれる柄は，小紋の中でも特に柄が細かく，1mm程度の柄もあります。非常に細かい柄のため，よく見てやっと柄が見えてくるほどの細かさです。その「近づいてよくよく見たら柄があった」というさりげなさが，日本人の美意識を反映しています。江戸小紋のようにさりげない柄ができたのは，江戸時代，おしゃれが贅沢として規制されていた中で，おしゃれをさりげなく楽しむためでした。

3 手縫いで縫ってみよう

視点 和服は手縫いで仕立てるのが基本である。小・中学校で学習した基礎的な技術とあと少しの技術があれば，自分で浴衣を縫うことも夢ではない。

■玉結びと玉どめ

縫い始めには玉結びを，縫い終わりには玉どめをする。
糸の太さや布の織り密度によって，糸が抜けないように玉の大きさを調節する。

玉結び

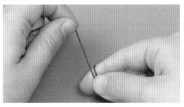  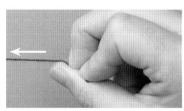

①糸のはしを人差し指の先に1回巻く。　②人差し指をずらしながら，糸をより合わせる。　③より合わせたところを中指で押さえ，糸を引く。

玉どめ

 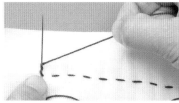 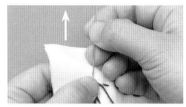

①縫い終わりに針をあて親指で押さえる。　②針をしっかり押さえ，2，3回針に糸を巻く。　③巻いた所を親指で押さえ，針を引き抜く。

[参考：ボタンつけ]

   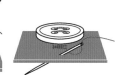 

①しるし位置に針を出し，ボタンの穴に通す。　②ボタンを少し浮かすようにして，3～4回糸をかける。　③ボタンと布の間に針を出す。　④ボタンと布の間に糸を3～4回かたく巻く。　⑤針を裏に出し，玉どめをする。

2 手縫いで作るマイ箸入れ

約7cm

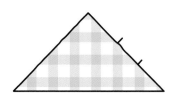

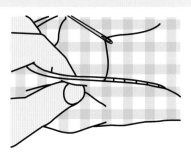

①30cm四方の布を三角に折り，返し口約7cmを残してなみ縫いをする。　②返し口から表に返し，アイロンをかける。　③返し口をくけ縫い（本ぐけ）をする。かがり縫いやなみ縫いでもよい。

1　浴衣をつくるための手縫いの技術

　手縫いは，ミシン縫いのように早くは縫えないが，縫い糸が布に馴染み，柔らかい縫い目に仕上がる。浴衣の縫い方には小学校で学んだなみ縫いが多く使われており，丈夫にしたいところは返し縫いをする。裾や袖口，えり下などの布端は和裁特有の「三つ折りぐけ」をする（下図）。これはまつり縫いの代用になるので，できるようになると小物つくりなど作品の幅が広がる。

■ 2枚の布を縫う方法

　2枚の布を縫合するとき，普通はなみ縫いにし，丈夫にしたいときは半返し縫いや本返し縫いをする。2つを合わせて「返し縫い」ともいう。

なみ縫い	半返し縫い	本返し縫い
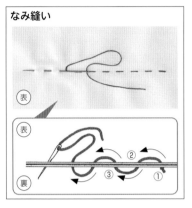	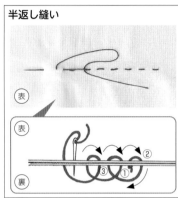	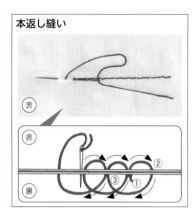

■ 布端の始末の方法

　布端を三つ折り縫いにするとき，浴衣の場合はまつり縫いではなく，くけ縫いをする。裏に縫い糸が出ないので体との摩擦が多い裾やそで口の始末などに使われる。くけ縫いにはいくつかの方法がある。

①まつり縫い	②三つ折りくげ	③本ぐけ
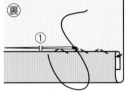 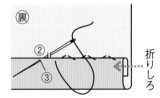	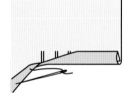	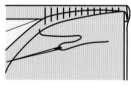

①まつり縫い
針目間隔の $\frac{1}{2}$ ～ $\frac{1}{3}$ くらいのところで表の針目が目立たないよう水平に表布をすくい，折りしろの裏を通って③に出る。

②三つ折りくげ
三つ折りした折り山から針を出し表布を小さくすくい，手前の折り山の中を1cmほど進む。

③本ぐけ
両方の布の折り山を合わせ，折り山より0.2cmぐらい内側を0.5～1cmの針目で縫い進む。

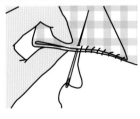

④左端を7cm折り，かがり縫いをする。（本ぐけやなみ縫いでもよい）

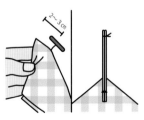

⑤上の角から2，3cm下に2cm位のボタンをつけ，ボタンの裏に20cmの丸ゴムを2つ折りにして縫いつける。

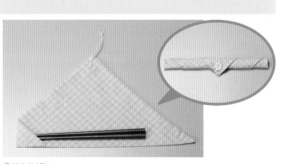

⑥できあがり。

変化してきた衣服

視点 浴衣はいつ頃から着られていたのだろうか。長い歴史の中で着物がどのように変化してきたのか，当時の社会や生活を想像しながら考えてみよう。

1 日本の衣服の変化

　古墳の壁画に描かれた人物や正倉院の御物，寺院に残る絵図などから，服装が中国の影響を受けていたことがわかる。遣隋使，遣唐使などの往来によって，文明の進んでいた中国の衣服文化（衣服制度や染織技術など）を持ち帰り吸収していった。平安時代の9世紀末には，長く続いた遣唐使が廃止され，唐の文化は日本古来の風習に同化し国風文化が生まれていく。貴族の服装も日本独自の形態になっていき，男性の正装は束帯，女性の正装は襲装束（俗に十二単という）の姿になっていく。このときの下着である小袖が，次第に表着として用いられるようになり，現在の着物の形態として受け継がれてきた。

浴衣の起源

　浴衣は，「湯帷子（ゆかたびら）」が語源といわれ，平安時代に貴族が入浴時に着用した衣服が起源といわれている。当時の風呂は蒸し風呂で，汗を吸い取ったり，水蒸気によるやけど防止であったり，裸を隠したりする目的で着用された。安土桃山時代頃からは湯上がりに汗取りのために広く着られるようになった。

　浴衣が庶民の間に広がるのは，江戸時代後期に風呂屋（銭湯）が普及し，湯に裸で入るようになり，湯上がりに着られるようになったからである。やがて，銭湯への往復にも着られるようになり，江戸時代の町人文化の発展に伴って，夏の普段着として用いられるようになった。

江戸時代の正月の銭湯。右の人は浴衣を手に持って入ってきて，左の人は湯上がりに浴衣を着ている。

（一陽斎豊国「睦月わか湯乃図」国立国会図書館デジタルコレクション）

斬新な柄の浴衣を着て蛍狩りをたのしんでいる様子。

（三代歌川豊国「蛍狩当風俗」国立国会図書館デジタルコレクション）

世界の多様な衣服

▶ 世界の民族服（民族衣装）

　日本に着物があるように，世界中の国々や地域，民族に受け継がれてきた衣装がある。それぞれの地域の気候や，採取できる被服材料，生活文化，宗教などの影響を受けながら，固有の被服が形成されてきた。

　日本の気候は概ね高温多湿であるため，麻や綿の栽培が可能であり，桑の木を栽培して蚕を育てることもできる。里山には繊維材料として使える藤，シナ，オヒョウなどの樹木もある。ぜんまいの綿も利用してきた。

　他国には，牧畜や狩猟で得ることができる羊やアルパカ，トナカイ等の動物の毛が身近にある地域もある。高温で乾燥地帯では肌を露出できない地域もあれば，熱帯では露出度の大きい服装もある。各国や地域で暮らす人々の生活に思いを馳せ，そこの民族服がどのようにして生まれ受け継がれてきたのかを考えてみよう。

モロッコ
男女共にジェラバというフードの付いたワンピース型の衣服を着用。
強い太陽の日差しや砂から身を守り，中に着る衣服で寒暖を調節する。

ペルー
アンデス山脈一帯の先住民たちが着るポンチョ。
2枚の布をはぎ合わせ，頭を通す部分を縫い残す巻頭衣。ラマやアルパカの毛などでつくられている。

フィンランドのサーミ族
コルトという民族衣装を着用。
青色を基調とし赤や黄色の模様のラシャ（毛織物）でできている。靴はトナカイの皮。

住生活

住まい方を考えよう

1 間取りを読んでみよう

●1R・1K・1DK　の違い

■1Rの例

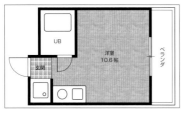

1R（ワンルーム）
キッチンと居室が仕切られず一体化している間取り。そのためキッチンは，安全を考慮して電気コンロやIHコンロを採用している場合が多い。

■1Kの例

1K（ワンケー）
キッチンスペースが4.5帖までの部屋をKと表記している。キッチンと部屋の間に仕切り戸があれば1Kと表記される。

■1DKの例

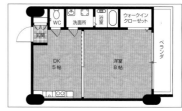

1DK（ワンディーケー）
キッチンに4.5〜8帖のスペースが確保されている間取りで，DKはダイニングキッチンの略。8帖以上になるとLDK（リビングダイニングキッチン）になる。

2 住まいの候補を下見しよう

部屋を借りる前には，自分の目で確かめよう

●室内の下見ポイント

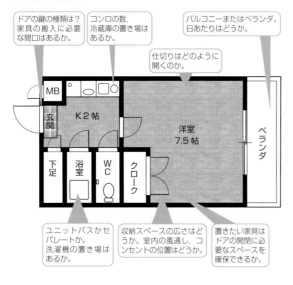

ドアの鍵の種類は？家具の搬入に必要な間口はあるか。

コンロの数，冷蔵庫の置き場はあるか。

バルコニーまたはベランダ。日あたりはどうか。

仕切りはどのように開くのか。

ユニットバスかセパレートか。洗濯機の置き場はあるか。

収納スペースの広さはどうか。室内の風通し，コンセントの位置はどうか。

置きたい家具はドアの開閉に必要なスペースを確保できるか。

●室外の下見ポイント

・建物の周囲はどうなっているか。
・玄関や郵便受けなどに死角はないか。
・外から見て部屋の中はのぞかれないか。
・共有スペース（玄関，階段，廊下など）はどうなっているか。
・自転車置き場はあるか。
・ゴミ置き場はどこにあるか？置き場はどうなっているか。

●周辺環境の下見ポイント

・自分で歩いたときの駅からの所要時間は？
・電車やバスの便数と運行時間は？
・周辺の治安は悪くないか。
・通学・通勤路に危険な場所はないか。
・スーパー，コンビニなどはあるか。
・日常の買い物をする店の種類や営業時間，物価の相場は？
・交番，役所，郵便局，銀行は近くにあるか。
・病院は近くにあるか。
・騒音は問題ないか。

町のようすは昼と夜で違う場合がある。下見には時間帯を変えて，複数回行くといいね！

コラム　シェアハウスを選ぶ前に

　キッチンやダイニング，リビングをはじめ，洗濯室や浴室等の水まわりを共有するシェアハウス。短期間の居住を想定しているため敷金・礼金もなくスーツケース1つで引越しができる。経済的であるとか，立地がよい等の理由のほか，共同生活による楽しさや安心感を求めて入居する人たちもいるという。

　しかしシェアハウスの定義はあいまいで，規定する法令もないため，アパートやマンションのような厳しい防火管理を求める指導が入りにくい。そのため防災面の安全基準を満たしていなかったり，環境が著しく劣悪だったりする「違法貸しルーム」が増えているという。シェアハウスが長引く若者の就職難や非正規雇用の増加を背景に，若年貧困層の住まいの受け皿になっているという見方もある。

　住まいは生活の基盤をつくる大切な場所だ。アパート・マンション，寮，シェアハウスなどの実態をよく調べ，納得した上で住まいを選ぶようにしよう。

3 地域と暮らし　お互いに気持ちよく暮らすために

❶地域の人との交流
望ましい地域での付き合いの程度

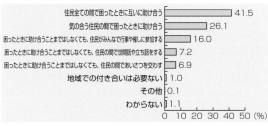

	%
住民全ての間で困ったときに互いに助け合う	41.5
気の合う住民の間で困ったときに助け合う	26.1
困ったときに助け合うことまではしなくても、住民みんなで行事や催しに参加する	16.0
困ったときに助け合うことまではしなくても、住民の間で世間話や立ち話をする	7.2
困ったときに助け合うことまではしなくても、住民の間であいさつを交わす	6.9
地域での付き合いは必要ない	1.0
その他	0.1
わからない	1.1

(内閣府「社会意識に関する世論調査」2020年3月より作成)

❷トラブルを避ける近所付き合い，ここに注意

ゴミ出し　地域別にルールがあるので転居したての人は要注意。前日のゴミ出しはNGの地域が多い。

洗濯物　人目が気にならないものを優先して干す。布団をたたくときはほこりが舞うので，両隣や階下に配慮する。

ガーデニング　虫や種，落ち葉，緑のカーテンなどが隣人の迷惑になることがあることを心得ておく。

騒音・臭い　水音や足音が階下や隣人に迷惑をかけていないか尋ねる配慮を。ベランダや庭での作業時の臭いに注意する。

地域活動，管理組合　朝の掃除などの地域活動には積極的に参加する。

苦情　管理人や不動産会社など第三者を通して伝えるとよい。

4 集合住宅も一つの地域　みんなの住まいをみんなで管理

❶集合住宅の区分所有

住まいには戸建て住宅と集合住宅がある。分譲の集合住宅（注）は独立した各部分と共有の部分に分けられる。独立した各部分は専有部分といい，その所有者を区分所有者という。廊下やエレベーターなどの部分は区分所有者全員が共有する共用部分という。

（注）一室ごとに購入することによって入居できるマンションなどの集合住宅

	賃貸マンション	分譲マンション		
		専有部分	共用部分	
	−	専有	専有	共有
建物部分	所有権なし	区分所有権	区分所有者全員の共有	
敷地部分	所有権なし	敷地利用権による共有		

❷管理組合

複数の区分所有者がいる集合住宅で，共用部分や敷地について，区分所有者全員が一定のルールに従って協力して管理を行うために構成された団体をいう。管理組合は区分所有者の払う管理費によって運営される。

5 日本の建築基準法は人間の最低限の住環境を守るための法律

建物の建ぺい率，高さ制限，道路との関係などを扱っている。

1）建ぺい率と容積率

建ぺい率の制限は住居専用地域では30〜60%だが，第一種・第二種住居地域，準住居地域と住居以外の建築物が多くなるにつれ50〜80%に上がる。容積率も同様である。

$$建ぺい率 = \frac{建築面積}{敷地面積} \times 100 \qquad 容積率 = \frac{のべ床面積（各階の床面積の合計）}{敷地面積} \times 100$$

2）土地と建物の高さ制限

第一種・第二種低層住宅専用地域内の建築物の高さの上限を示す絶対高さ制限，道路や隣地，周辺住居への採光，日照，通風などに配慮して決められた道路斜線制限，隣地高さ制限，北側高さ制限がある。

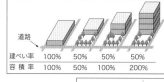

建ぺい率	100%	50%	50%	50%
容積率	100%	50%	100%	200%

道路

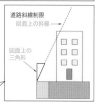

道路斜線制限
図面上の斜線→
図面上の三角形

図面上に一定のルールのもと三角形をつくり，そこから建物に向かって斜線をひき，その斜線内に建物を収める。

コラム　防犯と防災　安心して暮らすために

❶犯罪から身を守ろう
● 泥棒の侵入をシャットアウト！
侵入窃盗の発生場所別侵入手段

住宅への侵入手口では「無施錠」，つまり，カギのかけ忘れによる侵入が最も多い。数分でも家を空ける時には必ずカギをかけよう。在宅時でも施錠を心がけよう。

こんなところをねらっている
放火されやすいポイント

薄暗く死角となる場所
取り込まれていない洗濯物
カギのかかっていない物置
たまっている新聞や郵便物
収集日以外に出されたゴミ
路上駐車した車
防炎製品でない自動車用カバー
放置されたゴミ

❷夜道の危険に注意しよう
● 夜道の防犯チェックポイント8か条
1　バッグは建物側に持つ
2　人通りのある明るい道を歩く
3　足早に後ろにも注意を払って歩く
4　中身が見えないようにきちんとバッグを持つ
5　定期券をバッグの外側につけない
6　バッグの見える場所に防犯ブザーをつける
7　携帯電話やイヤホンを聞きながら歩かない
8　自転車で帰宅の場合，前カゴにひったくり防止ネットをつける

（セコム防犯ブログ　女性の防犯対策　2013年6月）

住生活

これからの住まい・住みよい住まい

1 「環境に配慮した住まい」とは？

❶環境にやさしい住まい

　環境共生住宅とは，地球，地域，室内など住宅に関するすべての環境問題に配慮した住宅。環境共生住宅認定制度がスタートした平成11年度から，年々注目が高まっており，建設戸数も増加している。

環境共生住宅認定制度

　環境共生の点で必須要件を満たし，さらに環境に良い提案をしている住宅に表示される。省エネルギー性能，耐久性，立地環境への配慮，バリアフリー，室内空気に関する基準のうち2つ以上を満たしていること。提案類型はたとえば屋上庭園や町並みとの調和など，自由なアイデアが求められる。

❷再生可能エネルギーの固定価格買取制度

　太陽光，風力，水力，地熱，バイオマスのいずれかを使って発電された電気を，国が定めた価格で電力会社が買い取ることが義務化された（2012年7月）。一般家庭の10kW（キロワット）未満の太陽光発電の場合は，自分で消費した後の余剰分が買取対象となる。

❸自然エネルギーを活用した住宅

　太陽光発電のように，必要なエネルギーの発電を自給するシステムを導入した住宅が近年増えている。また，雨水の敷地内散水やトイレ洗浄水への利用を可能にするシステムの導入や，ヒートアイランドを抑制する屋上や壁面の緑化なども進められている。

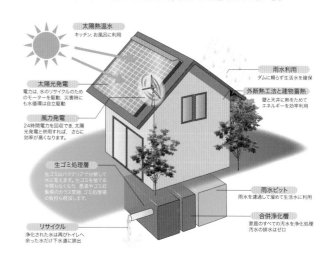

　このような設備には，メンテナンスが伴うことも考えておかなければならない。

2 さまざまな共生のかたち

　従来の集合住宅や住宅団地とは違い，入居者どうしが独立しつつもつながりを保つことのできるスペースや機会を備えた住まい方。

❶コレクティブハウス

　多様な居住者が集まり住む集合住宅。各住戸は独立しつつ，キッチンやリビングなど共同のスペース（コモンスペース）を設けて共用する。

（写真・図版提供
NPOコレクティブ
ハウジング社）

❸シェアハウス

　ひとつの住居を共有（シェア）する暮らし。プライバシーのある個室のほかに，入居者同士が共用できるスペースがある。

（写真提供　㈱シェアスタイル）

❷コーポラティブハウス

　住む人たちが，土地探しから住宅の設計・建設まで携わり，共同でつくりあげていく集合住宅。

（企画・コーディネイト　㈱コプラス，
施工　㈱興建社）

東京都の郊外に建てられた地下1階，地上3階のコーポラティブハウスの外観と設計例

（設計　㈱K.U.T都市建築研究室）

❹グループホーム

　病気や障がいなどを持つ人達が，専門スタッフの支援によって一般の住宅で集団生活する施設。

4
住生活

❶住宅の寿命

欧米の住宅に比べると日本の住宅寿命は極めて短い。これは全ての世代ごとに住宅を新築しなければならいこと，住宅ローンが終わるとすぐ立替えのサイクルに入ることを意味している。「家を所有すること」とは何か，住まいの購入前によく考えてみよう。

住まいの耐用年数（年）

日本	30
アメリカ	103
ドイツ	79
フランス	85
イギリス	141

（㈶日本建築学会「建築物の耐用に関する諸統計」より）

コラム　広がる古民家再生

地域ならではの環境や景観に資する，歴史を語り継ぐ古建築を再生・活用する動きが広がっている。（中略）

大手企業も古民家再生ビジネスに力を入れ始めた。住友林業の子会社でリフォーム事業を担う住友林業ホームテック（東京・千代田）は築100年を超える古民家のリフォームを年間150軒のペースで手掛けている。（中略）

同社の強みは独自のノウハウ工法だ。古民家の構造検討を手軽にできるマニュアルを作成，梁や柱を抜いた場合の負担への対処方法が判別できる。耐震強度を高めつつ暗い古民家に光を採り入れる「ガラスブロック耐力壁」や，腐った柱を除去して新しい柱材を接着剤でくっつける「根継工法」も開発。（中略）　一般に古民家のリフォームは通常の住宅リフォームより手間がかかる。基礎や土台のない古民家は多い。元の材料を極力残して構造に狂いが出ないよう新しい材料を組み込む必要があるからだ。

（日経産業新聞　2011年1月1日）

❷スケルトン・インフィル（S・I）住宅

建物を「構造体」（スケルトン＝柱や梁（はり）などの骨格）と「内装・設備」（インフィル）に分けて設計する考え方。構造体の寿命は長く，内装・設備の寿命は短い。丈夫な構造体をつくり，内装・設備をライフスタイルの変化に合わせて柔軟に変更できるようにしておけば，建物を長期的に合理的に利用できる。

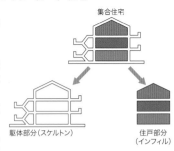

集合住宅のスケルトン・インフィル

❸地震に強い構造

●耐震

壁や柱など建物の構造自体を強化し，建物そのもので地震の振動エネルギーを受け止め，その力に耐えられるようにする方法。

●制振

鋼やゴムなどを使用したダンパーという振動軽減装置などを壁や柱，屋上に設置し，建物の揺れを制限する方法。

●免震

地面と建物の間に入れた免震装置が振動エネルギーを吸収し，建物に振動が伝わらないようにする方法。

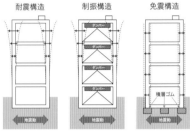

← は地震による「揺れ幅」を意味します。

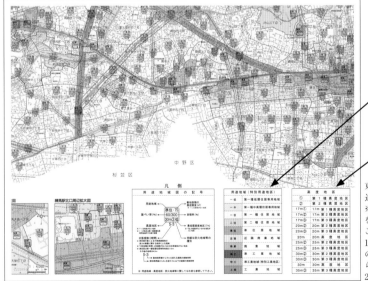

まちは，国や自治体の定めた用途地域制度によって，土地の利用のしかたが決められている。

●用途地域制度

都市計画に定められたまちの使い方に関するルール。

市街地を用途別に住居・商業・工業系など12種類の地域（下の表）に分け，地域に応じた建築基準を設けている。

建物高さ制限に応じた区分けを示す。

東京都練馬区都市計画課　「練馬区都市計画図1（用途地域等）（平成26年4月現在）」※より抜粋
※この地図は，練馬区作成の2500分の1練馬区基本図を使用したものである（承認番号25練国管第3885号）。この地図は，東京都知事の承認を受けて，東京都縮尺1/2,500の地形図（道路網図）を使用して作成したものである。ただし，計画線は都市計画道路の計画図から転記したものである。無断複製を禁ず。（承認番号）25　都市基街測第207号，平成25年12月24日）

用途地域が指定されると，それぞれの目的に応じて，建てられる建物の種類（用途）が決められる。用途のほかに，容積率（延べ面積の敷地面積に対する割合），建ぺい率（建築面積の敷地面積に対する割合），高さなどを規制・誘導し，良好な市街地環境の形成や機能的な都市活動の確保を図る。

1 畳を知ろう

視点 日本の伝統的な住まいには畳があるが，畳の生産量は年々減少している。日本独自の畳の歴史や特徴を知り，理解を深めよう。

1 畳の歴史

みなさんは畳にどのような印象をもっているだろうか。独特な匂いを感じ，踏む感触を楽しむ，寝ころんでリラックスできる，庭を眺めたり，書き物をしたりするなどさまざまな活用がされてきた。日本の住文化に欠かせない一方で，最近では住宅内へ畳を取り入れる世帯の割合が減ってきている。

畳の歴史をふり返ると，当初は一部の階級の人びととしか使用できない高貴なものだった。それが，庶民の生活にどのように普及してきたのだろう。

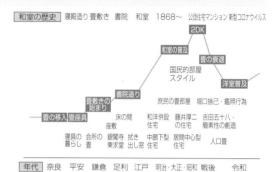

和室の歴史 寝殿造り 畳敷き 書院 和室 1868〜 公団住宅マンション 新型コロナウイルス

（服部岑生『和室学』平凡社）

- ●弥生時代・・ワラを使用してムシロやコモロにして活用。厚みはなく敷物のように使用。
- ●平安時代・・現代の畳に近い厚みのある畳が登場。板敷の部屋の一部に畳を置いて活用。権威の象徴であり上流階級の人が，寝具や座具として活用。
- ●鎌倉時代・・部屋全体に畳を敷き詰めて使用する形へと変化。床材として使用される。
- ●江戸時代・・庶民の家でも畳が普及。それに伴い，畳職人も増加。江戸時代の中期に，庶民の住宅へも畳が入る。
- ●明治・大正時代・・様式の住まい方が普及し始め，畳の上に椅子等を置いて使用する和洋折衷の暮らしが広がる。
- ●昭和時代・・戦後の復興の中で戸建て住宅建設の増加にともない，和室をもつ家の増加。
- ●平成時代以降・・集合住宅の増加により，畳需要の低下。新しい畳の登場。

板敷の一部に畳を置いて活用。権威の象徴
（京都御所清涼殿昼御座）

部屋全体に畳を敷いて生活
（「紫式部日記絵巻断簡」東京国立博物館）

畳職人・畳組合の登場
（尾形月耕「新選百工図」）

江戸時代の庶民の長屋住宅

和洋折衷住宅

戦後の団地の和室（撮影：大久保健志）

イグサが畳表になるまでには，「収穫」「泥染め」「乾燥」「収納・貯蔵」「選別・製織」「仕上げ」の工程がある。収穫したイグサに色の保護，色の均一化，調湿機能の保持，香気の付与のために泥染めという作業を行う（近年この泥染めを行わない場合もある）。イグサを収穫したら，乾燥させ，選別されたイグサを機械で編み込み，ゴザのような畳表をつくる。

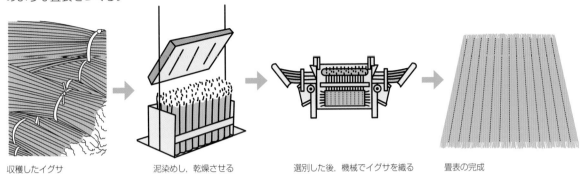

収穫したイグサ　　　　　　泥染めし，乾燥させる　　　　選別した後，機械でイグサを織る　　畳表の完成

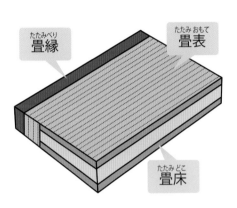

その後職人の手によって畳となる。畳は，幾重にも重ねたワラを圧縮してつくられた「畳床」に，天然のイグサを編み込んで織られた「畳表」を上からかぶせ，長辺に「畳縁」を縫い付けることでつくられている。近年は住宅事情の変化から，より軽量な発泡スチロールを挟んだ化学床も普及している。

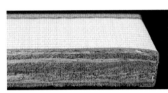

藁の床

スチレンフォーム+ボード

住生活と伝統文化

○代表的な畳縁の種類

●繧繝縁（うんげんべり）

位階のある人のみが使用を許された柄。一般人は使用不可とされていた。(p.56「板敷の一部に畳を置いて活用。権威の象徴参照」)

●高麗縁（こうらいべり）

絞を織り出してつくった縁で，朝鮮から伝来。主に神社仏閣で用いられる。

●綿縁（めんべり）

無地の黒や茶が主で，緑や紺のものもつくられる。多くは中国製。

○新たな畳の縁柄

畳縁は畳表と畳床を包むことで畳を保護し長持ちさせ，畳を敷き詰めたときにできる隙間をしめるなどの役割がある。畳縁の模様や色によって身分を表す時代もあったが，現代では化学繊維を素材とした新しいデザインも登場している。東京都青梅市の三田保育園（社会福祉法人修敬会）では，幼児に親しみのあるかわいい動物の絵柄の縁の畳を活用している。畳縁も住宅の多様に合わせてさまざまな用途によって選べるように変化している。

3 畳（イグサ）の機能性

畳のメリットとして，弾力性・吸音性・調湿性が挙げられる。イグサの断面は多孔構造であり，スポンジと似た構造になっている。このスポンジ状の構造は中に空気を多く含むことから，弾力性や，音を吸収する性質がある。東京消防庁によると，家庭内事故が原因で救急車を呼んだ高齢者のうち，「転ぶ」事故が最も多く，その次に階段等から「落ちる」事故と続いている。畳のもつ弾力性は高齢者や幼児・乳児が転んだ際にも大きなけがを防ぐ安心な建材の一つといわれている。音を吸収することで階下への騒音などを防ぐことも期待できるだろう。

さらに中心部は，ハチの巣のようなハニカム構造（六角形）となっていることから，力が加わっても全体に分散させ，形が崩れにくくなっている。また，見た目がイグサと似ているワラの断面をみると，スポンジ状ではなく，穴が大きくなっており，この違いが耐久性の違いといわれている。

また，夏には湿気を吸い取り，冬には湿気を放出する働きをもっている。畳，フローリング，クッションフロア，カーペットの吸放湿性試験では，畳は他の床材に比べて非常に吸放湿性能に優れていることが明らかになっている。

このように季節によって湿気を調湿することができるので，「天然のエアコン」といわれることもある。

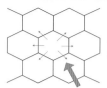

一方からの力を全体に分散させる特徴がある。

ハニカム構造

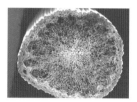

イグサの断面

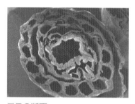

ワラの断面

（画像提供：森田洋教授）

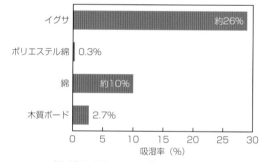

イグサの吸湿率

（株式会社イケヒコ・コーポレーションホームページより）

○畳のいろいろ

【畳の敷き方】
●畳の角と角が合わさらないようにする「祝儀敷き」
●2枚以上の畳を平行に並べる「不祝儀敷き」

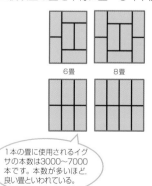

6畳　　8畳

1本の畳に使用されるイグサの本数は3000〜7000本です。本数が多いほど，良い畳といわれている。

【畳のサイズ】
一般的に畳の大きさは90.9cm×181.8cmだが，地域によって大きさが異なる。

畳の語源は「たたむ」とされています。

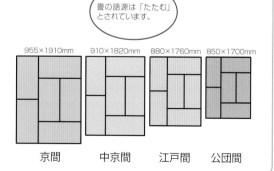

955×1910mm　910×1820mm　880×1760mm　850×1700mm

京間　　中京間　　江戸間　　公団間

4
住生活

4 住文化の継承のために

畳表の原材料であるイグサの生産量の99%近くが熊本県で生産されており，その次に福岡県となっている。和室のある住宅が減ってきていることもあり，イグサの作付面積，収穫量，畳表，イグサ生産農家数は減少傾向が続いている。比較的安価な外国産の畳表の輸入数が増えてきており，日本の畳表自給率は20%強である。

このような状況もあり，畳業界では現代の需要に合った新しい畳として，洗える畳や和紙でつくった畳表が登場した。和紙でつくった畳表は，湿気の吸放出やクッション性など，イグサに似た性能をもつ。水や傷に強くするための加工も施しており，和紙のため，多くのカラーバリエーションから選ぶことができる。また，畳をより身近に継承していくために，和室のない住宅でもフローリングの上に置くことのできる置き畳や畳でつくった楽器など，さまざまな商品が開発されている。

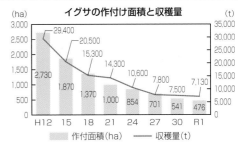

イグサの作付け面積と収穫量

収穫量(t)：29,400／20,500／15,300／14,300／10,600／7,800／7,500／7,130
作付面積(ha)：2,730／1,870／1,370／1,000／854／701／541／476
（H12／15／18／21／24／27／30／R1）

作付面積(ha)　収穫量(t)

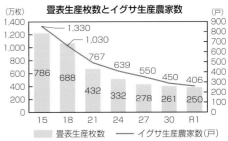

畳表生産枚数とイグサ生産農家数

イグサ生産農家数(戸)：1,330／1,030／767／639／550／450／406
畳表生産枚数(万枚)：786／688／432／332／278／261／250
（15／18／21／24／27／30／R1）

畳表生産枚数　イグサ生産農家数(戸)

（農林水産省「いぐさ（畳表）をめぐる事情」2020年より）

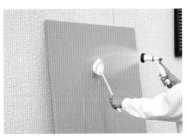

洗える畳

機械すき和紙でつくった畳

畳表でつくったウクレレ

世界のさまざまな住まい方の工夫

人間の体で住まいに最も接している時間が長いのが足裏といわれている。高温多湿で住宅内で素足で過ごす日本に畳が床材として適しているように，世界でも気候に合わせたさまざまな床がある。

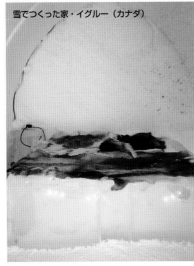

雪でつくった家・イグルー（カナダ）

雪の床の上に毛皮を敷く

石灰岩でできた家（イタリア）

床も石灰岩でできている

住生活と伝統文化

2 世界と日本の住まい

視点　地球上には寒暑や風雨，地質などの差によって地域特有の住まいがつくられてきた。現代の住まい方に生かす工夫を考えてみよう。

1 世界の住まい

❶掘る（地中に住む）

地中は外気温の影響を受けにくく厳しい自然から人びとを守ってくれる。土地が乾いていて，掘ることができ，雨が少ない気候であることが条件である。

写真1のほか，黄土を掘った中国のヤオトン，石灰岩を掘ったトルコのカッパドキアの穴居（けっきょ）住宅などがある。

写真1　地面に掘られた穴居住宅（チュニジア）

❷持ち上げる（空中に住む）

雨季の洪水や四足動物の侵入を防ぐために，床を地面から上げて家を造る。高温多湿な地域に多く，風通しの面でも優れている。ツリーハウスや高床式住居などがある。

写真2　樹上の家（バヌアツ　タンナ島）

❸浮かべる（水の上に住む）

湖に葦（あし）で浮島をつくりその上につくられた葦の家や，筏（いかだ）の上に家を建てた筏ハウスなどがある。

写真3　ハロン湾に浮かぶ筏ハウス（ベトナム）

❹張る（移動しながら住む）

山羊やアザラシの皮，羊毛からできた布などを張り，風や日差しを防ぐ。簡単にたためて移動しやすいので遊牧民に利用された。

写真4　ゲル（モンゴル）

❺積む（地上に住む）

石，レンガ，土や岩，干し草などを積んで家をつくる。古代は石をずらして積むだけであったが，すき間を泥やモルタルで埋めて固定するようになった。断熱作用のある干し草は束ねて使われた。

窓が小さい日干しレンガの建物は昼の暑さを避け，壁の余熱で夜の気温の急激な低下に対応できた。

写真5　日干レンガの家（アフリカ　ブルキナファソ）

2　日本の伝統的な住まい

❶日本の気候風土と住まい

　日本はアジアモンスーン地域の一部であり，夏は蒸し暑く冬は寒い。夏冬両方の季節を快適に過ごすのは難しく，昔の人は「家のつくりやうは，夏を旨（むね）とすべし，冬はいかなる所にもすまる。」（吉田兼好『徒然草』）と，夏を過ごしやすくする家を選んだ。

　日本の伝統的な住まいは，風通しの良い開放的な間取りで，建具には引き戸や取り外しができる襖（ふすま），障子（しょうじ）が使われ，床に畳が敷かれ，履き物を着脱する玄関があるという日本特有の住様式である。材料として使われた木，竹，紙，土，草などには自然の調湿作用があった。

❷日本の民家

　庶民の住まいである民家には，農業を営む人の家である「農家」と商いを生業とする人の家である「町家」がある。民家には居住空間と作業空間の両方が設けられていた。

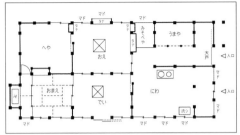

五箇山の合掌造りの農家

◆「農家」（山間部）

　富山県と岐阜県の境に位置する越中五箇山（えっちゅうごかやま）の合掌（がっしょう）造り。豪雪地帯であるところから柱や梁（はり）が太く屋根の勾配（こうばい）が急傾斜である。

　1階の土間は「うまや」と「にわ」に2分されている。奥の居住空間には家族の居間である「おえ」と来客や儀式のために使われる「でい」がある。2，3階には養蚕のための蚕室（さんしつ）が設けられている。

でい

にわ

うまや

◆「町家」

　奈良市街の柳生（やぎゅう）街道に沿って建てられた油屋。間口が狭く奥行きのある造りで，吊り上げ戸は狭い間口を有効にする工夫である。瓦葺（かわらぶ）きの屋根，柱などの構造材を塗り込んだ外壁(大壁)は燃えにくく，都市部ならではの防災に配慮したものである。通り土間は風が通り抜けて夏は涼しい。

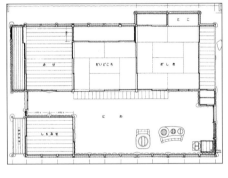

柳生街道に面した町家

入口（吊り上げ戸）

だいどころ

にわ

住生活と伝統文化

（「農家」「町家」共に撮影協力および図版提供：川崎市立日本民家園）

消費生活

一人暮らしを始めるために

1 一人暮らしを始めるために必要な費用

❶一人暮らしを始めるためにかかる費用（社会人の例）

1	部屋を借りる	485,000円
2	引越し	54,500円

3	家電製品	85,960円
4	その他必需品	50,000円

合計　675,460円

1 　部屋を借りるための費用

　部屋を借りるときには，地域や物件によって異なるが，敷金・礼金各2か月分，仲介手数料1か月分，前払い家賃1か月分として，合計で家賃の6か月分は用意する必要がある。

敷金	家賃の滞納などを担保するため，また退出時の修繕費用として貸主に預けるもの	146,000円 （2か月）
礼金	貸主へのお礼として支払う。返還されない。	146,000円 （2か月）
仲介手数料	仲介した不動産業者に支払われる手数料で，家賃の1か月分以内と法令で定められている。	73,000円
前払い家賃	入居を開始する月の家賃	75,000円
火災保険料	火災の時のための保険	25,000円
鍵の交換	新しい鍵の交換費用	20,000円
合計		485,000円

上表は，家賃7万3000円（他管理費2000円）として見積もった費用

- 関西では，「敷金，礼金」の代わりに「保証金」を預け，退去時には一部が差し引かれて返金される。この返金されない部分を差し引くことを「敷引」という。
- 入居後住み続ける場合は，更新手数料がかかる。2年ごと1か月分が多い。

2 　引越しに必要な費用

　引越しにかかるお金は，その方法によって大きく異なる。家族や友人に協力してもらう場合は安く済むが，引越し業者に依頼すると，荷物の量や距離，季節により，3万〜7万円程度はかかる。今はインターネットで現在の居住地や引越し先，荷物の数などを入力すると，各引越し業者の引越しにかかる費用の比較が一括でわかり，自分に合った引越し業者を選ぶことができる。

　　3月上旬に200km未満（同一地方程度）に
　　引越す場合：単身（荷物少）…54,500円

（「引越し侍ホームページ」を参考）

3 　ここでは冷蔵庫，炊飯器，電子レンジ，洗濯機，テレビの合計金額で見積もっておく。

主な家電製品の相場価格
冷蔵庫（85L）………21,800円〜
炊飯器（3.5合）………6,280円〜
電子レンジ………7,580円〜
洗濯機（4.5kg）………21,800円〜
テレビ（19型）………28,500円〜
電気ケトル（1.0L）………1,080円〜
コードレス・アイロン………3,590円〜
スティック掃除機………3,280円〜
エアコン（6畳用）………54,800円〜
ドライヤー………2,100円〜
扇風機………2,780円〜
天井の照明………5,080円〜（あらかじめ設置されている場合がある。下見のときに確認する）

（「ビックカメラ.COM」より作成）

4 　その他にカーテン，寝具，調理器具や食器，バス・トイレ用品，その他雑貨類。ここでは5万円程度と見積もっておく。

主な生活用品の相場価格
スタンドミラー………2,027円〜
ローテーブル………2,027円〜
フロアベッド（シングル）………13,140円〜
デスク………5,080円〜
いす………4,290円〜
カラーボックス（レギュラーサイズ）………1,212円〜
クローゼット………19,900円〜
キッチン，トイレ，バス用品は100円ショップでも揃えられる。

（「ニトリ公式通販ニトリネット」より作成）

2 一人暮らしに必要な手続き

❶ 部屋を借りるために必要なもの

本人	住民票（現在住んでいる市町村で発行）
	身分を証明するもの（運転免許証，健康保険証など。なければ生徒証，学生証）
	収入を証明する書類（給与明細，源泉徴収票など。学生で収入がない場合は，連帯保証人の書類があればよい）
	契約一時金
	印鑑
連帯保証人（契約者と同等の返還義務が生じる）	承諾書
	印鑑証明
	収入を証明する書類

> **連帯保証人不要システム**
>
> 契約の際には，たとえ成人であっても連帯保証人の署名・捺印が要求される。頼める人がいない場合などのために，保証人が不要なシステムがある。このシステムには，文字通り保証人を立てずに契約できるものと，保証人を第三者機関が代行してくれるものがある。
>
> 前者の例として，家賃をクレジットカードで払うことを前提に保証人が不要になるものがあり，導入している不動産会社は多い。後者の例としては，保証人代行会社がある。
>
> これらは基本的に「不動産会社が導入するもの」なので，借りたい物件の管理会社がこのシステムに対応しているか確認が必要だ。

❷ 賃貸契約書

住む部屋が決まり，貸主と賃貸契約を結ぶときに交わすのが賃貸契約書だ。すみずみまで読み理解した上で2通に署名し，捺印する。1通は自分が保管しておき，退去時に敷金と引き替えに貸主に返す。

家賃・支払方法（第2条）
振り込むのか，引き落とされるのか，直接支払うのか，など。

●更新料
2年ごと1か月分が多いが，例外もあるので，しっかりチェックする。

禁止事項（第6条）
譲渡，改築，本来の目的以外の使用，ペットの飼育などの禁止項目が記載されている。これらに違反すると，退去を命じられても文句は言えない。

アパート賃貸借契約書（例）

賃貸人　甲野太郎（以下，「甲」という。）と，賃借人　乙川次郎（以下，「乙」という。）は，次のとおり賃貸借契約（以下，「本契約」という）を締結する。

第1条　甲は，乙に対し甲の所有する別紙記載の建物（以下，「本件建物」という）を賃貸し，乙は，これを賃借することを承諾する。

第2条　本契約に基づく賃料は1か月毎に金○○○○円とし，共益費は1か月金○○○○円とする。その支払方法については乙は翌月分の賃料および共益費を毎月末日までに甲の指定する銀行口座に振り込んで支払う。

第3条　本契約の期間は，令和○○年○○月○○日から令和○○年○○月○○日までの○年間とする。ただし本契約期間が満了により終了したときは更新できるものとするが，その場合の甲乙間の取り決めの詳細については甲乙別途協議のうえ，これを定めるものとする。
　2　甲または乙が，本契約を解約するときは，相手方に対して書面をもって解約の申し入れをしなければならない。
　3　前項の場合において，甲および乙は，甲が乙に対し解約の申し入れをする場合には6か月前に，乙が甲に対して解約の申し入れをする場合には1か月前にしなければならない。
　4　第2項の場合において，甲が乙に対し解約の申し入れをした場合は乙が解約申入の書面を受け取った日から6か月後に，乙が甲に対し解約の申し入れをした場合は甲が解約申し入れの書面を受け取った日から1か月後に本賃貸借契約は，終了するものとする。

第4条　乙は，本件建物を居住以外の目的には使用しないものとする。

第5条　乙は，本件建物を善良なる管理者の注意義務をもって使用しなければならない。

第6条　乙は本件建物の使用にあたっては次の行為についてはそのいずれも行ってはならない。
　①　本件建物の増築，改築，使用目的を変更するような修繕，またはこれに造作を加えること
　②　本件建物の一部または全部を，第三者に転貸すること，または賃借権を譲渡すること

第7条　甲は，乙が次の各号の一に該当する行為を行った場合は，何ら催告することを要せず，直ちに本契約を解除することができる。
　①　賃料の支払いを2か月以上怠ったとき
　②　第10条第2項に定めた保証金不足額の納付を懈怠した場合
　③　その他本契約条項の違反
（中略）

第10条　乙は，甲に対し，本契約締結と同時に保証金として賃料の○か月分に相当する金○○万円を支払う。
　2　乙は，賃料の増額または次条の弁済充当により，前項に定めた保証金に不足が生じ，乙がかかる不足額について甲から請求を受けた場合には直ちに支払わなければならない。
（中略）

以上，本契約成立の証として，本書を二通作成し，甲乙は記名捺印のうえ，それぞれ一通を保管する。

令和○○年○○月○○日
（甲）　住所　○○県○○市○○町○○丁目○番○号
　　　　氏名　甲野太郎　　　　印

（乙）　住所　○○県○○市○○町○○丁目○番○号
　　　　氏名　乙川次郎　　　　印

解約（第3条）
解約する際に，いつまでに申し出るか定められている。これを忘れると，退去時に思わぬ出費がかさむことがある。

契約の解除（第7条）
家賃の滞納などの理由により，大家さん側で契約解除を宣告できる事例が書いてある。滞納は何か月以上か，チェックしておく。

●敷金返還
記載があれば，必ずチェックする。あらかじめ「賃料の○％あるいは○円は部屋の補修に充てる」という記載がある場合もある。

●特約条項
ここに何か記載がある場合は，必ずしっかり内容を確認しておく。特記してあるということは，大家さん側が重きを置いているということ。

63

充実した生活を送るための経済って？

1 もしもに備えるって？

❶生涯で予想される不安な項目

収入が激減する場合	支出が激増する場合
□一家の働き手が死亡	□交通事故に巻き込まれる
□一家の働き手が病気・怪我で入院	□交通事故を起こす
□職場を解雇される	□家族の病気・怪我で医療費が必要
□勤めていた会社が倒産	□火事や地震で損害を受ける
□自分の高齢期の生活費が不足	

どんな備えが要るの？
公的な保障で
➡ 社会保険⇒❷
私的な保障で
➡ 民間保険⇒❸
➡ 預貯金⇒❹
┄➡ ローン⇒❺

❸もしものときの手段……民間保険

民間保険は，民間の営利あるいは非営利団体によって運営される任意の保険。生命保険と損害保険に大別され，双方にまたがる第三分野保険もある。財源は加入者の保険料。

	生命保険	損害保険
対象	人	モノ
受取額	あらかじめ約束した金額 （定額給付）	事故により発生した損害額 （実損填補）
備えられるリスク	・万一（死亡） ・病気・ケガ ・老後 ・介護	・交通事故 ・火事 ・台風や地震など
保険の種類	定期保険，終身保険，個人年金保険，がん保険，養老保険，学資保険　など	自動車保険，バイク保険，火災保険，地震保険，家財保険，海外旅行保険，個人賠償責任保険，ゴルフ保険　など

❹もしものときの手段……預貯金

銀行，信用金庫，信用組合，労働金庫に預けたお金を預金，ゆうちょ銀行（旧郵便局），JAバンクなどに預けたお金を貯金という。

預貯金の保有額　　　　　　　　　　　　　　　　　　　　（単位：万円）

	全体	20歳代	30歳代	40歳代	50歳代	60歳代	70歳以上
単身世帯	401	85	323	403	549	790	－
2人以上の世帯	596	148	233	295	538	845	839

注）金融資産を保有しない世帯を含む　　（金融広報中央委員会「家計の金融行動に関する世論調査」（平成28年））

●民間保険と預貯金はどう違う？

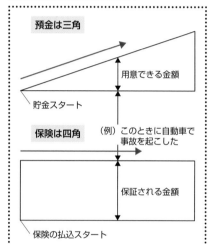

貯蓄であれば目標額まで長い時間が必要だが，保険であれば契約がスタートした時点から保証を受けられる。『預金は三角，保険は四角』と言われるゆえんである。

「掛け捨て保険は損」と言われることもあるが，保険のしくみ上，掛け捨て部分のない保険はない。貯蓄でカバーできないほどのリスクに備えるために，保険のしくみは便利である。

❺ローン（借金して少しずつ返済していく）

マイホーム，車，教育資金などは，貯蓄だけでは購入資金が不足するので，そのために住宅ローン，教育ローン，自動車ローンなどがある。

ローンには借り賃である金利がかかるため，借りたお金よりも多い金額を返済することになる。また返済期間も長期に渡るため，活用する際には十分な注意が必要となる。

高額なものを購入するためのお金を全額ためるには，とても時間がかかる。ためたお金を頭金にしてローンを利用して買うことで，全額ためてから買うよりも早く手に入れることができ，そのぶん長く利用することができる。

	住宅ローン	教育ローン	自動車ローン
融資金額	最大で5000万円から1億円など	無担保：10万～500万円など 有担保：最高で3000万円まで	10万～500万円など
金利	全期間固定，変動金利，固定金利選択など	変動金利，固定金利	変動金利，固定金利
返済期間	最長35年など	無担保：5，7，10年が一般的 有担保：20年や25年など	5年や7年が一般的
返済方法	元利金等返済，元金均等返済など	元利均等返済	元利均等

5
持続可能な消費生活・環境

2 資産を増やすには？

　資産運用の方法は株式投資や投資信託，不動産投資などさまざまですが，基本的にどの資産運用の方法でも，投資利益はインカムゲインとキャピタルゲインの2つに分類できます。

株式投資	債権	投資信託
株式会社を設立しり、会社の活動資金を集めるために発行されるもので、証券会社を通じて購入できます。株式を持つと、その会社が上げた利益に応じて配当などを受けることができます。	債券は、国や地方自治体、会社が多くの人からお金を借りるために発行するものです。国の場合は国債や公債、会社の場合は社債と呼ばれます。定期的に決められた利息が支払われるのが特徴です。	投資信託は、投資家から集めたお金をひとつの大きな資金としてまとめ、運用の専門家が国内外の株式や債券などに投資する商品です。その成果は購入額に応じて投資家に還元されます。

　資産運用の方法は株式投資や投資信託，不動産投資などさまざまですが，基本的にどの資産運用の方法でも，投インカムゲインとキャピタルゲインは，自分の投資スタンスを決める上で役立ちます。
例えば株式投資では，配当がインカムゲインに相当し，株を購入したときと売却したときの差益がキャピタルゲインに相当します。一方で不動産投資では，家賃収入がインカムゲインに相当し，不動産を購入したときと売却したときの差益がキャピタルゲインに相当します。

	インカムゲイン	キャピタルゲイン
例	資産保有していることで得られる利益 （配当、不動産・貸駐車場など）	資産の売却によって得られる利益 （株式や投資信託、不動産投資など）
メリット	安定的に配当として利益を得ていくことが可能	短期間でハイリターンを狙うことが可能
デメリット	配当の年間利回りは数パーセント程度のため、ハイリターンにはならない	株価が暴落するリスクがある 例としてリーマンショックなどの経済 危機のあとは株価が一気に下がり、資産価値が大きく目減りした
特徴	安定的に利益を得ていくことが可能	短期間で大きな利益を狙うことが可能
どちらがよいの？	どちらに比重を置いた投資スタイルにするかは、自分の生活スタイルや性格、現時点での資産状況を考慮してよく考える必要がある。 また、説明書には「リスク」が書いてあるので、よく読むこと、理解すること。	

安全度	お金を得る方法
1	労働して賃金を得ること
2	節約して残ったお金を預貯金に回す
3	株式等を購入することによってお金を増やす

高リスク

※楽をして、短い期間に、たくさんのお金をかせぐ方法は絶対にありません。
「長期・積立・分散」これが投資の基本。これを組み合わせて中間的なものが投資信託になります。

リスクとリターンの関係（イメージ）

大 ↑ リターン ↓ 小

海外株式
日本株式
海外債権
日本債権
預貯金
投資信託

大 ← リスク → 小

消費生活

明日は我が身 ―被害者にならないために―

1 カードの機能と種類

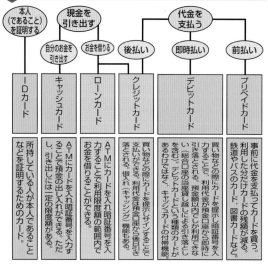

本人（であること）を証明する
現金を引き出す
代金を支払う

本人（であること）を証明する	現金を引き出す		代金を支払う		
	自分のお金を引き出す	お金を借りる	後払い	即時払い	前払い
IDカード	キャッシュカード	ローンカード	クレジットカード	デビットカード	プリペイドカード

IDカード：所持している人が本人であることを証明するためのカード。

キャッシュカード：ATMにカードを入れ暗証番号を入力することで預金の引き出しができる。ただし，引き出しには一定の限度額がある。

ローンカード：ATMにカードを入れ暗証番号を入力することで利用限度額の範囲内でお金を借りることができる。

クレジットカード：買い物などの際にカードを提示・サインをすることで支払いができる。利用代金は預金口座から後日引き落とされる。借りる（キャッシング）機能もある。

デビットカード：買い物などの際にカードを提示し暗証番号を入力することで，利用代金が預金口座から即時に引き落とされる。デビットカードという一種類のカードがあるわけではなく，キャッシュカードの付帯機能を使う（総合口座の当座預金口座などに利用できる。

プリペイドカード：事前に代金を支払ってカードを買う。利用した分だけカードの残高が減る。鉄道やバスのカード，図書カードなど。

（全国銀行協会「これからの暮らしに役立つローン＆クレジットのABC」）

2 クレジットカードを見てみよう

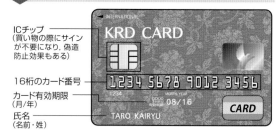

ICチップ（買い物の際にサインが不要になり，偽造防止効果もある）

16桁のカード番号

カード有効期限（月/年）

氏名（名前・姓）

セキュリティーコード（末尾の3桁。カード会社により表示箇所および名称は異なる）

直筆サイン

*ICカードは，対応端末に暗証番号を入力することで利用できる。（サインは不要）
・機能性・安全性を考慮し，導入が進んでいる。

3 キャッシング機能とは何か？

❶借金いろいろ，利子もいろいろ

クレジットカードには，利用代金の後払いというクレジット機能のほかに，現金をすぐに借りられるキャッシング機能がある。利用限度額は10万〜20万円が一般的で，たいていはカード会社や提携銀行のCDやATMを利用する。

❷借金で借金を返済していくと

借入金額が多くなっていくと，「信用」が低下し，高い金利で少しの金額しか借りられなくなっていき，複数の業者から借りざるを得なくなる。

このように複数の業者からお金を借り，返済が困難になっている状況を「多重債務」という。

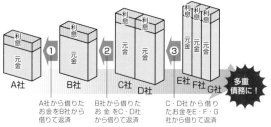

| A社 | B社 | C社 | D社 | E社 | F社 | G社 |

A社から借りたお金をB社から借りて返済
B社から借りたお金をC・D社から借りて返済
C・D社から借りたお金をE・F・G社から借りて返済

多重債務に！

（全国銀行協会「これからの暮らしに役立つローン＆クレジットのABC」）

平成18年の貸金業法改正で，上限金利は年利15〜20％に引き下げられ，貸金業者からの総貸入額が年収の1/3を超える貸入は原則禁止となっている。

❸多重債務を抱えてしまったら

●解決方法

①任意（私的）整理……貸主と借主の間の話し合い
②特定調停……裁判所に仲介を申し立て，調停委員が間に入ること
③個人再生手続……返済する計画を立てて，残りの債務が免除
④自己破産……支払不能と判断，生活に最低限必要なものをのぞいてすべて換金され，貸主に分配

●相談先

・消費者ホットライン（国民生活センター）……188

友人と沖縄旅行を計画。予算は10万円。手持ちのお金がない。

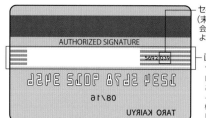

①家族や知り合いから借りる
⇒月々5,000円の支払い。1年8か月で完済。

返済総額（　　　　）円

②銀行のカードローンで借りる
⇒年率14％，月々5,000円のリボ払い。1年11か月で完済。

返済総額（　　　　）円

③クレジットカードのキャッシングや消費者金融のカードローンで借りる
⇒年率18％，月々5,000円のリボ払い。2年で完済。

返済総額（　　　　）円

（千葉保・利息解読プロジェクト『お金で泣かないための本』太郎次郎社エディタス2011年）

・法テラスコールセンター……0570-078-374
・金融庁金融サービス利用者相談室……0570-016-811
・日本クレジット協会……03-5645-3361
・公益財団法人　日本クレジットカウンセリング協会（東京センター）
　　　　　　　　　　　　……0570-031640
・全国銀行協会相談室のカウンセリング……050-3540-7553

（金融庁「基礎から学べる金融ガイド」）

どんなに気をつけていても，消費者トラブルに巻き込まれてしまうことがある。

少しでも「困った」「どうしよう」「こわい」と感じることがあったら，すぐに信頼できる身近な大人や消費生活センターに相談しよう。場合によっては警察へ通報することも大切だ。

お金を支払ってしまうと返してもらうことは大変なので，できるだけ支払う前に対処するのが有効的だ。

消費生活センターに相談するときは，相談内容を窓口でわかりやすく説明するため，経緯をメモするなど整理をしておこう。

困った！知りたい！ときの相談・問い合わせ機関

●国民生活センター　消費者ホットライン
188
（いやや！）
平日バックアップ相談　03-3446-1623
●警察
○最寄りの警察本部または警察署
○警察総合相談電話　#9110（全国共通短縮ダイヤル）
●都道府県の消費生活センターまたは市町村の消費生活相談窓口
0570-064-370
●日本弁護士連合会
振込め詐欺ホットライン　03-3581-2280
●日本司法支援センター
法テラスコールセンター　0570-078-374

高校生の消費生活相談内容（平成25年度埼玉県）

相談内容

順位	内容	件数
1	デジタルコンテンツ	229
2	財布類	12
3	運動ぐつ	8

請求金額

合計金額	42,033,794円
平均金額	147,487円
最高金額	7,760,000円

「デジタルコンテンツ」が圧倒的多数を占めている。具体的には，携帯電話やスマートフォン，パソコンによるインターネット利用に伴う架空・不当請求や通信販売にかかるトラブルなどである。1件で100万円以上の請求金額の相談が4件あった。

●具体的な相談事例

○知らない人からスマートフォンに送られてきたメッセージにあったURLにアクセスしたところ，出会い系サイトだった。実際に相手とメールアドレスの交換を行ったところ，サイトからメールが届き，無料期間は終わったので，引き続き利用する場合は，登録料9万円を支払うよう迫られた。

○親のクレジットカードを無断使用し，出会い系サイトのポイントを購入した。出会い系サイトにアクセスし，最初は相手とのメールのやりとりは無料だったが，メールを続けるにはポイントが必要だったため，カードを使用した。その後，しつこくサイトから大量のメールが届いたり，最後には脅すような内容のメールも届いた。カード会社からの電話での問い合わせで判明した。請求額は214万円。

（埼玉県消費生活支援センター「小学生・中学生・高校生の消費生活相談」）

❶クーリング・オフ

消費者が訪問販売などの不意打ち的な取引で契約したり，マルチ商法などの複雑でリスクが高い取引で契約したりした場合に，一定期間であれば無条件で，一方的に契約を解除できる制度。通信販売にはクーリング・オフ制度はない。

クーリング・オフができる取引と期間

訪問販売	キャッチセールス，アポイントメントセールス，催眠商法を含む	8日間
電話勧誘販売	電話をかけてまたはかけさせて勧誘し，電話や郵便等で契約の申込をさせる	8日間
特定継続的役務提供	エステ，語学教室，学習塾，家庭教師，パソコン教室，結婚相手紹介サービス（5万円，2か月継続を超えるもの）	8日間
連鎖販売取引	マルチ商法	20日間
業務提供誘引販売取引	内職商法，モニター商法等	20日間
訪問購入	業者が消費者の自宅を訪ねて，商品の買い取りを行うもの	8日間
クレジット契約	割賦販売法	8日間

❶インターネット利用内容

□ 令和元年度(n=2977)

- コミュニケーション 69.1%
- ニュース 29.0%
- 情報検索 55.2%
- 地図・ナビゲーション 28.0%
- 音楽視聴 62.9%
- 動画視聴 81.5%
- 電子書籍 14.8%
- ゲーム 78.7%
- ショッピング・オークション 12.7%
- 勉強・学習・知育アプリやサービス 41.6%
- その他 5.1%
- わからない 2.0%

（内閣府「青少年のインターネット利用環境実態調査」2020年より作成）

❷利用時間

■ わからない　□ 1時間未満　■ 1時間以上2時間未満　□ 2時間以上3時間未満
■ 3時間以上4時間未満　■ 4時間以上5時間未満　■ 5時間以上

	わからない	1時間未満	1時間以上2時間未満	2時間以上3時間未満	3時間以上4時間未満	4時間以上5時間未満	5時間以上
総数 (n=2977)	1.4%	11.2%	19.5%	21.3%	17.6%	10.5%	18.4%
小学生 (n=933)	1.7%	21.8%	27.7%	19.6%	13.9%	7.1%	8.3%
中学生 (n=1180)	1.2%	9.2%	20.1%	23.7%	18.5%	10.4%	16.9%
高校生 (n=860)	1.2% / 2.6%	10.0%	20.0%	20.6%	14.2%	—	31.5%

（内閣府「青少年のインターネット利用環境実態調査」2020年）

❸目的ごとの利用時間

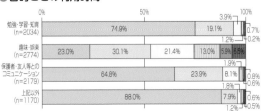

勉強・学習・知育 (n=2034)	74.9%	19.1%	3.9%	0.7% 0.2%
趣味・娯楽 (n=2774)	23.0%	30.1%	21.4% 13.0% 5.9% 6.5% 1.2%	
保護者・友人等とのコミュニケーション (n=2179)	64.8%	23.9%	8.1% 1.9% 0.8% 0.6%	
上記以外 (n=1170)	88.0%	7.9%	1.8% 0.6% 0.5% 1.2%	

（内閣府「青少年のインターネット利用環境実態調査」2020年）

環境

地球環境を見つめ，考えよう

1 このままだとどうなる…地球環境問題

❶カーボンニュートラルの実現に向けて

世界の平均気温は2017年時点で，工業化以前（1850～1900年）と比べ，既に約1℃上昇したことが示されています。このままの状況が続けば，更なる気温上昇が予測されています。

近年，国内外で様々な気象災害が発生しています。個々の気象災害と気候変動問題との関係を明らかにすることは容易ではありませんが，気候変動に伴い，今後，豪雨や猛暑のリスクが更に高まることが予想されています。日本においても，農林水産業，水資源，自然生態系，自然災害，健康，産業・経済活動等への影響が出ると指摘されています。

こうした状況は，もはや単なる「気候変動」ではなく，私たち人類や全ての生き物にとっての生存基盤を揺るがす「気候危機」とも言われています。

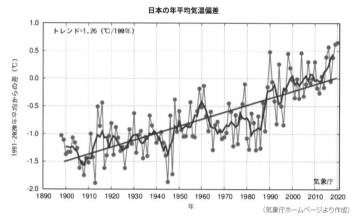

日本の年平均気温偏差

トレンド=1.26（℃/100年）

気象庁

（気象庁ホームページより作成）

原因（人間の行い）
取る・使う
資源　水産物の乱獲　地下水　森林
出す・持ち込む
汚染物質　二酸化炭素　放射性物質
外来生物　温室効果ガス　フロンガス

▶

結果（環境への影響）		
汚染	**変化**	**減少・消滅**
水質汚染　海洋汚染	砂漠化	地下水
大気汚染　土壌汚染	地盤沈下	資源枯渇
	生態系の変化	湖の枯渇
破壊	**異常気象**	
オゾン層破壊　森林破壊	温暖化　酸性雨	

▶

具体的な被害
病気
呼吸器系の病気（大気汚染）
被爆（放射能汚染）
汚染
魚（酸性雨，海洋汚染）　建造物（酸性雨）
増加
紫外線（オゾン層破壊）　海面上昇（温暖化）

2 原子力発電とそのリスク

❶原子力エネルギーについて正しい知識を

原子力発電の燃料のウランは，少ない量で膨大な熱エネルギーを得ることができ，一度発電を開始すると燃料を補充しなくても長期間発電し続けるという利点がある。

しかし，ウランに「核分裂」という反応を起こさせたあとには大量の放射性物質が発生し，これが外部に漏れると長期間にわたって環境を汚染し，そこに住む人々の健康や生活に悪影響を及ぼすことになる。

2011年3月11日，東日本で巨大地震が発生し，福島県にある福島第一原子力発電所で大規模な事故が起き，原子力発電の恐ろしさが現実のものとなった。放射性物質は大気中に拡散しただけでなく，その汚染水が海水や地下水に漏れ，海洋汚染，土壌汚染も広がった。汚染水は増え続け，その対応策もさまざま講じられてはいるが，効果的な解決策は見出されていない。

2011年3月16日，福島第一原子力発電所3号機が爆発した後のようす

3月22日，福島第一原子力発電所4号機への注水車からの放水のようす

❷放射性物質が風に運ばれ広範囲に…警戒区域など

右は2011年11月に文部科学省が行った各地域の地表から1mの位置で放射線を測定した結果である。

原子力発電所から半径20kmに住む住民は強制的に避難させられ，この外側でも測定値の特に高い地域では，別の場所への避難を求められた。

放射性物質による健康被害が問題になるだけでなく，汚染された地域に住む人々の自由を奪うことにもなる。

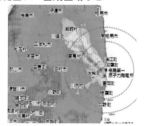

放射線の量が高い順から，赤・オレンジ・黄・黄緑・うす緑・水色
（環境省「環境白書2013」）

❸人体への影響

目に見えない放射線を身体に受けると染色体内のDNAが傷つくが，放射線量が少なければ，身体に備わった修復作用や回復機能により修復される。しかし一度に多量の放射線を受けると，傷ついた細胞を十分に修復することができなくなり，人体に影響が出る。子供は大人より2～3倍影響を受けやすいと言われている。

放射線を受けた場合の人体への影響は，「身体的影響」と，その人の子孫にあらわれるかもしれない「遺伝的影響」の2つに分けられ，さらに身体的影響は「急性障害」と「晩発障害」に分けられる。放射線医学総合研究所ウェブサイト「放射線被ばくに関するQ&A」を参照。

3 再生可能エネルギー…自然のもつエネルギーを考えよう

再生可能エネルギーの特徴を上手く利用し，互いに補うような組み合わせ方をエネルギーミックスという。

このような取り組みを行う上で，「安全確保（Safety）」を大前提として以下の3つのEを合わせた「3E+S」を検討することが必要である。

エネルギーの安定供給（Energy Securit）

経済性（Economy）

環境保全（Environmental Conservation）

●再生可能エネルギーの特徴

	地熱発電	風力発電	太陽光発電
安定供給	資源が枯渇することのない国産エネルギーである		
	・火山のおおい日本には豊富な熱資源がある ・昼夜を通して発電ができ，天候にも左右されない	・風の向きや強さで発電出力が大きく変化するため，供給量が安定しない ・出力の変動に対応するため蓄電池との併用が期待されている	・発電量が天候に左右されるため，供給量が安定しない ・出力の変動に対応するため蓄電池や電気自動車との併用が期待されている
環境保全	発電時に二酸化炭素が排出しない		
	高温の地熱を得られる場所が国立・国定公園内や，温泉地の周辺などに多く，景観を損なわないよう配慮が必要である。	・騒音や低周波振動が発生する ・風車のブレードに鳥が巻き込まれてしまうことがある	太陽光パネルの反射光が周辺環境に影響をあたえる場合がある
経済性	建設計画から運転開始まで時間がかかる	たくさん発電するためには多くの風車を建てる土地が必要である	たくさん発電するためには広大な面積が必要である
安全性	上記の中には火山性ガス（硫化水素など）が含まれるので，周辺環境への影響を及ぼさないよう対策が必要である	自然災害によって発電設備がこわれ周辺地域へ被害を及ぼさないよう保守点検が必要である	自然災害によって発電パネルがこわれ周辺地域へ被害を及ぼさないよう保守点検が必要である

2 食べ物の向こう側に環境問題がある。

まだ食べられるのに，捨てられてしまう食べ物のことを「食品ロス」という。FAOによると，世界では食糧生産量の3分の1に当たる約13億トンの食糧が毎年廃棄されている。日本でも1年間に約612万トン（2017年度推計値）もの食料が捨てられており，日本人1人当たりお茶碗1杯分のご飯の量が毎日捨てられている計算になる。

一方で，現在，地球上には約77億もの人々が生活しているが，途上国を中心に8億人以上（約9人に1人）が十分な量の食べ物を口にできず，栄養不足で苦しんでいる。今のままの状況が続けば，人口増加に伴って栄養不足で苦しむ人がますます増え，貧困に拍車がかかることになる。

●ハンガーマップ

ハンガーマップは，世界の飢餓状況を栄養不足人口の割合により国ごとに5段階に色分けして表現したもの。

国連WFPが，「世界の食糧不安の現状2021」（国際連合食糧農業機関FAO），国際農業開発基金（IFAD），国連WFP発行）の統計に基づいて作成した。

飢餓人口の割合が最も高い濃い赤色に分類された国では，全人口の35％以上もの人々が栄養不足の状態に陥っている。

（画像提供　国連WFP）

環境

身の回りのことから取り組もう

1 環境負荷を減らそう

❶企業のCSRが問われている

環境破壊や温暖化の大きな要因であるCO_2の大半は産業部門の排出である。企業の社会的責任（CSR＝Corporate Social Responsibility）が問われており，環境活動に取り組む企業が増えている。

環境配慮経営の位置付け

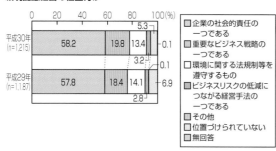

		企業の社会的責任の一つである
平成30年(n=1,215)	58.2 19.8 13.4 0.1 5.3	重要なビジネス戦略の一つである
平成29年(n=1,187)	57.8 18.4 14.1 6.9 3.2 0.1 2.8	環境に関する法規制等を遵守するもの

■企業の社会的責任の一つである
■重要なビジネス戦略の一つである
□環境に関する法規制等を遵守するもの
■ビジネスリスクの低減につながる経営手法の一つである
■その他
□位置づけられていない
■無回答

（環境省「環境にやさしい企業行動調査結果」2018年）

❷事業エリア内の重要な環境課題

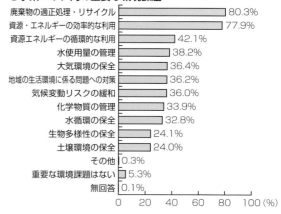

課題	割合
廃棄物の適正処理・リサイクル	80.3%
資源・エネルギーの効率的な利用	77.9%
資源エネルギーの循環的な利用	42.1%
水使用量の管理	38.2%
大気環境の保全	36.4%
地域の生活環境に係る問題への対策	36.2%
気候変動リスクの緩和	36.0%
化学物質の管理	33.9%
水循環の保全	32.8%
生物多様性の保全	24.1%
土壌環境の保全	24.0%
その他	0.3%
重要な環境課題はない	5.3%
無回答	0.1%

コラム 自治体と連携した古着回収＆リサイクルの取り組み事例

株式会社良品計画は「無印良品」を中心に商品開発と製造・販売を展開する製造小売企業である。家具，衣料品，雑貨，食品などの販売店を国内外に出店しているほか，オンラインストアも展開している。

2020年12月にオープンした無印良品東京有明では，江東区と連携し，回収した衣類をリユース・リサイクルする取り組みを開始した。古着回収ボックスを設置し，無印良品の製品以外も回収対象としている。回収後の輸送やリサイクル方法は江東区のスキームを利用。家庭内の不要な衣類を持参した人に，リサイクルされた糸で編まれた限定の軍手を配布した。

オープン16か月で約17トンの回収を達成，延べ約3500名が利用した。なお，他の無印良品店舗では，回収した自社製品のアップサイクル活動も行っている。

コラム プラスチック総合リサイクルシステム

福岡県南筑後地域にある大木町は，環境・農業・食をつなぐまちづくりの拠点として生ごみ・し尿・浄化槽汚泥を総合管理し，バイオマス資源化する施設「おおき循環センターくるるん」を2006年から稼働しています。また，消化液は有機肥料「くるっ肥」として地域で活用し，「くるっ肥」で栽培したお米は特別栽培米「環のめぐみ」として販売しています。

（環境省「地域循環共生圏事例集」より）

❶ サステナブルファッション

サステナブルファッションとは，衣服の生産から着用，廃棄に至るプロセスにおいて将来にわたり持続可能であることを目指し，生態系を含む地球環境や関わる人・社会に配慮した取り組みのことを言います。

売れ残った服の大量破棄，被服を作る過程での環境破壊，配慮のない労働環境など，アパレル業界はもともと多くの課題を抱えており，サスティナブルへいち早く取り組んでいます。

リサイクル素材やアニマルフリー素材の使用，労働環境に配慮した工場で作られた服や靴など。さまざまな取り組みの衣類を使うことが，サスティナブルファッションにつながります。

（環境省「SUSTAINABLE FASHION」から作成）

❷ 環境マークを知ろう

環境に配慮した商品やサービスをさまざまな視点から評価し，認証する制度が増えている。商品や企業のホームページに掲載されている認証マークをチェックして，商品選びに生かそう。

省エネラベル
省エネ法（2013年公布）に定められた省エネ基準をどの程度達成しているかを表示する省エネラベリング制度に基づき，省エネ基準を達成している製品につけられる。

低排出ガス認定車マーク
有害物質を平成17年排出ガス基準に対して50%（もしくは75%）以上低減していることを示す。

二輪車リサイクルマーク
販売された二輪車に表示されており，廃棄時にはリサイクル費用の負担がないことを示す。

PCリサイクルマーク
販売された個人・家庭向けパソコンに表示されている。商品購入時にリサイクル費用を支払っていることを表す。

モバイルリサイクルネットワーク
このマークのある店で使用済み携帯電話端末を回収している。端末に含まれる希少金属を回収，再使用するための取り組み。

電池リサイクルマーク（リチウムイオン）
充電式電池につけられている。電池の種別（ニカド，ニッケル水素，リチウムイオンなど）とリサイクルを表す。

グリーンマーク
古紙を再生利用した雑誌，トイレットペーパー，学習帳，コピー用紙等の製品についている。

Rマーク（再生紙使用マーク）
印刷物などの再生紙を使用しているものについている。古紙がどのくらい含まれているかを数字（古紙配合率）で表す。

❸ 選んでいる？フェアトレード商品

●国際フェアトレード認証

国際フェアトレード認証ラベル

フェアトレードとは開発途上国の生産者と安定した価格で継続的に取引することにより，立場の弱い開発途上国の生産者や労働者の生活改善と自立を目指す「貿易のしくみ」をいう。国際フェアトレード認証は，その原料が生産されてから，輸出入，加工，製造工程を経て「フェアトレード認証製品」として完成品となるまでの全過程で，国際フェアトレードラベル機構（FLO）が定めた国際フェアトレード基準が守られていることを証明するものである。

❹ エシカルって何だろう

エシカルは，もともとは「倫理的」「道徳上」という意味の形容詞。しかし近年は，エシカルコンシューマー，エシカルファッションなどの語で使われ，「倫理的＝環境保全や社会貢献」という意味合いを持つようになった。ファッションに限らず，食や住まいなどの分野にも，その概念が広がりつつある。

世界中で大流行

新型コロナ
ウイルス

自分の考えを深めるための

探究的な
課題

新型コロナウイルス感染症は，

収束の見通しはたっていない（2022年4月時点）。

私たちの生活のあり方を考えるとき，

ウイルスに対しての理解と

どのような対応をしていくかを考えてみたい。

生活は，手で道具を使いモノをつくっている。

生活のなかの課題には解決の見通しが立つものと

見通しが立たないものがある。

課題の答えは容易く見つからない。

いろいろな事象を例にした

探究的な課題を取り上げている。

コロナウイルスから引き取ること

2019年末から世界中で大流行が始まった新型コロナウイルス感染症は，収束の見通しはたっていない（2022年4月）。これからの生活のあり方を考える際，ウイルスに対してどのような対応をしていくかという視点は欠かせない。ここでは「森林資源の保全・増殖」と「人間の自然免疫の増強」という二つの視点から資料等をとりあげてみたい。

1 森林資源の保全・増殖

8000年前の原生林

現在の原生林

図中の緑で表示した箇所が原生林
（参考：森林・林業学習館ホームページ）

　21世紀はまだ20年余の経過でしかないのに，サーズ（2002年）・マーズ（2012〜2015年）そしてこの度の新型コロナ（2019年〜）と3回の感染症に見舞われている。この要因は何か。端的に言えば，人間の諸活動が，野生動物の陣地である森林を破壊してきたからである。原生林の伐採や動物の密猟は，原生林の縮小と野生動物の食料不足を招き，その野生動物は，大量のウイルスの宿主である蝙蝠の死骸を食べるなど接触を増やし，その動物を介してウイルスが世界に蔓延したと考えられている。

　ここから私たちは，何を課題にすべきだろうか。

2 人間の自然免疫の増強

（1）ウイルスは生物？非生物？

　病気を引き起こす微生物は　細菌とウイルスとに分けられる。

　細　菌　：一つの細胞からできており，栄養と水があれば増殖できる。

　ウイルス：細胞がなく，外殻とその内部に遺伝子（DNAかRNAどちらか）をもつが，自ら増殖できないので，非生物に分類されることもある。

	細菌	ウイルス
主な病原体 【感染症】	百日咳菌，結核菌，ヘモフィルスインフルエンザ菌b型（Hib＝ヒブ），ブドウ球菌，大腸菌，コレラ菌，赤痢菌	コロナウイルス（かぜ，呼吸器症候群），インフルエンザウイルス，ヘルペスウイルス，ノロウイルス，ポリオウイルス，HIV（エイズ＝後天性免疫不全症候群）

（2）ウイルスの断面図

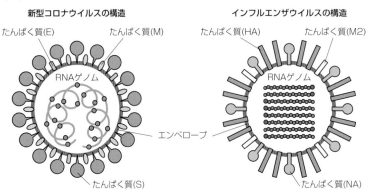

新型コロナウイルスの構造
たんぱく質(E)　たんぱく質(M)
RNAゲノム
エンベロープ
たんぱく質(S)

インフルエンザウイルスの構造
たんぱく質(HA)　たんぱく質(M2)
RNAゲノム
たんぱく質(NA)

（参考：恩賜財団済生会ホームページ）

外殻 ― たんぱく質
エンベロープ ― 脂質
　　　　石鹸で手をあらうと感染防止になる理由がここにある。

新型コロナウイルスは，RNA＝遺伝子＝生物の設計図をもっている。

（3）ウイルスは人間の体の細胞に入って増え続ける。変異する理由は？

右図が示すように，ウイルスは人間の細胞に入って，たんぱく質の殻を脱いだ遺伝子となり，複製をたくさんつくっていく。その一方で，人間の細胞のタンパク質を使って，新しい殻をつくり，それを合体させて実にたくさんのウイルスをつくっていく。ウイルスに感染した細胞は，ウイルスが増殖して多量のウイルスが細胞外に出てくるため死滅する。宿主（ウイルスが寄生した動物）の細胞が次々と死滅してゆくことで生物は耐えることができずに死亡に至る。

> 変異：上で説明したように，新型コロナはかなりのスピードで複製（コピー）をつくるので，コピーの度にコピーミスが起きる，これが「変異」である。

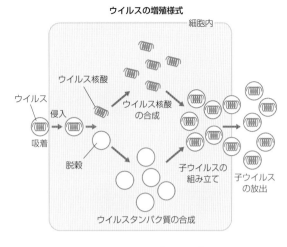

ウイルスの増殖様式

（ウイルスと細菌／静岡県立大・鈴木隆教授【感染症を知る】2020年4月6日静岡新聞）

（4）唾液？血液？喉の粘液？の検査で調べているものは違う

検査について日常会話では，検体をどこでとるかに関心がいきがちだが，何を調べているのか，結果をどう判断するのかについても知る必要がある。新型コロナウイルスに感染しているかどうかが検査でわかれば，その結果によって対策が機敏にとれ，感染拡大の防止や重症化を防ぎ，命を守ることにつながる。

■新型コロナウイルス（SARS-CoV-2）検査の比較

	ウイルス検査		抗体検査
	PCR検査	抗原検査	
検査対象	ウイルスのDNAを調べて，現在感染しているかどうかを確認	ウイルスのたんぱく質を調べて，現在感染しているかどうかを確認	血液中のウイルスに対する抗体を調べて，過去に感染したかどうかを判定
検査にかかる時間	数時間から1日	15〜30分	15〜30分（発症後10日以上必要）
検体	のどや鼻咽頭ぬぐい液または唾液	のどや鼻咽頭ぬぐい液または唾液	血液
臨床的意義	陽性：現在感染している陰性：感染していない	陽性：現在感染している陰性：感染していない	陽性：過去に感染した陰性：これまでに感染なし
検査方法	検査したいウイルスの遺伝子を専用の薬液を用いて検出させる検査方法。ＰＣＲ検査は(Polymerase Chain Reaction)の略。新型コロナウイルスはRNAをもつウイルスなので，RNAをDNAに変換して検査をすることになるが，その方法の違いによって，RT-PCR法，Real-time PCR法などがある。＊RT：Reverse Transcription（逆転写）	ウイルスのたんぱく質の一部である抗原を検知して診断に導く検査。	ウイルスに感染すると免疫グロブリンというたんぱく質（抗体）がつくられるがそれが血液中に存在するかを調べる。

（5）ワクチンとは何か

　ワクチンとは，リンパ球に病原体であることを記憶させ，次に同じ敵が侵入してきた際にすぐに攻撃できるようにする働き，つまり免疫の働きをするものである。ワクチンには，病原体を弱毒化させたもの（生ワクチン），死んで感染力がなくなったもの（不活性ワクチン）などいくつか種類がある。新型コロナウイルス感染症に対するワクチンは，病原体のたんぱく質の遺伝子情報を投与することで免疫ができる。

種類	概要	ワクチンの例
生ワクチン	生きた病原体の病原性を弱めたもの。自然感染と同等の強い免疫を得ることが期待できる。副反応としてその病気と似た症状が出ることがあるが，軽症で済むことが多い。	麻疹・風疹 水痘（みずぼうそう） BCG（結核） おたふくかぜ
不活化ワクチン 組換えたんぱくワクチン	病原体の感染力や病原性をなくしたもの。予防に必要な免疫を得るためには，何回か接種することが必要。	DPT−IPV（四種混合） 日本脳炎 インフルエンザ B型肝炎 HPV（2価・4価）
mRNAワクチン DNAワクチン ウイルスベクターワクチン	病原体を構成するたんぱく質の遺伝情報を投与するワクチン。体内でその遺伝情報から病原体のたんぱく質が作られ，そのたんぱく質を病原体として認識して反応することで免疫がつく。新型コロナウイルスのワクチンはこの種類。	新型コロナウイルス感染症 エボラ出血熱

参考：新型コロナワクチンについてのQ&A（厚生労働省）

（6）免疫

①体内の免疫細胞＝白血球である。

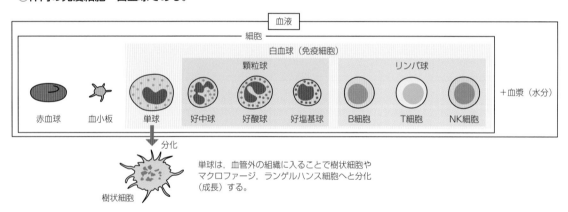

単球は，血管外の組織に入ることで樹状細胞やマクロファージ，ランゲルハンス細胞へと分化（成長）する。

②自然免疫と獲得免疫がある。

　自然免疫：体内に病原体が入ってくると免疫細胞が病原体侵入に気がついて攻撃する。

　獲得免疫：病原体の情報を記憶して，次に同じ病原体が入ってきた時には抗体をつくるなどして病原体を攻撃する。

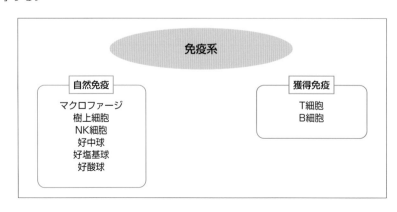

（7）免疫細胞が大活躍する場所＝腸

腸には免疫細胞の約70%が集まっており「腸管免疫」と呼ばれている。病原菌の多くは胃酸によって死滅するが，それでも死なない病原菌などは小腸に到達する。腸には，主要な免疫細胞が集まっており，侵入してきたものがヒトの体にとって悪いものと判断した場合，免疫物質を出して退治する。

腸環境がいいと免疫力が強くなる

大腸内の細菌は，菌種ごとの塊となって腸の壁にあり，お花畑（flora）に見えることから「腸内フローラ」と呼ばれる。腸内フローラを形成している菌は，善玉菌2割，悪玉菌1割，そして状況によってどちらかの働きをする日和見菌7割と言われる。腸で，免疫細胞に十分な働きをさせるのが発酵食品である。

腸内環境を整え，免疫力を高める発酵食品

発酵食品とは食材を微生物などの作用で発酵させることによって加工した食品である。腸内環境と免疫力は，密接な関係にある。発酵食品は免疫細胞を活性化させ外部からの病原体と戦う免疫力の向上にもつながる。

発酵食品に関わる微生物〜酵母・細菌・カビ〜

（参考：誠文堂新光社「図解でよくわかる発酵の基本」・東京農業大学教授・舘博 監修）

日本でも世界でも伝統的な食品は，ほとんどが発酵食品であることに気づく。あなたはどんな発酵食品をよく食べているだろうか。

（8）酵素

体の中では，さまざまな化学反応が起こっている。反応は，それを引き起こす補助の働きをする物質＝触媒が必須で，酵素はその触媒の働きをするたんぱく質である。つまり摂取した食べ物の消化・吸収・代謝など，体の中で起こるほとんどの化学反応には，酵素が必要である。

酵素の体内での働き

酵素は以下に大別される

体内酵素	・消化酵素…食物を消化する。（例　でんぷん→ぶどう糖） ・代謝酵素…栄養素の分解の促進。（例　ぶどう糖→エネルギーを出す） この2つが正常に働くことで細胞の働きが保たれている。
食物酵素	体内酵素の働きを助ける。 発酵食品には，体によい細菌だけでなく酵素も多い。

論題

家族って何だ？
―家族の定義を考える―

視点　家族・家庭の機能と家族関係について，歴史的，文化的，社会制度から家族について考えてみよう。

Step 1 ペットは家族？

中央大学教授の山田昌弘さんは，「ペットはいまや，現代人にとって人間以上にかけがえのない_{下線部1}〈感情体験〉を与えてくれる家族となった。」と言っています^{注1}。帝京科学大准教授の濱野佐代子さんは，「犬や猫から得られる恩恵が，実用的な利益から，関係性による精神的なものへとシフトしていったのです。近年ではさらに進んで，少子高齢化を背景に，犬や猫は_{下線部2}「子どものような存在」として家族の一員の役割を担うようになりました。」とも言っています^{注2}。

ペットは家族なのでしょうか？もしもペットは家族というのであれば，ペットの役割と家族の機能が変わったのでしょう。家族の役割を考えるにあたり，ペットは家族に何をもたらしてくれるから家族なのか考えましょう。

課題

> 下線部1，2の言葉を参考に，家族の中のペットの役割を示してみよう。

Step 2 法律における家族の定義は？

現行の民法では，旧法の「家」制度という封建的な制度を廃止するために，「戸主及ヒ家族」という家族の定義の章を削ってしまいました。そのため，現行民法には，「家族」の定義は存在しません。

しかし，その他の法律では，家族という言葉が使われていることがあります。例えば，男女共同参画社会基本法の第6条では，以下のように家族が書かれています。

男女共同参画社会の形成は，**家族**を構成する男女が，相互の協力と社会の支援の下に，子の養育，**家族**の介護その他の家庭生活における活動について**家族**の一員

としての役割を円滑に果たし，かつ，当該活動以外の活動を行うことができるようにすることを旨として，行われなければならない。

この法律でいう，家族とは，どのような家族を想定しているでしょうか。

課題

> 法律の文章を読み取り，この法律でいう家族の範囲を考えてみよう。

Step 3 家族の定義の設定は必要か？

Step 1で語られている家族と，Step 2の家族は違う枠組みで語られています。つまり，Step 2の家族の枠組みから外れた家族のような存在は，法律は対象にならないことになります。

課題

> これからの家族を考えた時，民法で家族の定義を作る必要はあるしょうか。家族の定義を作る「必要がある・必要がない」のどちらかの立場で，自分の意見を述べよう。

注1　山田昌弘「家族ペット」文春文庫
注2　朝日新聞2019年5月19日

参考：評価の観点
Step 1 下線部1，2をふまえた上でペットと家族の関係が書かれている。
Step 2 で書いた家族の定義が，条文に入れても過不足なく意味が通る。
Step 3 Step 1・2をふまえ，今後の家族像を想定し，論じられている。

論題

なぜ社会は人を育てなくなったのか

視点

経済のグローバル化という言葉を聞いたことはあるだろうか。
国際競争で日本の会社が勝つためには人件費を削減をして正社員の数を限定するとともに，それ以外は非正規社員におきかえていく方向が打ち出されたのである。

今までの日本社会の特徴

一昔前まで，日本の社会の特徴を表すものとして「終身雇用」や「年功賃金」という言葉が使われていました。

学校を卒業したら直ぐに正社員として入社し，その会社で定年まで働き続ける（終身雇用）。入社したてのころは給料の額が少ないけれども，年をとるにしたがって給料の額も徐々に高くなっていく（年功賃金）。長期にわたって社員を育成し，その能力の伸びに応じて給料を払う，これが日本の特徴とされてきたのです。

変わる日本的雇用制度

こうした特徴は，特に1990年代の後半になってから急速なスピードで変わりはじめます。会社は正社員の採用を控え，かわりに給料が低く，雇用も不安定な非正規社員を大量に使い出しました。一方正社員には「即戦力」が期待されるようになります。そのため年功賃金は，業績によって賃金が上下する「成果賃金」に変わり，業績をださないと見なされた正社員には首切りが盛んに行われます。

図は正社員数と非正規社員数の推移を示したものです。見てすぐわかるとおり，正社員の減少と非正規社員の増大が同時進行を続けています。

（中西新太郎監修　新しい生き方基準を作る会
『フツーをつくる　仕事・生活術』青木書店）

課題

問1 生活設計を考える上で，「日本型雇用制度」の良い点をまとめてみよう。

問2 「成果賃金」が主流になると，会社の中で，どのようなことが起こるだろうか。

正規雇用者と非正規雇用者の推移

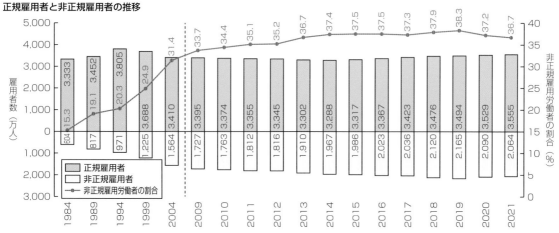

（厚生労働省「「非正規雇用」の現状と課題」より作成）

論題 ジェンダー平等の意識はどこへ

視点 男女雇用機会均等法（1985年）が制定され30年余りを経てもいまだ男女の平均給与や年収の伸び率に大きな差があるという。職場・家庭や地域社会においても，ジェンダー平等の意識は男女ともに浸透していないのではないか。これらを阻む要因は何か改めて考えてみよう。

「仕事を辞めて」と言われたら？

　交際相手から「結婚したら仕事を辞めてほしい」と言われたら—。転職サイト「女の転職ｔｙｐｅ」を運営するキャリアデザインセンターが６月，女性会員864人に行った調査では，「辞めない」派と「相手の年収が高ければ辞める」派が共に４割で，拮抗した。

　「相手の年収に関係なく，仕事は辞めない」と答えたのは42.9％。理由は「気兼ねなく使えるお金を稼ぎたい」が78.2％で最多だった。一方「相手の年収が高ければ，仕事を辞める」と答えたのは39.5％。「相手の年収に関係なく辞める」（4.3％）と合計すると43.8％となり「辞めない」派とほぼ同率だった。辞めてもいいと思える相手の年収の平均は836万円だった。

　「女の転職type」の小林佳代子編集長は「働く女性は増えたが，男女の平均給与や年収の伸び率にはいまだ大きな差がある」と指摘。加えて「日本は家事に高い水準を求める傾向がある。男性が高収入で家計が安定しているなら，相対的に年収の低い女性が仕事を辞めて家事をすべきだ，という価値観が残っているのではないか」とみていた。

（日本経済新聞2021年8月23日）

【男女間賃金格差の現状，推移と要因】

（男女間賃金格差の現状と推移）
○我が国の男女間賃金格差は，男性を100とした時に女性は65.3（2001年）
○長期的には縮小傾向にあるが，国際的にみて格差は大きい

（男女間賃金格差の要因）
○男女間賃金格差の発生原因は多種多様であるが，最大の要因は男女間の職階（部長，課長，係長などの役職）の差であり，勤続年数の差も影響している。この他に手当も影響している
○アンケートやヒアリングによれば，業務の難易度，業務の与え方に男女間で相違がみられることが指摘されている
○コース別雇用管理制度の導入企業の方が，非導入企業よりも男女間格差が大きいとの推計結果が得られた

【男女間の賃金格差を解消する賃金・処遇制度のあり方】

○男女間賃金格差は多くの場合，賃金制度そのものの問題というよりも賃金制度の運用や業務の与え方，配置のあり方等雇用管理における問題によるとみられる
○同一価値労働同一賃金原則は，性差別のない賃金の実現を目指すものであり，我が国で広く利用されている職能給中心の賃金体系の下でも，女性への業務の与え方，能力開発，人事評価等人事管理を適切に行うことによりその実現は可能

（厚生労働省「男女間の賃金格差問題に関する研究会報告」2002年）

仕事を辞めてほしいと言われたら

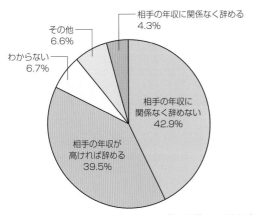

- 相手の年収に関係なく辞める 4.3％
- その他 6.6％
- わからない 6.7％
- 相手の年収に関係なく辞めない 42.9％
- 相手の年収が高ければ辞める 39.5％

（女の転職type 2021年）

課題

問1 交際相手の男性は，なぜ女性の仕事の有無を結婚の条件としたか考えてみよう。

問2 男女の賃金格差がなかなか縮まらない理由は何かを考えてみよう。

問3 日本で家事に高い水準が求められるのはなぜでしょうか。

論題 自分を下げる「モテテク」

視点

ヒトは誰もが価値をもっている。それを「自己肯定感」と言う。
女の子の価値を下げてまで，相手を持ち上げることは，いかがなものだろうか。

女のさしすせそ

　みなさんは「女のさしすせそ」という言葉をご存じだろうか。調味料の種類を指す「料理のさしすせそ」ではない。「（さ）さすが」「（し）知らなかった」「（す）すごい」「（せ）センスよい」「（そ）そうなんだ」である。それぞれの頭文字をつなげたこの言葉は，女性が発することで男性を喜ばせるという「モテテク」の一環として認識されている。（略）

　「男の子はホメられるのが好き！」だから「さしすせそ」を使って会話しようと指南するのである。

　この言葉は，発する側と受け取る側が女性から男性へと固定化されている。このような発想は「ケア労働」を女性から受け取ることを期待する男性中心的な社会から生み出される。（略）

　こうした心性が特定の書籍にしかないとは言えない。たとえば（義務教育の）教科書のイラストを見てみよう。「上目遣い」「首をかしげる」などのしぐさが，女児の動作として表現される傾向がある。（略）

　教科書でさえステレオタイプ化された女の子のイメージが氾濫している。教科書の作り手側にジェンダーに基づいた無意識の偏見がある限り，そうした心性は再生産されて子どもたちに植えつけられ男女双方がそれを当然のものとして内面化していくだろう。

（吉良智子「炎上考」東京新聞2021年6月10日）

課題

問1 知っているのに知らないふりをしなければならないことを，どう思いますか。

問2 日常生活，学校生活の中でジェンダーバイヤスを感じている具体例を挙げてみよう。

問3 本来の「調理のさ・し・す・せ・そ」は，知っていますか。また，どうしてこの順になるのでしょうか。

2
探究的課題

論題

変わるか　男性の育休

視点

パタニティー（Paternity）は英語で"父性"を意味する。
男性が育児参加を通じて自らの父性を発揮する権利や機会を，職場の上司や同僚などが侵害する言動に及ぶことを，パタニティー・ハラスメントと呼ぶ。

男性の育休の取得率を高めるために2022年4月から翌年4月までに，3段階に分けて，育児・介護休業法が改正されます。2019年の調査では，女性83%に対して男性は7%でした。政府は2020年までに13%という目標値をあげていましたが，達成できなかったのです。

なぜ取らないの？

「育休を取りたい」と職場に言い出しにくい雰囲気や育児に参加しようとする男性への嫌がらせが原因のようです。厚生労働省の2020年調査によると過去5年間，育休制度を使おうとした男性500人の26.2%が「パタハラ被害がある」と回答。42.7%が取得をあきらめていました。

へい害は「上司」が66.4%，「利用を申し出ること」と「利用を妨げる言動」が53.4%と高い割合となっています。

パタハラの背景は？

バブル期を含め，がむしゃらに働いた現在の50代以上は「部下は上司に絶対服従」という価値観をもち，同じ働き方を押し付ける傾向のようです。

法改正への期待と課題

少しずつ取得率は伸びてきていますが，取得期間は短く，2018年調査では女性では1年前後が約6割で

すが，男性は2週間未満が71.4%，5日未満が36.3%と，女性との差は依然大きくなっています。

2022年4月からは，子どもが産まれる男性社員に対して職場から「育休を取りますか？」と必ず聞かなければなりません。また10月からは出産から8週までの期間は男性が4週間の休業を2回に分けて取れるようになります。

中日新聞生活部の調査では，社会人になったばかりの男性7割以上が「将来育休を取りたい」と答えたそうです。若い男性の意識は変化してきています。

（参考：東京新聞2021年6月23日，9月11日）

パタハラを受けてあきらめた制度
（複数回答，上位三つ）

- 育児休業 42.7%
- 残業免除，時間外労働や深夜業の制限 34.4%
- 短時間勤務制度や始業時刻変更などの措置 31.3%

パタハラの行為者
（複数回答，上位三つ）

- 上司（役員以外） 66.4%
- 会社の幹部（役員） 34.4%
- 同僚 23.7%

（厚生労働省「令和2年度職場のハラスメントに関する実態調査報告書」をもとに作成）

パタハラを受けた経験

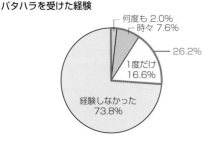

- 何度も 2.0%
- 時々 7.6%
- 26.2%
- 1度だけ 16.6%
- 経験しなかった 73.8%

課題

問1 あなたは育休を取りたい（取って欲しい）ですか。またそれはどうしてですか。。

問2 どういうことがパタハラにあたるか知識をもつことは必要でしょうか。

6
特集

論題　日本では同性婚ができない

視点　2001年のオランダを皮切りに約30カ国が婚姻の平等を法制化している。日本では約60の自治体で「同性パートナーシップ証明制度」を設けるなど全国に理解が進んでいるが，自治体の制度では婚姻で得られるような法的保障はなく，このような状況はＧ７では日本だけである。

婚姻制度への疑問

　私自身の性別は男で，好きになる相手は男性，つまり私は男性同性愛者である。ゲイともいう。この「ゲイ」という言葉に抵抗があった時期もあるが，今は「自分はゲイだ」というのが一番説明しやすい。

　2011年に結婚し，私も彼も人前ではお互いを「南」「吉田」と名前で呼ぶこともあれば，「彼氏」とか「夫」とか「連れ合い」と言うこともある。「結婚しているのですか」と聞かれると「結婚しています」と答えている。（略）今の日本の法律では，同性同士の婚姻制度はない。だから私と彼の戸籍は別々で名字も違うし，法律上は赤の他人だ。「日本で同性婚ができない」というのは，あくまでも法律婚としての同性婚ができないというだけのことであり私たちは「夫夫（ふうふ）」である。だから私が「私は男性と結婚しています」と言っても，それは同性婚の事実婚ということになる。（略）そもそも婚姻届けを出したカップルにだけ法律上の特別な権利や利益あるいは保護が与えられる理由は，何だろうか。「男女とはそういうものだ」「結婚とはそういうものだ」という説明になるのかもしれないが，それなら男女とはいったい何なのか，結婚とははたして何なのか，という次の疑問へとぶち当たる。

自分は教科書には載っていない存在

　（略）私が母に同性愛者だとカミングアウトした直後，「将来，孤独になる覚悟がないなら同性愛なんてやめてしまいなさい」とか「女の子と付き合えばそのうち同性愛なんて忘れる」とか，「私の育て方が悪かったから同性愛になったのね」とか，色々なことを言った。人が孤独になるかどうかについて，同性愛者かどうかは関係ないし，そもそも同性愛は「気づく」ものであって「なる」とか「選ぶ」ものではない。やめろと言われても，あるいはやめたいと思ってもやめられるものではない。（略）私はせめて，小学校，中学校，高校での教育の中で，世の中には同性愛者が存在することをきちんと知ることができたら良かったのにと思う。自分は教科書には載っていない存在だと思い，わきあがる自然な気持ちを否定するしかなく，自分で自分を認めるまでに回り道をしてしまったことは残念だ。

　そんな母も今は私と彼が開設した弁護士事務所のスタッフとして働いてくれている。

（南和行『同性婚　私たち弁護士夫夫です』祥伝社）

課題

問1 異性婚しか認めない現在の婚姻制度をどう思いますか。

問2 好きな人と一生を共にするのは異性婚の人たちだけの権利でしょうか。

問3 同性婚の人たちが不利な立場にあることを調べてみよう。

論題

命を支える

―心地よい場所―

視点 コロナ禍の貧困や生活困難者に対する居場所づくりが全国に進められている。地域の人々が，共に生きる仲間としてつながることを目的に手を差し出す。そうした場所が盛況である現実を促え，その根幹にある課題は何か探ろう。

居場所を失った子どもたち

「いつ再開できるのか」。8月上旬，子どもたちの笑い声が消えた部屋の前で，山田和夫はつぶやいた。

8年前，東京都豊島区の自宅を開放し，無料で食事や遊び部屋を提供する「要町あさやけ子ども食堂」を開いた。多い日は100人の子どもや保護者が食卓を囲んだが，新型コロナウイルスの影響で昨春中止に追い込まれた。月2回，食料の配給を行うが「もらって帰るだけでは子どもの様子がわからない」。貧困や家庭内不和などの問題を抱える子どものSOSに気づく機会が失われたままだ。

コロナ禍で子ども食堂などの中止が相次いでいる。政府が7月にまとめた調査では，NPO法人などが運営する子どもの居場所約7千カ所のうち，春の大型連休中に活動したのは2割強。夏休みも改善の兆しはない。

「給食がなく，家にいる時間が長い夏休みこそ居場所が必要なのに」。子どもたちに宿泊施設などを提供する「WAKUWAKUホーム」（同区）を運営する天野恵子はため息を漏らす。通ってくる小〜高校生約30人の大半がひとり親世帯。家では菓子やカップラーメンで空腹をしのぐ子もいる。だが密を避けるため「来る頻度を抑えて」と苦渋の呼びかけを続ける。（敬称略）

（日本経済新聞2021年8月26日）

地域のつながりをつくる

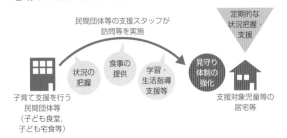

子ども食堂×行政で地域のつながりをつくる

[子どもの見守り強化アクションプラン]

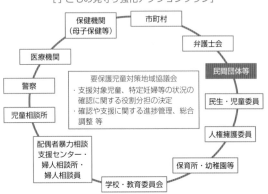

「貧困」：「生死をさまよう」飢餓状態をイメージされがちだが，OECDは「所得中央値の半分以下」を相対的貧困と定義。日本では「7人に1人が貧困状態」，相対的貧困状態には食事もまともにとれない極貧家庭と飢えるまでに至っていない家庭がある。

「子ども食堂」：子どもが一人でも行ける無料または低額の食堂。子どもへの食事提供，孤食の解消や食育，地域交流の場などの役割を果たす。

「子ども食堂の目的」：活動の柱は，「子どもの貧困対策」「地域の交流拠点」の2つ。

（厚生労働省『厚生労働』2020年10月号）

課題

問1 居場所の提供が精神面・物質面から捉え，どのような助けとなるのか考えてみよう。

問2 最低限の生活もままならない人々への国・地域・周囲の人の責任について考えてみよう。

論題

ケアって何？
―ヤングケアラーを知っていますか？―

> 定義は
> これでいい？

視点

厚生労働省では法令上の定義はないが，一般に，「本来大人が担うと想定されている家事や家族の世話などを日常的に行っている子ども」とされる。

日本ケアラー連盟では「家族にケアを要する人がいる場合に，大人が担うようなケア責任を引き受け，家事や家族の世話，介護，感情面のサポートなどを行っている，18歳未満の子どものこと」で，「ケアが必要な人は，主に，障がいや病気のある親や高齢の祖父母だが，きょうだいや他の親族の場合もある」とした。

ケアとは？

そもそもケアとは何でしょう？　ケアは英語でcareであり，気づかい，配慮，世話と訳されます。人は生まれたときに誰かにケアされなければ生きられません。一生のうちにケアされ，誰かを気づかうケアを行っています。ケアは人間の相互行為であり人間の営みそのものです。つまり，みんながケアラーということです。たとえば，あなたは友達がけがをした時に心配したり，カバンを持ってあげたりしていませんか？　ケアには共感性や自己成長を高めることができる反面，葛藤や不安があったり，女性に多く担われていたり，ケアすることが他の仕事よりも低く見られたり等の問題があります。

ヤングケアラーだったAさんへのインタビュー

Aさんは5歳下の弟と10歳下の弟がいる3人きょうだいです。両親は共働きで，朝早くから仕事に出てしまいます。現在Aさんは大学を卒業して社会人になりました。

Q1．中学校時代はどんな生活でしたか？

朝は母が用意してくれた朝食のおかずを温め，弟たちが食べ終わるのを待って，食器を洗い後片付けをし，洗濯機を回して洗濯物を干してから学校に行っていました。まあ，たまに遅刻もしていましたね。

学校から帰ってきてからは，掃除をして，洗濯物を取り込んでたたんでおきました。そうこうしているうちに母が保育園から下の弟を連れて帰ってくるので，夕飯まで弟の世話をしていました。

Q2．遅刻した理由を先生に説明しましたか？

いいえ。言っても遅刻は遅刻ですし，言ったところで何も変わらないと思ったので。

ですから，高校はなるべく近いところにしようと思いました。偏差値でいえばもっと違うところに行けたのですが，自転車で通える一番近い高校にしました。少しでも朝ゆっくり出られるように。

Q3．高校生活も同じような感じでしたか？

そうですね，自分のお弁当作りが増えたかな，それに遅刻も増えました。近くの高校にしたんですけどね(笑)。遅刻してもいいやって感じになっちゃったんです。

Q4．誰にも相談しなかったんですか？

当たり前のことだと思っていたんで，相談しなかったです。大学に入ってゼミの先生にヤングケアラーの話を聞いて，ようやく私ってヤングケアラーだったんだって気づいたくらいですから。

Q5．振り返って，ヤングケアラーだったことをどう思いますか？　中高生や社会への要望はありますか？

私は弟の世話をしたり，母の手助けをするうちに，他人に対する思いやりや共感力が育ったと思うので，特別扱いしてほしくないし，可哀そうな人って思わないでほしい。確かに自分の自由な時間は少なかったから，何か支援が受けられたら良かったのかも…。多くの人にケアラーのことを知ってもらいたいし，ケアラー同士が出会える場が増えたらいいなと思います。

課題

問1　「ヤングケアラーだったAさんへのインタビュー」から，ケアとはどういうものか考えてみよう。

問2　「ケアし合い生きる」とはどういうことか述べてみよう。

ダイバーシティ＆インクルージョンとは？

視点

ダイバーシティとは直訳すると多様性であるが，性別や年齢・国籍・人種・障がいの有無，宗教，価値観などの違いを認めることと言われる。また，インクルージョンは包括，包摂などと訳される。

一人の中の無限

マサチューセッツ工科大学（MIT）の廊下で見た，あるチラシです。

チラシの半分には学生らしき黒人女性二人が写っています。その右側には大きな文字でこう書かれていました。「Be your whole self.」それは理工系の学生に向けて副専攻で人文科学系のコースを履修するように案内するチラシでした。なるほどと思ったのは「まるごとのあなた whole self」という表現でした。（中略）

つまりそのチラシが謳っているのは，人と人のあいだにある多様性ではなくて，一人の人の中にある多様性なのでした。あるいはむしろ「無限性」と言った方が良いかもしれない。その「すべて」を，まずは自分が尊重しようというのが，そのチラシが伝えようとしているメッセージでした。

（伊藤亜紗『手の倫理』講談社）

インクルージョン

湯浅誠氏はインクルージョンについて次のように述べています。

多様性を認めあっている状態というのは，実はつながりにくい。放っておくと分断と細分化を招きます。実際に世界や日本社会では，そういうことが起きています。

それを象徴する要素が三つあると思っています。みんな違っていいけれど，「付き合えない」という「敬遠」，「そっとしておこう」という「遠慮」，そして主にネットの世界で見られる「攻撃」です。こうしたことを克服するには，「インクルージョン」が大事だと思います。日本語に訳しにくい言葉ですが，私は「配慮」という言葉を当てています。（中略）インクルージョンとは，多様な人たちとつながろうという意思を持ち，そのつながり方を積み重ねていくことです。対

話し，配慮し合う体験と芽は誰にでもあります。これからの時代，その芽を育てて広げていくことが，私たちが取り組むべき課題だと思います。

（朝日新聞デジタル2019年12月29日）

> ダイバーシティについてもう一度調べてみよう！

> ソーシャルインクルージョンについても調べてみよう！

課題

問1 ダイバーシティ＆インクルージョンはどういうものだとあなたは考えるか，自分の言葉で述べてみよう。

問2 ダイバーシティ＆インクルージョンは新しい価値を生み出し，社会活性化のカギともいわれるが，多様性を認めて新たな価値を生み出すためにはどのように行動したらよいか話し合い，考えてみよう。

論題

「まくとぅそーけ　なんくるないさー」

視点

日本や世界の諸地域の衣・食・住文化などの生活文化の違いと，人間として暮らす上で共通する普遍的な考え方，生活文化のつながりなどを考える視点をもつ。

「花色地稲妻に松鶴桜鳥文様紅型子供着」琉球王国時代
（日本民藝館所蔵）

多文化共生の時代に

発掘された縄文人骨のDNAと東アジアの人々を比較すると共通する要素が多い。これはアイヌや琉球の人々のDNAにも言える。一方，同じ日本列島であっても，西日本と，東北以北の縄文人の人骨には差異もみられる。つまり日本列島には，先史時代より大陸から様々なルートで人々がたどりついて住みつき，混血していったと考えられる。

民族学者の佐々木高明氏は，日本の文化の基層は，大陸の北からの文化，南からの文化の流れが幾重にも列島に堆積した「受容・集積型」の文化であることから，日本の文化は多様で柔軟性をもっており，異なる文化や民族を理解して，多文化・多文明との共生への展望があることを示した。

独立国だった琉球は，日本本土，大陸，南方などと平和的な交流を行う中で独自の文化を育んできた。紅型は，交易を通じて中国やインド，インドネシアなどの染色技法，本土の友禅や江戸小紋と同じような日本的文様も多い。沖縄は第二次大戦により，焦土と化したが，多くの人の手によって紅型は息を吹き返した。民藝運動を牽引した柳宗悦は，「模様の自由さ，それ

は自然の鳥をさらに鳥らしく，花をさらに花らしくした。紅型を見ると，私たちは，逆に自然の美しさを教わるのです。」と讃えた。

（参考：『今こそ知りたいアイヌ　～北の縄文，人々の歴史と文化，ウポポイの誕生～』三栄書房）

イランカラプテ！（「あなたの心にそっと触れさせていただきます」を意味する挨拶の言葉）

アイヌとはアイヌ語で，「人間」を意味する。人々は自然界にある人間にとって重要な働きをするものをカムイと呼び，動植物や，火，水，風，山や川，道具や衣服でさえも，カムイが姿を変えたものと考える。これは，自然と調和し共存すること以上に大切なことはないというアイヌの思想に基づいている。

アイヌ民族の文化は，隣接する北東アジアや世界の先住民との交流を通じて独自に発展した。さらに現在，新しいアイヌ音楽などを創造し，発信している人たちもいる。

課題

問1 世界の民族を調べ，特徴的な生活文化（例えば，衣服，刺しゅう，染色，織り，マナー，お祭り，踊り，音楽など）を調べよう。

問2 アイヌの言葉と沖縄方言で，素敵な意味をもつ言葉や，言い伝えなどを調べてグループで発表しよう。

問3 日本の諸地域で使われてきた生活用具や，伝統工芸品などを展示している郷土資料館や博物館などにグループで行って調べよう。

大地に還る素材でつくる家
―自立循環型のエネルギーを考える―

論題

視点

新建材で覆い尽くされ30年そこそこでゴミにされてしまう国籍不明の今どきの日本の住まい。紫外線，風，水を利用し，日本の住居に用いられていた「環境共生住宅」とはどのようなものであったか，考えてみよう。

いま何かモノをつくろうとすれば，必ず使用した後の廃棄処分について考えなければならない時代です。地球環境を考えれば，つくったモノがゴミにならないものづくりが要求される時代です。

有史以来，人はゴミを出し続けてきました。それでもかつてのように化石燃料に頼ることなく大地に還る素材だけを使っていた頃は，生活廃棄物は自然浄化できる範囲の内にあり，地球環境も持続可能な時代でした。

木組みの家に温熱の工夫を施すには太陽エネルギーの取り込みと遮蔽を深い軒でコントロールすることや，風通しをよくして，できるだけ自然の流れに沿うことなどがあげられます。

（松井郁夫『「木組」でつくる日本の家』農山漁村文化協会）

夏の家

冬の家

漆喰

ゴーヤの緑のカーテン

課題

問1 上の「夏の家」，「冬の家」のイラストに紫外線の取り込み図を描いてみよう。

問2 土壁，漆喰，緑のカーテンの廃棄について考えてみよう。

問3 日本独特の建具，障子，襖をどこに設置しますか。どんな効果があるでしょうか。

業界の常識に打ち勝って
キャリアを築く

視点

38歳の時，それまで勤めていた会社の部下と5人で起業。ログハウスを扱い始めたのは創業の翌年，友人のために輸入を手伝ったのがきっかけだった。第一印象は「なんてやぼったい」。「変わり者」とささやかれながら，別荘地の丸太小屋というイメージも覆し，市街地にまで市場を拓（ひら）いてログハウスのトップメーカーになった（二木浩三・ログハウス「BESS」社長のインタビューより）。

楽しさ求める，住宅業界の異端

丸太が組み上がり，自然の風合いに満ちたログハウスが出来上がっていくとみなの表情が生き生きと喜びに満ちたものに変わる。住宅建築について調べると，同じ設計・仕様の家を建てるのに，日本ではカナダやアメリカの2・6倍のコストがかかっていた。なのに寿命は短い。手に入れれば借金の返済にも追われる。疑問が次々に湧き，家はそもそもなんのためにあるのか，考え続けることになりました。

——バブル期，不動産投資の提案を受け入れていればもうかったはずなのに断り続けたのはなぜですか。

信用第一とともに掲げた理念が「相互利益の追求」でした。別荘用地を右から左に流して，自分だけ利益を上げるようなことはしたくなかった。

木をふんだんに使ったログハウスは魅力的で耐震性にも優れ，寿命も長い。

どうすれば一般の人が自宅としても使えるようにできるかを考えました。そこで内壁が平らになるような「角ログ」を開発しました。外壁の色も市街地になじむブルーやグリーンを取り入れ，自然の風合いを生かしながら，住宅街になじむ自然派の家をつくりました。

——建築基準法の壁も立ちはだかりました。

外壁に木が露出しているという理由で住宅地に建てられませんでした。何度も行政に「耐火性能は高い」と訴えましたが「前例がない」の一点張り。ならば前例をつくろうと自社で実験し，木の中までは燃えにくいことを実証しました。準耐火性能認定を取り，住宅街でも建てられる道を開きました。

（朝日新聞2021年4月17日）

（「角ログ」を使って建てたログハウス）

（画像提供：朝日新聞社）

課題

問1 上の文章で紹介されている住宅企業の経営者は，我が国の住まいのあり方に対してどのような問題提起をしたのか，考えてみよう。

問2 自分がキャリアを築くうえで，独創性を高めるために何をしたらよいでしょうか。

論 題

ジェンダー不平等は，災害リスクを広げる？

―防災や危機管理の現場に女性が少ないと，どうなる？―

視 点

地震，豪雨による洪水などの災害時の避難のあり方を考える。災害時の避難生活においては，平時にある社会問題がより顕在化する可能性がある。このような日常にある社会問題に目を向ける視点をもつ。

東日本大震災を受け，災害対策に多様な立場の視点を反映させる必要性が指摘される中，自治体の防災部門などの女性割合は極めて低い。

い置き去りにされる懸念がある。平常時からあらゆる場面でジェンダー平等の視点を入れ，様々な立場の人の意見を取り入れ，少数派への配慮を考えることが，災害リスクを減らすことにつながる。

(参考：西日本新聞2016年4月23日)

防災部門の女性職員の割合

自治体	常設職員		防災会議委員	
	女性	割合（%）	女性	割合（%）
千代田区	4	26.7%	3	7.0%
中央区	5	22.7%	6	10.0%
港区	5	35.7%	11	15.9%
新宿区	3	13.0%	4	8.5%
文京区	3	30.0%	7	13.5%
台東区	5	31.3%	5	10.2%
墨田区	1	7.1%	2	4.0%
杉並区	2	12.5%	5	15.2%
豊島区	0	0.0%	15	25.0%
横浜市	11	8.7%	9	14.5%
川崎市	2	5.7%	5	9.4%
相模原市	3	10.3%	6	13.3%
千葉市	2	7.7%	7	9.7%
さいたま市	3	14.3%	9	11.3%
水戸市	2	13.3%	4	9.5%
宇都宮市	2	18.2%	2	4.3%
前橋市	1	7.1%	5	15.6%

■ 30%以上 ■ 25%以上 ■ 10%未満 ■ 0%

女性は人数。割合は小数点第2位を四捨五入。
(東京新聞2021年2月28日)

他の人と共同生活となる不慣れな避難所生活では，持病が悪化したり，心身の健康を害したりすることがある。様々な立場の人への支援を考える必要がある。

災害時の避難所の困難

2011年の東日本大震災の際，避難所の女性への配慮や，性暴力への対策など女性のニーズが配慮されてない問題が明らかになった。またその後の2016年の熊本地震の際にも，「避難所のトイレに生理用品を捨てる所がない」（熊本県益城町・16歳女性），「仮設トイレは体育館の外で，電灯もなくて怖い」（熊本市・16歳女性），「着替えるときは避難所から歩いて15分ほどの家に戻る」（同市・30代女性）「女性だけの家族なので防犯面から車で生活をしている」（同町・69歳女性）などの声が指摘されてきた。

災害時は，経済的に困窮する高齢女性やシングルマザーなどのほか，社会的な弱者が，最も過酷な目に遭

課 題

問1 なぜ，自治体の防災部門の女性割合が低いのか，考えてみよう。

問2 女性割合を増やすにはどうしたらよいか，グループで話し合ってみよう。

問3 自分の自治体の避難所や，その避難所に設置されている災害備蓄品などを調べ，一人ひとりの住民のより良い避難所のあり方を話し合ってみよう。

問4 避難所での，女性や子ども，高齢者や障がい者，外国人，性的マイノリティへなどのほか，少数派への配慮の仕方を具体的に提案しよう。

論題

エシカル消費の意義を考えよう

視点

消費生活の現状と課題や持続可能な消費について，
持続可能な社会へ参画することの意義を具体的な事例を通して理解し，
責任ある消費について考えてみよう。

Step1 エシカル消費とは？

大量消費社会の背景には，消費者に辿り着くまでの生産過程や廃棄過程が見えにくくなっていることが挙げられます。それゆえに持続可能な社会の形成のためには，事業者（企業）・行政だけだはなく，消費者の認識と行動も不可欠です。エシカル消費は消費者それぞれが，各自にとっての社会的課題の解決を考慮したり，そうした課題に取り組む事業者を応援しながら消費活動を行うことです。

課題

①人，②社会，③環境，④地域への配慮をしたエシカル消費をするとしたら，それぞれどのような消費行動が考えられますか。

Step2 エシカル消費に取り組む必要性

エシカル消費に取り組む必要性は大きく分けると，3つあります。①エシカル消費に関わる社会的課題は，持続可能性の観点から**喫緊の課題**が多く含まれています。②今日の社会的課題は，消費者の行動なくしては**解決し得ないもの**が増えてきたことが挙げられます。③エシカル消費について考えることは，消費者が「安さ」や「便利さ」等に隠された**社会的費用**を意識することにつながります。

課題

以下の事例がエシカル消費に取り組む必要性のうちどの項目に深く関わるか考えよう。
ⅰ）食品ロスは半分が家庭から排出される。
ⅱ）格安な商品には，児童労働をさせることでコストを下げている商品がある。
ⅲ）地球環境より経済を優先する認識が，温暖化や資源の枯渇をまねいている。

Step3 エシカル消費の意義

エシカル消費の意義は消費者・事業者・行政の視点でまとめられます。

A 消費者の視点

A–①消費という日常活動を通じ社会的課題の解決に貢献

A–②商品・サービス選択に第四の尺度の提供（安全・安心，品質，価格＋エシカル消費）

A–③消費者市民社会の形成に寄与

B 事業者の視点

B–①供給工程の透明性向上

B–②差別化による新たな競争力の創出

B–③利害関係者からの信頼感，イメージの向上

C 行政の視点

C–①消費者と事業者の協働によるWin-Winの関係の構築が国民的財産

C–②持続可能な社会の実現，地域の活性化などの社会的課題の解決

課題

エシカル消費のA–①〜C–②までの意義を理解した上で，Step1で記入した消費行動を一つ取りあげて，どの意義の項目に当てはまるか記号で答えよう。そして当てはまる理由を書いてみよう。

（参考：消費者庁『「倫理的消費」調査研究会 取りまとめ』2017年）

参考：評価の観点

Step1 記入された消費行動が，①〜④に配慮されているか。
Step2 事例を必要性に照らし合わせて，正しく読み取れているか。
Step3 選んだ消費行動のつながりを理解し，正しく説明できるか。

論題　デジタル機器とどうつきあうか

視点　ここ十年間に急速に進んできたデジタル化は，スマホの普及に見られるように，人間に快適・便利な生活をもたらしつつある。その裏で，何かを失ってきているのではないかという負の面も，指摘されるようになってきている。ここではデジタル社会の長短に視点をあてて考えてみよう。

　近年ほとんどの自動車には「カーナビ」というGPS（Global Positioning System 全地球的測位システム）が設置されていて，GPSが設置されていないタクシーに乗った時など，無事に目的地につくだろうかと不安になることがある。最近はスマホにGPSがついているので，スマホをもっていれば，知らない土地で地図を持たずに，目的地に辿りつくことができる。このように，デジタル化がもたらす便利な面は，数え上げるとキリがないほどまでになってきている。

　ところで，ロンドンのタクシーにはGPSがなく，交通網が複雑巨大であるにもかかわらず，運転手は地図を持たずに，目的地までにスムーズに辿りつけるという。そして，ロンドンの運転手はそのことに誇りを感じているという。なぜだろうか。

　ロンドンでは，タクシーの運転手になるために，数万におよぶ道路と主な場所を，実地で応用できるように記憶しなければならない。これを無駄と考えるか，

いや人間の能力はすごいと考えるか，あなたはどう考えるだろうか。テストに合格した人たちの脳は，記憶や位置関係を判断する海馬が，大きく成長していて，同年代の一般人やテスト不合格者の脳では海馬に変化はみられなかったという。

　上記と同じようなことが日常生活でも指摘されるようになってきている。お風呂の湯を沸かすスイッチを入れて，しばらくすると「お風呂が沸きました」と教えてくれる。あるエアコンは，部屋の温度を自動的に判断して快適な気温にしてくれる。ある冷蔵庫は「豆腐の賞味期限は今日です」と教えてくれる。家電製品のデジタル化の進歩はめざましい。その進歩は，諸能力の不自由な人の生活を助けている。だが反面，人間の時間感覚・皮膚感覚・判断力・注意力などの退化につながるのではないかという懸念の声もある。人間は脳や身体を使わないと諸能力が低下していくからという考えからである。

（参考：アンデシュ・ハンセン・久山葉子訳『スマホ脳』新潮新書）

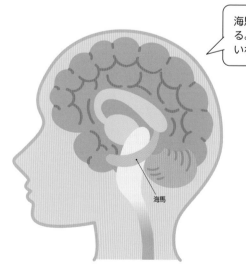

> 海馬は両側に２つある。記憶に関わるといわれている。

海馬

課題

問1 以下のアインシュタインの言葉の「有意義」に着目して話し合ってみよう。

「このすばらしい応用科学は労働を軽減し，生活をより安易にしてくれながら，なぜわれわれに幸福をもたらしてくれないのか。答えは簡単である。われわれが，それを有意義に利用するにいたっていないからである。」

（1931年のアインシュタインの演説より）

論題

お金ってそもそも何？
投資で儲けられる？

視点

「お金とは？」「投資とは？」「どこに投資すればいいのか？」「そもそも投資させられているのか？」それぞれ考えてみよう。

お金とは？　私たちは投資できるのか？それとも投資させられているのか？

コンビニでおにぎりを買ったときに支払う購入代金としてのお金と，株式取引所で扱われる資本としてのお金とは，異なる種類のお金ではないだろうか。前者は価値の交換手段であり，後者は富の貯蔵手段である。ここで投資とは，利益を上げる目的でお金（資本）を出すことである。だからこそ投資は利子が増えることや見返りを求める。そこに判断力を狂わせたり嫉妬を呼んだりして，人間の欲望が渦巻くのである。

特に現在の資本主義体制下のグローバル金融システム※が問題ではないだろうか。人間が生きていくことのすべて，つまり個人の価値観から世界像まで，経済活動と結びつかないものはないのだから。そこには誰が加害者で誰が被害者かわからなくさせる構造的な暴力も潜んでいる。

※グローバル金融システムとは国家間の障壁を取り除き自由化を推し進め，投資を主な目的にした国際的な資本移動のことである。富の集中が起こり，貧しい国（人・地域）から富んだ国（人・地域）へ資本が移動し，貧富の格差を拡大させている。

課題

問1　お金にはどのような意味があるのか意見を出し合ってみよう。

問2　あなたの将来設計の中で，お金にどう向き合っていくのか（貯める，使う，借りる，投資する，貢献する　など）を考えてみよう。

投資の先には何があるのか？

銀行にお金を預けることはあるだろう。これは投資ではなく，間接金融という。各自が少額のお金を預けたとしても，それが多数になれば大きな融資をすることができる。

次の図は大手銀行にお金を預けた先がどこに融資されているかを表したものである。預けたお金がどこに，どう使われているのか，フェアファイナンス・ガイドを調べて検討しよう。

テーマには，気候変動，自然環境，人権，労働，兵器産業，健康，透明性，発電事業，林業，漁業，鉱業，石油・ガス産業，税，汚職，ジェンダーなどがある。

ここで示す社会性スコアとは，たとえば，金融機関がわいろや不当利益の提供・請求・受領等を行う企業に関与していないか，投融資先企業に温室効果ガスの削減を奨励しているか，投融資先企業の労働者・顧客・周辺住民の健康悪化の予防策を奨励しているか等，国際規範を順守している企業に融資し環境改善を図っていること示す指標である。

フェアファイナンスガイドジャパン（2022年）による銀行の社会性スコア

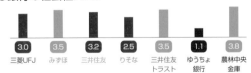

三菱UFJ	みずほ	三井住友	りそな	三井住友トラスト	ゆうちょ銀行	農林中央金庫
3.0	3.5	3.2	2.5	3.5	1.1	3.8

（特定非営利活動法人「環境・持続社会」研究センター「日本初！銀行の社会性を格付け」Fair Finance Guide Japan HP）

また直接，投資したい時は何を考えればいいのだろうか？

論題

ネット社会を生き抜くためには？何を考え，どう行動する？

視点

ネット社会の進展により情報入手は瞬時・多様にもたらしたが，私たちには考えなければならない問題があるのではないだろうか。コミュニケーションツールとしての問題やオンラインゲームに関わる問題のほか，最も重要なことは社会の根底にあった生活に根差したつながりがなくなったことではないか考えてみよう。

スマホのない生活って考えられますか？

インターネットの普及はコミュニケーション手段を変容させ，情報入手も容易になりました。娯楽であるゲームの世界もオンラインゲームが主流になり一変させました。人と一緒にいること・つながることはつらく悲しいこともあるけれど，ネットは人の拠り所となるのでしょうか。それとも人は仮想と現実世界が入り混じった世界の中で生きていくことになるのでしょうか。

たとえば，チュニジアの貧困青年が警官に暴行され焼身自殺を図った事件はSNSを通じて拡散され，抗議・デモ活動となって政権交代をさせました。それがアラブ諸国に急速に広がりSNS革命といわれる「アラブの春」になりましたが，いつの間にか話題にならなくなりました。その背景には日常生活を共にした痛

オンラインゲームの相談状況（2019年度）

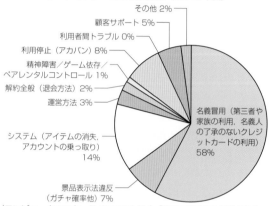

- その他 2%
- 顧客サポート 5%
- 利用者間トラブル 0%
- 利用停止（アカバン）8%
- 精神障害／ゲーム依存／ペアレンタルコントロール 1%
- 解約全般（退会方法）2%
- 運営方法 3%
- 名義冒用（第三者や家族の利用，名義人の了承のないクレジットカードの利用）58%
- システム（アイテムの消失，アカウントの乗っ取り）14%
- 景品表示法違反（ガチャ確率他）7%

（コンピュータエンターテインメント協会「第6回消費者のデジタル化への対応に関する検討会資料」をもとに作成）

みではなく，インターネットという表面的なつながりでしかなかったためではないでしょうか。

グローバル化によって一方では技術革新，様々な情報を入手できるようになりましたが，他方では情報入手が困難な国と容易な国，情報にアクセスできる人とそうでない人など情報格差が拡大し，地域におけるつながりは弱まっています。またコミュニケーションツールにもなる反面，個人情報が流出してしまうこともあります。その地域の生活に根ざした課題を解決しようとする集団（ex.町内会，労働組合）が解体していることは人とのつながりや生活課題の解決を難しくさせていないか考える必要があるでしょう。

年齢階層別インターネット利用の目的・用途（複数回答）（2019年）

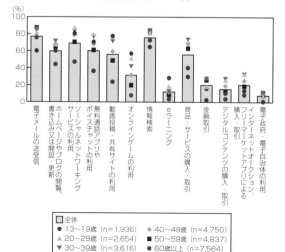

凡例:
□全体
- ● 13〜19歳 (n=1,936)
- ◆ 40〜49歳 (n=4,750)
- ▲ 20〜29歳 (n=2,654)
- ■ 50〜59歳 (n=4,837)
- ▼ 30〜39歳 (n=3,616)
- 60歳以上 (n=7,564)

横軸項目（左から）:
電子メールの送受信／ホームページやブログの閲覧，書き込み又は開設・更新／ソーシャルネットワーキングサービスの利用／無料通話アプリやボイスチャットの利用／動画投稿・共有サイトの利用／オンラインゲームの利用／情報検索／eラーニング／商品・サービスの購入・取引／金融取引／デジタルコンテンツの購入・取引／インターネットオークション・フリーマーケットアプリによる購入・取引／電子政府・電子自治体の利用

（総務省「情報通信白書」2020年）

課題

問1 人や社会とつながる手段として何があるか，話し合ってみよう。

問2 今後ネット社会を生き抜くために，あなたは何を考え，どう行動していくか考えてみよう。

論題 あったことをなかったことにはできない

視点

原発事故とその被害の不可視化，過小評価，そして否認が続く中で，記録を残すことは容易なことではない。日本の原発事故をめぐる問題は，科学や技術・医学，経済の問題として語られるが，実は政治的な問題。市民として自分たちの社会をどう作り直していくか考えなければいけない。

被害を否認しない人々[注1]

（前略）原発事故とその被害の否認が発生している一方で，被害に向き合い，継続的に対策を取り続けてきた人々も存在してきました。被災地での調査を進める中で浮かび上がってきたのは，原発事故とその被害を否認しない人々による粘り強い営みが，人々の権利と安全を保障するための対策を実現し，福島県内，県外の違いを超えて，被災者同士が支え合うネットワークを築いてきたという事実です。

それらの活動は，市民同士の自発的な情報交換や学習会から始まり，汚染状況の調査や測定活動，調査結果の情報開示と行政への提供，政策提言，さらには民間による甲状腺検査の実施や，低線量被ばくの影響を受けない地域への保養プログラムの運営など，多様な分野で続けられてきました。（略）各地の市民からセシウム[注2]による土壌汚染の測定について要望があったにもかかわらず，日本政府は広範囲でのきめ細かな測定を行ってきませんでした。そこで，各地の市民測定所が市民たちと協力をして土壌サンプルを集め，測定し，マップと読み解き集の作成を実現したのです。自分たちにとって必要な情報を集めるだけでなく，その結果を社会に広く発信をすることは，語りにくい被害について話し合う機会をつくっていくうえでも非常に貴重な取り組みであると言えます。市民活動を続ける関係者への聞き取り調査の中で聞いた，「放射能が県境を超えて広がっているのだから，そこに暮らす私たちも県境を越えてつながって対応する必要がある」という言葉が，今でも印象に残っています。こうした地域を超えたつながりに注目しながら，この危機的な状況を否認せずに向き合うために必要な条件を今後も明らかにしていく必要があると考えています。（略）

次世代のために記録を残す

戦争の被害と同じように，原発事故も直接経験した世代がこの世を去れば，事故と被害に関する多くの記憶が失われていくことになります。しかし原発事故の影響が数十年，数百年単位で続くことを考えるならば，次の世代に事故と被害の記録を残すことが，事故を起こしてしまった世代が果たすべき，最低限の責任ではないでしょうか。

注1 「否認しない」とは「否認（事実を認めない）」の二重否定
注2 放射能が自然に半分になる「半減期」が比較的長い放射性物質

（清水奈名子 「原発事故被害の「否認」を乗り越える」
認定NPO法人ふくしま30年プロジェクト）

原子力発電所マップ
（2021年3月時点）

各電力会社公表資料等を参考に編集部作成
※東日本大震災前の時点で廃炉決定済だった東海発電所と浜岡発電所1・2号機も地図に含めている。
nippon.com

凡例
出力規模
50万kW未満
100万kW未満
100万kW以上
再稼働済（定期検査中も含む）
新規制基準合格
建設中
廃炉決定済

課題

問1 自分たちの社会をつくり直していくために，私たちにどのような「場所」「情報」が必要か考えてみよう。

論題　難民から考える日本社会の課題

視点　日本で暮らす外国人の中には窮屈な思いをしたり，強い恐怖を感じたり，苦しい状況に身を置いている人たちが少なからず存在している。そうした人たちの多くは，「外国人だから」という理不尽な理由で，安心して暮らす権利が認められていない状態である。そしてそれは，私たちの社会が作り出しているものだ。

問題に向き合わずに作った法律

「出入国管理及び難民認定法（通称，入管法）」という法律が2019年4月から変わりました。この法律は，国境をこえる移動に関する管理と日本にいる外国人の管理，難民認定を規定しています。改正は，日本で働く外国人の数を増やし，今までよりもたくさんの職業で受け入れることを目的としています。一見，いいことのように思えるかもしれませんが，たくさんの問題が指摘されています。すでに日本にいる外国人のなかには，日本で働いて社会の一員になりたいと考えていても，明確な理由が明かされないまま拒否されている人たちがいます。（略）

また，特定技能実習制度という「日本に来て専門的知識や技術を勉強しながら働いて，国際交流をする」という目的でつくられた，外国人のための制度があるのですが，この制度で来日したベトナム人や中国人のなかには，雇い主になぐられたり，悪口を言われたり，法律で決められた最低賃金の半分以下で長時間働かされた人がたくさんいます。

こうした問題がよく検討されないままに，今いる人以外にもたくさん受け入れて働いてもらおうというのは，とても危険なことです。これらの問題をそのままにして，同じような被害にあう人が出てくることにどう対応するというのでしょうか。（略）このまま外国人労働者や収容者たちの問題をほったらかしにしていいのでしょうか。そしてそれは，政治家や学者だけが考える難しい問題ではありません。（略）

日本に住んでいるみんなが，この問題の当事者なのです。

支援とは何をすればいいのか

「支援」の第一歩は知ることでしょうか。なぜ，難民は逃げなくてはいけないのか。つきつめて考えるとなかなかむずかしい話ですが，相手のことを想い，立場を置き換えて考えていくことが大事なのだと私は思います。どうしたら良いのかわからない場合は外国人との交流イベントやシンポジウムなどに積極的に参加し，当事者の方々の話を聞くことも大事です。〈中略〉私は彼らと関わりをもつようになってから，日本人にはあまりないあたたかさにふれることができました。彼らの優しさに，逆に元気づけられることもあります。もちろんすべての人がいい人とは言い切れませんが，それは日本人だって同じことです。良い人もいれば悪い人もいる。それが当たり前なのです。日本に来たからには，「郷に入っては郷に従え」と言う人もいるかもしれません。けれども，私たちも彼らの文化を尊重し，歩みを合わせることも共生の第一歩なのではないでしょうか。

（織田朝日『となりの難民　日本人が認めない99%の人たちのSOS』旬報社）

課題

問1　日本の難民の審査基準はかなり厳しいと言われています。日本で難民申請して認定されている人は何%でしょうか。また，世界と日本の難民事情を比較してみよう。

論題　気候変動は子どもの権利の危機

視点　現在，気候変動の影響と思われる被害は世界中で発生している。二酸化炭素を多く排出している国々と，最も大きく，気候変動による被害を受けてしまう人々との「生活」や関係を考える視点をもつ。

最も責任のない国の子どもたちが最も苦しむ

　国連児童基金（ユニセフ）は，2021年8月20日，「気候変動は子どもの権利の危機」と題した報告書を公表した。CO_2を排出している国と，気候変動による影響を最も大きく受けている子どもたちがいる場所は関係なく，極めてリスクが高い33カ国の合計の排出量は，世界全体のCO_2排出量のわずか9％に過ぎない。子どもの気候危機指数では，世界の①5億7,000万人の子どもたちが洪水に，②4億人の子どもたちがサイクロンに，③8億2,000万人の子どもたちが熱波に，④9億2,000万人の子どもたちが水不足のリスクにさらされているとした。また「気候変動は非常に不公平なものです。子どもに温暖化の責任はないにも関わらず最も責任のない国の子どもたちが最も苦しむことになる。」と指摘する。

　報告書は，スウェーデンのグレタ・トゥーンベリさんら「未来のための金曜日（FFF）」などが序文を執筆。「若い気候活動家の運動は高まり続け，正義のためにたたかい続けるでしょう」と述べた。ユニセフは，①2030年までに少なくとも45％（2010年比）のCO_2排出量の削減，②子どもに気候に関する教育と環境スキルを提供，③COP26などの交渉と決定に若者を加える，などを呼びかけた。

（公益財団法人日本ユニセフ協会　プレスリリースより編集）

ひとりの声が世界とつながり，社会を変える

　FridaysForFuture（未来のための金曜日）は，2018年8月に温暖化対策をとらない大人へ抗議するため当時15歳のグレタ・トゥーンベリさんがたったひとりでスウェーデンの国会前に座り込みをしたことをきっかけに始まった運動である。この年の9月に開催された国連気候サミットを前にして，世界150カ国以上で若者による「グローバル気候マーチ」へと広がった。パリでは約9000人，日本でも都道府県，27カ所で計，5000人の若者がマーチに参加して声を上げた。

　2020年は，新型コロナウイルス感染拡大防止のため9月の「世界気候アクションの日」にマーチにいくかわりに全国各地から毎日自分が履いている靴とメッセージを地面に並べて写真を撮りSNSで投稿する「シューズアクション」を行うなどして，新たな声のあげ方も工夫された。

洪水で腰まで水位が上がった道を，下級生の少女を抱きながら歩く上級生。（南スーダン，2021年9月）

課題

問1 この1年間に日本や世界で発生した気候変動による被害について，具体的にどこの地域で，どのような被害が起きたかを調べてみよう。

問2 私たちの身の回りや，日本を含む先進国の生活のあり方から，気候変動の原因を具体的に挙げてみよう。

問3 国連の気候変動会議での話し合いの内容や，そこで出された各国の意見などを調べてみよう。

問4 私たち一人ひとりがどのような取り組みができるか，話し合ってみよう。

さあ，食品成分表を使ってみよう！

『食品成分表』の見方

成分値
可食部（食べられる部分）100gあたりの値が示されている。

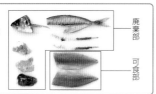

廃棄部
可食部

食品の概量
食品のめやすとなる重量。廃棄部分も含む。

廃棄率
食品全体の重量に対して，卵のからや野菜の皮など，通常の調理では食べずに捨ててしまう部分の割合（％）。

グラフ1本が示す成分値

6 野菜類

食品番号		廃棄率 % 水分 g	エネルギー kcal　　200	たんぱく質 g　　20.0
ごぼう 中1本＝160～200g 日本特有の野菜の一つ。独特の風味と歯ごたえを楽しむ。切るとすぐに変色するので，水にさらす。	根　生 06084	10 81.7	58	1.8
こまつな 中1株＝40～50g 濃緑色の葉でほうれんそうと似ているが，アクが少ない。ビタミン類が豊富で，カルシウムも多い。	葉　生 06086	15 94.1	13	1.5

食品の部位，品種など

単位
kcal（キロカロリー）…エネルギーの単位
mg（ミリグラム）…1mgは，1gの1000分の1
μg（マイクログラム）…1μgは，1mgの1000分の1

記号等の意味
0…最小記載量の1/10未満または検出されなかったもの。
　　　食塩相当量では最小記載量（0.1g）の5/10未満のもの。
Tr…最小記載量の1/10以上含まれているが5/10未満のもの。
-…未測定のもの。
(0)…含まれていないと推定され，測定していないもの。
(Tr)…微量に含まれていると推定されるもの。
( ) 付き数値…諸外国の食品成分表の収載値から借用したものや原材料配合割合（レシピ）等を基に計算したもの。

その他
ビタミンAについては，β-カロテン当量，レチノール活性当量を示した。同じような機能をもつ成分でも，それぞれの効力は同等ではない場合があり，このような場合には基準となる成分の相当量として，「～当量」と表記される。
β-カロテン当量＝β-カロテン＋1/2α-カロテン＋1/2β-クリプトキサンチン
レチノール活性当量＝レチノール＋1/12β-カロテン当量

食品成分表の活用方法

食品成分表に掲載されている成分値は，食品100gあたりの値のため，実際に食べる量と異なります。実際に食べたものの栄養を計算する方法を見てみましょう。

例：ハムエッグのエネルギー量を計算する

■材料
卵…1個（60g）
ロースハム…2枚（20g）
調合油…小1（4g）

《計算方法》
・卵のエネルギー量（p.122参照）
　142×60/100≒**85**

・ロースハムのエネルギー量（p.122参照）
　221×20/100≒**44**

・調合油のエネルギー量（p.124参照）
　886×4/100≒**35**

　それぞれを合計すると…
　ハムエッグのエネルギー量は**164kcal**

ほかの食品データが知りたいときは？

調べたい食品がこの本に掲載されていなかった場合は，文部科学省のウェブサイト「食品成分データベース」（https://fooddb.mext.go.jp/）を使って調べてみましょう。「日本食品標準成分表2020年版（八訂）」の全データが提供されています。

私たちに必要な栄養のことが知りたくなったら？

p.138～141には，私たちに必要なエネルギーや栄養素の摂取量を示した「日本人の食事摂取基準」を掲載しています。健康の維持増進，生活習慣病の予防等に役立てましょう。

食品成分表

文部科学省 科学技術・学術審議会
資源調査分科会 報告
「日本食品標準成分表2020年版（八訂）」準拠

　「日本食品標準成分表」は，文部科学省科学技術・学術政策局から発表されている食品に含まれる栄養成分の基礎的データ集です。1950年に538の食品について，栄養欠乏にならないためにと初めて公表されたのが始まりです。その後，改訂を重ねて，最新は「日本食品標準成分表2020年版（八訂）」で，食品数は2,478に達しています。飽食の時代では，栄養バランスが偏ったりしないように，生活習慣病にならないようにと健康のために，さまざまな場で活用されています。

　この本では，その「日本食品標準成分表2020年版（八訂）」の中から，特に身近な241食品を選んで掲載しました。主な栄養の成分値に加え，食品の写真や解説なども載せています。

巻末資料

1 穀類

食品名	食品番号	廃棄率 % 水分 g	エネルギー kcal 200	たんぱく質 g 20.0	コレステロール mg 100	脂質 g 20.0
おおむぎ 押麦1C=約120g 穀類の中でも食物繊維が豊富に含まれている。おおむぎを精麦，圧ぺんした押麦は粒食に適する。 押麦 乾	01006	0 12.7	329	6.7	(0)	1.5
小麦粉 1C=110g 小麦粉は，たんぱく質含有量の多少で，強力粉，中力粉，薄力粉に大別される。また，灰分含有量（ふすまの混入度）の少ないものから特等粉，1等粉～3等粉，末粉に分類される。 薄力粉は，たんぱく質含有量が6.5～8.0%で，グルテンの質は弱い。アメリカ産軟質シロコムギが代表的な原料で，製菓用や天ぷらの衣など，幅広く用いられる。 強力粉は，たんぱく質含有量が11.5～12.5%で，グルテンの質は強い。アメリカ産硬質アカコムギが代表的な原料で，パン，パスタなどの製造に用いられている。 全粒粉は，小麦の粒をまるごとひいて粉にしたもの。表皮や胚芽なども含まれるので粉の色は茶褐色で，食物繊維や鉄などを多く含む。 薄力粉 1等	01015	0 14.0	349	8.3	(0)	1.5
強力粉 1等	01020	0 14.5	337	11.8	(0)	1.5
強力粉 全粒粉	01023	0 14.5	320	12.8	(0)	2.9
食パン 8枚切り1枚=約45g 日本では生産量が最も多いパン。生地を焼き型につめてふたをして焼くため，角型に仕上がる。 角型食パン 食パン	01026	0 39.2	248	8.9	0	4.1
ロールパン 1個=30～50g 生地を小さくとってめん棒でのばし，折りたたんだり，巻いたりして形に変化をつけたパンのこと。 ロールパン	01034	0 30.7	309	10.1	(Tr)	9.0
うどん 1玉=約200g 小麦粉を原料とし，これに水と塩を加えて練り合わせた後，細長く線状に仕上げたもの。 ゆで	01039	0 75.0	95	2.6	(0)	0.4
中華めん 1玉=約120g 製法はうどんとほぼ同じであるが，粉の種類は中力粉で，こね水にかん水を用いる。 生	01047	0 33.0	249	8.6	(0)	1.2
マカロニ・スパゲッティ 1人前=約80～100g 小麦粉（デュラム小麦のセモリナ）を水でこね，形成機の口金を通して高圧で押し出してつくる。 乾	01063	0 11.3	347	12.9	(0)	1.8
ぎょうざの皮 1枚=約5g 強力粉を湯水でこねた後，薄くのばし，整形してつくる。ひき肉と野菜でつくったあんを包むとぎょうざができる。 生	01074	0 32.0	275	9.3	0	1.4
パン粉 1C=約40g 焼き上げたパンを砕き，ふるいにかけて大きさをそろえたもの。フライ料理の衣などに用いる。 乾燥	01079	0 13.5	369	14.6	(0)	6.8
こめ[水稲穀粒] 精白米1C=170g 稲の種実のもみ米からもみ殻を除いたものが玄米で，胚乳部のまわりをぬか部（果皮，種皮，糊粉層）がおおった構造で胚芽も含まれている。 ぬか部を削り取って，玄米の約90%を占めるかたい胚乳部だけが残ったものが精白米である。 また，栄養素が濃厚に分布している胚芽を残して，ぬかだけを取り除いたものが，胚芽精米である。玄米には鉄，ビタミンB₁が含まれるが，精米により多くが失われる。 精白米は，胚乳部だけがむき出しになった状態なので，ぬか部をもつ玄米に比較して吸水しやすく，やわらかく炊ける。しかし，精白米は貯蔵中の品質管理が難しい。密閉容器に入れ，涼しくて直射日光があたらない場所に置いて，夏では2週間，冬では1か月くらいの間に使いきるようにする。 玄米	01080	0 14.9	346	6.8	(0)	2.7
半つき米	01081	0 14.9	345	6.5	(0)	1.8
七分つき米	01082	0 14.9	348	6.3	(0)	1.5
精白米 うるち米	01083	0 14.9	342	6.1	(0)	0.9
はいが精米	01084	0 14.9	343	6.5	(0)	2.0

穀物の種類

穀物とは，米，大麦，小麦，とうもろこし，ライ麦，えんばく，あわ，ひえ，きびなどの種子をいう。また，豆類，そばを含めることがある。古くから，わが国では米，麦，あわ，ひえ，豆を五穀と呼んでいる。

大麦からつくられる飲料・麦茶

大麦をいって，熱湯で煮出した飲み物（原料としては主に殻付きの麦が用いられる）で，いった麦の香ばしい香りがする。麦湯といって，そのまま飲むこともあるが，冷やして夏の飲料とすることが多い。麦茶を入れるときは，熱湯にいった麦を入れて4～5分間煮立てると，色も香りもよく出る。

食物繊維総量 g 2.0	炭水化物 g 20.0	カルシウム mg 200	鉄 mg 2.0	β-カロテン当量 μg 200	レチノール活性当量 μg 50	ビタミンD μg 10.0	ビタミンE α-トコフェロール mg 2.0	ビタミンB₁ mg 0.20	ビタミンB₂ mg 0.20	ビタミンC mg 20	食塩相当量 g 2.0
12.2	78.3	21	1.1	(0)	(0)	(0)	0.1	0.11	0.03	(0)	0
2.5	75.8	20	0.5	(0)	(0)	0	0.3	0.11	0.03	(0)	0
2.7	71.7	17	0.9	(0)	(0)	0	0.3	0.09	0.04	(0)	0
11.2	68.2	26	3.1	(0)	(0)	(0)	1.0	0.34	0.09	(0)	0
4.2	46.4	22	0.5	4	0	0	0.4	0.07	0.05	0	1.2
2.0	48.6	44	0.7	15	1	0.1	0.5	0.10	0.06	(0)	1.2
1.3	21.6	6	0.2	0	(0)	(0)	0.1	0.02	0.01	(0)	0.3
5.4	55.7	21	0.5	0	(0)	(0)	0.2	0.02	0.02	(0)	1.0
5.4	73.1	18	1.4	9	1	(0)	0.3	0.19	0.06	(0)	0
2.2	57.0	16	0.8	(0)	(0)	(0)	0.2	0.08	0.04	0	0
4.0	63.4	33	1.4	4	Tr	(0)	0.4	0.15	0.03	(0)	1.2
3.0	74.3	9	2.1	1	Tr	(0)	1.2	0.41	0.04	(0)	0
1.4	75.9	7	1.5	(0)	(0)	(0)	0.8	0.30	0.03	(0)	0
0.9	76.6	6	1.3	(0)	(0)	(0)	0.4	0.24	0.03	(0)	0
0.5	77.6	5	0.8	0	(0)	(0)	0.1	0.08	0.02	(0)	0
1.3	75.8	7	0.9	(0)	(0)	(0)	0.9	0.23	0.03	(0)	0

小麦粉の種類と用途

等級	強力粉				中力粉			薄力粉			
	特等	1等	2等	3等	1等	2等	3等	特等	1等	2等	3等
用途	食パン フランスパン パイ	食パン フランスパン マカロニ スパゲッティ クラッカー ぎょうざの皮	食パン 菓子パン マカロニ スパゲッティ パン粉 そば配合用 かりんとう	そば配合用 かりんとう 焼きふ でんぷん のり用	乾めん まんじゅう クラッカー コーンカップ パイ	乾めん そば配合用 ビスケット カレールウ せんべい	そば配合用 カレールウ でんぷん	ケーキ用スポンジ カステラ ドーナツ クッキー てんぷら粉 パイ	ケーキ用スポンジ ドーナツ クラッカー ビスケット まんじゅう せんべい	ビスケット まんじゅう	ビスケット カレールウ

101

1 穀類

食品名		食品番号	廃棄率 %／水分 g	エネルギー kcal 200	たんぱく質 g 20.0	コレステロール mg 100	脂質 g 20.0
めし 茶わん1杯＝120〜130g 精白米に重量の約1.5倍の水を加えて加熱し，水分が60〜65%程度のやわらかい状態に炊きあげたもの。	精白米 うるち米	01088	0 60.0	156	2.5	(0)	0.3
上新粉 1C＝約130g うるち精白米を水洗い，水切りした後に粉砕，乾燥してつくった米粉。柏もちなどの和菓子の材料となる。		01114	0 14.0	343	6.2	(0)	0.9
もち 切りもち1個＝約50g もち米を十分に吸水させてから40〜50分蒸し，熱いうちに粒がなくなるまでうすなどでついたもの。		01117	0 44.5	223	4.0	(0)	0.6
白玉粉 1C＝約120g 精白したもち米を吸水させてからすりつぶし，脱水・乾燥したもの。水でこねて加熱し，和菓子の材料などに使う。		01120	0 12.5	347	6.3	(0)	1.0
そば 生1玉＝約170g そば粉を主原料としてつくっためん。つなぎとして小麦粉ややまいもなどが加えられる場合が多い。	生	01127	0 33.0	271	9.8	(0)	1.9

2 いも及びでんぷん類

食品名		食品番号	廃棄率 %／水分 g	エネルギー kcal 200	たんぱく質 g 20.0	コレステロール mg 100	脂質 g 20.0
こんにゃく 1枚＝170〜200g 生いもや精粉に水を加え，よく練って糊状にして水酸化カルシウム等の凝固剤を加えて加熱，固化させたもの。	板こんにゃく 生いもこんにゃく	02004	0 96.2	8	0.1	(0)	0.1
さつまいも 中1本＝200〜300g さつまいもは，ヒルガオ科の植物で，肥大した塊根を食用としている。肉質の黄色いものはカロテンを多く含む。	塊根 皮なし 生	02006	9 65.6	126	1.2	(0)	0.2
さといも 中1個＝50〜70g 茎の基部が肥大していも（塊茎）になったもの。品種が多く，形も丸形，だ円形，えび形などさまざまである。	球茎 生	02010	15 84.1	53	1.5	(0)	0.1
じゃがいも 中1個＝150〜200g ナス科の植物の茎の一部（地下茎）が変形・肥大した塊茎を食用としたもの。	塊茎 皮なし 生	02017	10 79.8	59	1.8	(0)	0.1
ながいも 1本＝約900g ヤマノイモ科ナガイモの塊根（多肉根）で，こん棒状や円柱状をしたもの。栽培品種として多く出回っている。	塊根 生	02023	10 82.6	64	2.2	(0)	0.3
じゃがいもでんぷん 1C＝130g じゃがいものでんぷんを取り出したもの。市販のかたくり粉は大部分がじゃがいもでんぷんである。		02034	0 18.0	338	0.1	(0)	0.1

3 砂糖及び甘味類

食品名		食品番号	廃棄率 %／水分 g	エネルギー kcal 200	たんぱく質 g 20.0	コレステロール mg 100	脂質 g 20.0
砂糖類 上白糖大1＝9g 砂糖の多くはさとうきびまたはてんさい（さとうだいこん，ビート）から工業的に製造される。 **黒砂糖**は沖縄などでつくられる含蜜糖で，黒糖とも呼ばれる。製造時に精製させていないためカルシウム，鉄を多く含む。 **上白糖**は，濃厚な甘味をもつ。日本で最も使用量が多い天然甘味料である。 **粉糖**は，結晶の小さなグラニュー糖などを微粉末にしたもの。時間がたつと固まりやすいので，それを防ぐためにでんぷんが2%程度含まれているものもある。	黒砂糖	03001	0 4.4	352	1.7	(0)	Tr
	車糖 上白糖	03003	0 0.7	391	(0)	(0)	(0)
	加工糖 粉糖	03011	0 0.3	393	(0)	(0)	(0)

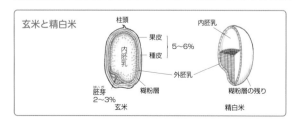

玄米と精白米

柱頭
果皮
種皮
内胚乳
胚芽
胚乳
外胚乳
糊粉層
糊粉層の残り
玄米 5〜6%
胚芽 2〜3%
精白米

かゆの種類と米・水の割合
※2〜3人分

	米（g）	水（g）	でき上がりの状態
全がゆ	90	450	飯粒が普通のご飯の2倍くらいになる。
五分がゆ	45	450	液が半分，ご飯が半分くらいの割合になる。
三分がゆ	22	450	液が7割，ご飯が3割くらいの割合になる。

食物繊維総量 g (2.0)	炭水化物 g (20.0)	カルシウム mg (200)	鉄 mg (2.0)	β-カロテン当量 μg (200)	レチノール活性当量 μg (50)	ビタミンD μg (10.0)	ビタミンE α-トコフェロール mg (2.0)	ビタミンB₁ mg (0.20)	ビタミンB₂ mg (0.20)	ビタミンC mg (20)	食塩相当量 g (2.0)
1.5	37.1	3	0.1	0	(0)	(0)	Tr	0.02	0.01	(0)	0
0.6	78.5	5	0.8	(0)	(0)	(0)	0.2	0.09	0.02	(0)	0
0.5	50.8	3	0.1	0	(0)	(0)	Tr	0.03	0.01	(0)	0
0.5	80.0	5	1.1	(0)	(0)	(0)	0	0.03	0.01	(0)	0
6.0	54.5	18	1.4	(0)	(0)	(0)	0.2	0.19	0.09	(0)	0

食物繊維総量 g (2.0)	炭水化物 g (20.0)	カルシウム mg (200)	鉄 mg (2.0)	β-カロテン当量 μg (200)	レチノール活性当量 μg (50)	ビタミンD μg (10.0)	ビタミンE α-トコフェロール mg (2.0)	ビタミンB₁ mg (0.20)	ビタミンB₂ mg (0.20)	ビタミンC mg (20)	食塩相当量 g (2.0)
3.0	3.3	68	0.6	0	(0)	(0)	Tr	0	0	0	0
2.2	31.9	36	0.6	28	2	(0)	1.5	0.11	0.04	29	Tr
2.3	13.1	10	0.5	5	Tr	(0)	0.6	0.07	0.02	6	0
8.9	17.3	4	0.4	3	0	(0)	Tr	0.09	0.03	28	0
1.0	13.9	17	0.4	Tr	(0)	(0)	0.2	0.10	0.02	6	0
(0)	81.6	10	0.6	0	0	(0)	-	0	0	0	0

食物繊維総量 g (2.0)	炭水化物 g (20.0)	カルシウム mg (200)	鉄 mg (2.0)	β-カロテン当量 μg (200)	レチノール活性当量 μg (50)	ビタミンD μg (10.0)	ビタミンE α-トコフェロール mg (2.0)	ビタミンB₁ mg (0.20)	ビタミンB₂ mg (0.20)	ビタミンC mg (20)	食塩相当量 g (2.0)
(0)	90.3	240	4.7	13	1	(0)	(0)	0.05	0.07	(0)	0.1
(0)	99.3	1	Tr	(0)	(0)	(0)	(0)	(0)	(0)	(0)	0
(0)	99.7	Tr	0.2	(0)	(0)	(0)	(0)	(0)	(0)	(0)	0

いろいろな甘味料

※甘味度は，しょ糖の甘味を1とした数値。

	名称	甘味度	エネルギー	特徴
糖質甘味料	ソルビトール	0.6	3kcal/g	食品添加物。インスリン非依存性甘味料
	パラチノース	0.4	4kcal/g	虫歯になりにくい。砂糖に似た特性
	マルチトール	0.8	2kcal/g	インスリン非依存性甘味料
	カップリングシュガー	0.6	4kcal/g	虫歯を防ぐ。熱に安定。つや出し用
	イソマルトオリゴ糖	0.5	3kcal/g	虫歯を防ぐ。ビフィズス菌増殖因子
	フラクトオリゴ糖	0.2~0.3	2kcal/g	虫歯になりにくい。ビフィズス菌増殖因子

		名称	甘味度	エネルギー	特徴
非糖質甘味料	天然	ステビア	100~250	0kcal/g	ステビアの葉より抽出。漬け物・飲料などでの利用が多い
		グリチルリチン	250	0kcal/g	カンゾウの根より抽出。塩味食品に利用
	合成	サッカリン	200~700	0kcal/g	食品添加物（使用制限あり）
		アスパルテーム	200	4kcal/g	アミノ酸甘味料。食品添加物

3 砂糖及び甘味類

	食品番号	廃棄率 % / 水分 g	エネルギー kcal (200)	たんぱく質 g (20.0)	コレステロール mg (100)	脂質 g (20.0)
水あめ 大1＝約20g でんぷんを加水分解（糖化）したあめ状の液糖。糖化度の異なる各種水あめがある。	酵素糖化 03024	0 / 15.0	342	(0)	(0)	(0)
はちみつ 大1＝約20g 蜜蜂が花の蜜を集めて巣に蓄えたもので，蜜源植物の種類で風味が異なる。蜂の巣を遠心分離して採集する。	03022	0 / 17.6	329	0.3	(0)	Tr

4 豆類

	食品番号	廃棄率 % / 水分 g	エネルギー kcal (200)	たんぱく質 g (20.0)	コレステロール mg (100)	脂質 g (20.0)
あずき あん1C＝約120g あずきはササゲ属に属する植物の種実。こしあんは，あずきを煮て，皮を取り除いたもの。	あん こし生あん 04004	0 / 62.0	147	9.8	(0)	0.6
だいず 1C＝140～150g 中国原産の1年生草本。国産だいずは外国産に比べてたんぱく質を豊富に含み，脂質や炭水化物も適度な含有量。	水煮缶詰 黄大豆 04028	0 / 71.7	124	12.9	(Tr)	6.7
きな粉 1C＝70～100g 大豆をいってひき，粉にしたもの。原料が黄大豆か青大豆かによって，粉の色が異なる。	黄大豆 全粒大豆 04029	0 / 4.0	451	36.7	(Tr)	25.7
豆腐・油揚げ類 豆腐1丁＝200～300g 大豆の代表的な加工食品である豆腐は，鎌倉時代に中国から伝わり，禅寺で発達し，日本的な食べ物となった。**木綿豆腐**は，豆乳に凝固剤を加えて凝固させ，型箱に入れ，脱水形成させたもの。型箱に敷いた布の布目が製品の表面につくのでこの名がついた。**絹ごし豆腐**は，木綿豆腐より濃い豆乳に凝固剤を加え，型箱に入れて，豆乳全体を凝固させてつくる。**油揚げ**は，薄く切った豆腐を水切りし，油で揚げたもの。用いる豆腐はきめが細かく，少したいものがよい。**凍り豆腐**は，元来，豆腐を厳寒期に凍結させ，日中，天日乾燥していたが，現在は機械で凍結させ量産されている。地方によって，高野豆腐，しみ豆腐，こごり豆腐ともいう。	木綿豆腐 04032	0 / 85.9	73	7.0	0	4.9
	絹ごし豆腐 04033	0 / 88.5	56	5.3	(0)	3.5
	油揚げ 生 04040	0 / 39.9	377	23.4	(Tr)	34.4
	凍り豆腐 乾 04042	0 / 7.2	496	50.5	(0)	34.1
糸引き納豆 小1箱＝30～50g 丸大豆を蒸してやわらかくし，納豆菌で発酵させたもの。通常，「納豆」と呼ばれているもので，粘りけが強い。	04046	0 / 59.5	190	16.5	Tr	10.0
おから 1C＝70～100g 豆腐の製造過程で，豆乳を絞り出した残りがおからである。うの花，きらずともいう。	生 04051	0 / 75.5	88	6.1	(0)	3.6

5 種実類

	食品番号	廃棄率 % / 水分 g	エネルギー kcal (200)	たんぱく質 g (20.0)	コレステロール mg (100)	脂質 g (20.0)
アーモンド 10粒＝約15g アーモンド種子の中の「仁」と言われる部分を食用とする。種実類の中でも特にビタミンB$_2$，ビタミンEを多く含む。	乾 05001	0 / 4.7	609	19.6	-	51.8
カシューナッツ 10粒＝約15g 中南米産。果実は洋なし型で，先端のかたい殻に包まれた勾玉（まがたま）状の種子の仁を食用とする。	フライ 味つけ 05005	0 / 3.2	591	19.8	(0)	47.6
日本ぐり 甘露煮1粒＝15～20g 甘露煮は，くりの鬼皮と渋皮をきれいに除き，みょうばんを入れた水でゆでてから砂糖液でゆっくりと煮含めたもの。	甘露煮 05012	0 / 40.8	232	1.8	(0)	0.4

豆類の成分と用途

	食品例	用途
A たんぱく質と脂質が主成分	大豆 落花生	大豆の用途は，豆腐やしょうゆ，みそ，納豆などの発酵食品を主流に，きな粉，煮豆などである。近年はたんぱく質を分離して，粉状やフレーク状などに加工し，分離たんぱく質として利用されている。
B でんぷんとたんぱく質が主成分	あずき そらまめ	でんぷんが多いので，比較的煮えやすく，煮豆，甘納豆などに用いられることが多い。また，煮た後で，でんぷん粒を取り除いて，あんとして菓子類などの調理に用いられる。
C 野菜的性質のもの	グリンピース えだまめ	このグループに属する未成熟豆は水分が多く，組織がやわらかいので，短時間の加熱でやわらかくなり，野菜として用いられる。

食物繊維総量 g (2.0)	炭水化物 g (20.0)	カルシウム mg (200)	鉄 mg (2.0)	β-カロテン当量 μg (200)	レチノール活性当量 μg (50)	ビタミンD μg (10.0)	ビタミンE α-トコフェロール mg (2.0)	ビタミンB₁ mg (0.20)	ビタミンB₂ mg (0.20)	ビタミンC mg (20)	食塩相当量 g (2.0)
(0)	85.0	Tr	0.1	(0)	(0)	(0)	(0)	(0)	(0)	(0)	0
(0)	81.9	4	0.2	1	0	(0)	0	Tr	0.01	0	0
6.8	27.1	73	2.8	0	(0)	(0)	0	0.02	0.05	Tr	0
6.8	7.7	100	1.8	0	(0)	(0)	0.5	0.01	0.02	Tr	0.5
18.1	28.5	190	8.0	4	Tr	(0)	1.7	0.07	0.24	1	0
1.1	1.5	93	1.5	0	0	(0)	0.2	0.09	0.04	0	Tr
0.9	2.0	75	1.2	0	0	(0)	0.1	0.11	0.04	0	Tr
1.3	0.4	310	3.2	(0)	(0)	(0)	1.3	0.06	0.04	0	0
2.5	4.2	630	7.5	9	1	(0)	1.9	0.02	0.02	0	1.1
6.7	12.1	90	3.3	0	(0)	(0)	0.5	0.07	0.56	Tr	0
11.5	13.8	81	1.3	0	(0)	(0)	0.4	0.11	0.03	Tr	0
10.1	20.9	250	3.6	11	1	(0)	30.0	0.20	1.06	0	0
6.7	26.7	38	4.8	10	1	(0)	0.6	0.54	0.18	0	0.6
2.8	56.8	8	0.6	32	3	(0)	0	0.07	0.03	0	0

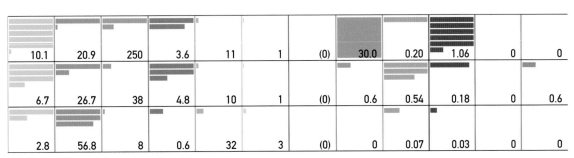

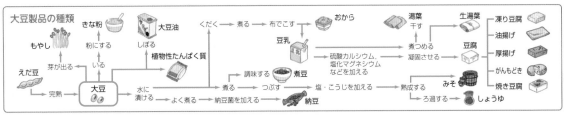

大豆製品の種類

きな粉　粉にする　いる
もやし　芽が出る
えだ豆　完熟
大豆
大豆油　しぼる
植物性たんぱく質
水に漬ける
よく煮る　納豆菌を加える　納豆
くだく　煮る　布でこす　おから
豆乳
硫酸カルシウム，塩化マグネシウムなどを加える
調味する　煮豆
煮る　つぶす　塩・こうじを加える　熟成する　みそ
ろ過する　しょうゆ
湯葉　干す　生湯葉
煮つめる　凝固させる　豆腐
凍り豆腐
油揚げ
厚揚げ
がんもどき
焼き豆腐

5 種実類

食品名	種類	食品番号	廃棄率 % / 水分 g	エネルギー kcal	たんぱく質 g	コレステロール mg	脂質 g
くるみ 1かけ=約3g 脂質が多く，不飽和脂肪酸のリノール酸が多い。濃厚な味と独特な風味をもつ。かたい殻の中の種実を食べる。	いり	05014	0 / 3.1	713	14.6	(0)	68.8
ごま 小1=3g インド原産。種子の色で黒ごま，白ごま，金ごまに分ける。いると香ばしいにおいがする。	いり	05018	0 / 1.6	605	20.3	(0)	54.2
マカダミアナッツ 大10粒=約30g 直径2cmくらいの種子の仁を食用とする。脂質が多いが淡白な味で，おつまみや製菓材料に用いる。	いり 味つけ	05031	0 / 1.3	751	8.3	(0)	76.7
らっかせい 1C=約120g ピーナッツ，南京豆ともいう。脂質やたんぱく質を多く含む。いったり，ゆでたりして中身を食べる。	大粒種 乾	05034	30 / 6.0	572	25.2	(0)	47.0

6 野菜類

食品名	種類	食品番号	廃棄率 % / 水分 g	エネルギー kcal	たんぱく質 g	コレステロール mg	脂質 g
アスパラガス 1本=20~25g 地面から筆のように伸びた茎を食用にする。ゆでてサラダにしたり，炒め物に用いたりするなど調理用途が広い。	若茎 生	06007	20 / 92.6	21	2.6	Tr	0.2
さやいんげん 1さや=5~10g いんげんまめの若いさやをさやいんげんという。ゆでてごまあえやサラダにするほか，煮物，炒め物にも用いる。	若ざや 生	06010	3 / 92.2	23	1.8	Tr	0.1
えだまめ 1さや=2~3g 大豆の未熟種子。塩ゆでにするほか，しょうゆや砂糖で煮たり，ゆでてすりつぶし，あえ衣にしたりする。	生	06015	45 / 71.7	125	11.7	(0)	6.2
さやえんどう 1さや=約3g さやが肥大して，やわらかく，最も甘味に富む時期に収穫される。塩ゆでなどにして，料理の青みなどに使われる。	若ざや 生	06020	9 / 88.6	38	3.1	0	0.2
グリンピース 1C=約70g 種子が完熟，硬化する前に収穫したもの。生のグリンピースは，新鮮で粒がそろい，緑色で光沢があるものがよい。	生	06023	0 / 76.5	76	6.9	0	0.4
オクラ 1個=5~10g 夏が旬。鮮緑色で断面は五角形である。内部に粘液性の物質があり，ゆでると糸をひきやすい。	果実 生	06032	15 / 90.2	26	2.1	Tr	0.2
かぶ 小1個=約30g 品種によりさまざまな大きさのものがある。肉質がち密で甘味がある。秋から冬の日本料理には欠かせない素材。	根 皮つき 生	06036	9 / 93.9	18	0.7	(0)	0.1
西洋かぼちゃ 1個=1~1.5kg 糖質が多く，ほくほくして甘味が強い。和風・洋風の煮物，天ぷらなどのほか，菓子にも利用される。	果実 生	06048	10 / 76.2	78	1.9	0	0.3
カリフラワー 1個=300~500g キャベツの一変種。クリーム色の部分は，花のつぼみ（花蕾）の集合体である。ビタミンB₁，B₂，Cが多い。	花序 生	06054	50 / 90.8	28	3.0	0	0.1
キャベツ 葉1枚=約50g 消費量の多い日常的な野菜の一つ。甘味があり，生食するほか，煮込み料理や炒め物，漬物など，用途が広い。	結球葉 生	06061	15 / 92.7	21	1.3	(0)	0.2
きゅうり 中1本=80~100g 旬は夏だが一年中出回り，みずみずしい歯ごたえとさっぱりとした特有の風味がある。へた側にはやや苦味がある。	果実 生	06065	2 / 95.4	13	1.0	0	0.1

野菜類の栄養的特徴

野菜の成分は，水分が多く（90％前後），エネルギーが低く，ビタミン，ミネラルが多いといった特徴がある。緑黄色野菜にはカロテンが多く含まれ，葉菜類はビタミンCの供給源となるものも多い。鉄，カルシウムなどの不足しがちなミネラルを多く含む野菜もある。また，食物繊維やポリフェノール類（植物に存在する苦味や色素の成分）などのように，従来の栄養素の分類には入らないが，がんの予防，生活習慣病の予防効果といった様々な生理機能をもつ成分が含まれることも，野菜の重要な特徴である。

野菜の分類

種類	食用となる部分	主な野菜
葉菜類	葉	ほうれんそう，みつば，はくさい
茎菜類	茎やりん茎	アスパラガス，うど，たけのこ，たまねぎ
果菜類	果実や種実	オクラ，きゅうり，トマト，なす，かぼちゃ
根菜類	根や根茎	だいこん，にんじん，かぶ，ごぼう
花菜類	つぼみ，花托，花弁，花茎	カリフラワー，ブロッコリー，みょうが

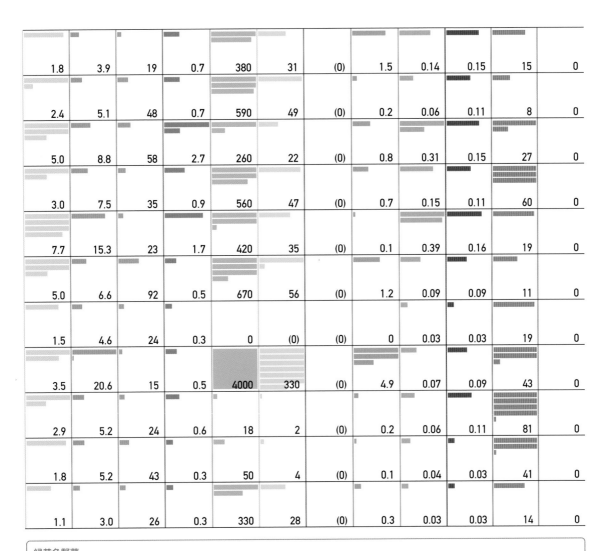

食物繊維総量 g (2.0)	炭水化物 g (20.0)	カルシウム mg (200)	鉄 mg (2.0)	β-カロテン当量 μg (200)	レチノール活性当量 μg (50)	ビタミンD μg (10.0)	ビタミンE α-トコフェロール mg (2.0)	ビタミンB₁ mg (0.20)	ビタミンB₂ mg (0.20)	ビタミンC mg (20)	食塩相当量 g (2.0)
7.5	11.7	85	2.6	23	2	(0)	1.2	0.26	0.15	0	0
12.6	18.5	1200	9.9	7	1	(0)	0.1	0.49	0.23	Tr	0
6.2	12.2	47	1.3	Tr	(0)	(0)	Tr	0.21	0.09	(0)	0.5
8.5	19.4	49	1.6	8	1	0	11.0	0.41	0.10	0	0

食物繊維総量 g	炭水化物 g	カルシウム mg	鉄 mg	β-カロテン当量 μg	レチノール活性当量 μg	ビタミンD μg	ビタミンE α-トコフェロール mg	ビタミンB₁ mg	ビタミンB₂ mg	ビタミンC mg	食塩相当量 g
1.8	3.9	19	0.7	380	31	(0)	1.5	0.14	0.15	15	0
2.4	5.1	48	0.7	590	49	(0)	0.2	0.06	0.11	8	0
5.0	8.8	58	2.7	260	22	(0)	0.8	0.31	0.15	27	0
3.0	7.5	35	0.9	560	47	(0)	0.7	0.15	0.11	60	0
7.7	15.3	23	1.7	420	35	(0)	0.1	0.39	0.16	19	0
5.0	6.6	92	0.5	670	56	(0)	1.2	0.09	0.09	11	0
1.5	4.6	24	0.3	0	(0)	(0)	0	0.03	0.03	19	0
3.5	20.6	15	0.5	4000	330	(0)	4.9	0.07	0.09	43	0
2.9	5.2	24	0.6	18	2	(0)	0.2	0.06	0.11	81	0
1.8	5.2	43	0.3	50	4	(0)	0.1	0.04	0.03	41	0
1.1	3.0	26	0.3	330	28	(0)	0.3	0.03	0.03	14	0

緑黄色野菜

あさつき	かぶ（葉）	ししとう	たいさい	ながさきはくさい	のざわな	ブロッコリー	サラダな
あしたば	日本かぼちゃ	しそ	たかな	なすな	のびる	（花序，芽ばえ）	リーフレタス
アスパラガス	西洋かぼちゃ	（葉，実）	たらのめ	和種なばな	パクチョイ	ほうれんそう	サニーレタス
いんげんまめ	からしな	じゅうろくささげ	ちぢみゆきな	洋種なばな	バジル	みずかけな	レタス
（さやいんげん）	ぎょうじゃにんにく	しゅんぎく	チンゲンサイ	にら	パセリ	切りみつば	（水耕栽培）
うるい	みずな	すいぜんじな	つくし	花にら	はなっこりー	根みつば	サンチュ
エンダイブ	キンサイ	すぐきな（葉）	つるな	葉にんじん	オレンジピーマン	糸みつば	ルッコラ
とうみょう	クレソン	せり	つるむらさき	にんじん	青ピーマン	めキャベツ	わけぎ
（茎葉，芽ばえ）	ケール	タアサイ	とうがらし	きんときにんじん	赤ピーマン	めたで	葉たまねぎ
さやえんどう	こごみ	かいわれだいこん	（葉・果実）	ミニキャロット	トマピー	モロヘイヤ	みぶな
おおさかしろな	こまつな	葉だいこん	トマト	茎にんにく	ひのな	ようさい	
おかひじき	コリアンダー	だいこん（葉）	ミニトマト	葉ねぎ	ひろしまな	よめな	
オクラ	さんとうさい	つまみな	とんぶり	こねぎ	ふだんそう	よもぎ	

6 野菜類

食品名	食品番号	廃棄率 %・水分 g	エネルギー kcal (200)	たんぱく質 g (20.0)	コレステロール mg (100)	脂質 g (20.0)
ごぼう 中1本=160〜200g — 根 生	06084	10 / 81.7	58	1.8	(0)	0.1
こまつな 中1株=40〜50g — 葉 生	06086	15 / 94.1	13	1.5	(0)	0.2
しそ 1枚=約1g — 葉 生	06095	0 / 86.7	32	3.9	(0)	0.1
しゅんぎく 1束=約200g — 葉 生	06099	1 / 91.8	20	2.3	(0)	0.3
しょうが 親指大=約15g — 根茎 皮なし 生	06103	20 / 91.4	28	0.9	(0)	0.3
セロリ 1本=約100g — 葉柄 生	06119	35 / 94.7	12	0.4	(0)	0.1
そらまめ 中1個=約10g — 未熟豆 生	06124	25 / 72.3	102	10.9	(0)	0.2
かいわれだいこん 1パック=60〜80g — 芽ばえ 生	06128	0 / 93.4	21	2.1	(0)	0.5
だいこん 中1本=約800g — 根 皮つき 生	06132	10 / 94.6	15	0.5	0	0.1
切干しだいこん 1C=約20g — 乾	06136	0 / 8.4	280	9.7	(0)	0.8
たけのこ ゆで中1本=約500g — 若茎 ゆで	06150	0 / 89.9	31	3.5	0	0.2
たまねぎ 中1個=約150〜200g — りん茎 生	06153	6 / 90.1	33	1.0	1	0.1
チンゲンサイ 1株=100〜150g — 葉 生	06160	15 / 96.0	9	0.6	(0)	0.1
とうがらし 1本=約8g — 果実 乾	06172	0 / 8.8	270	14.7	(0)	12.0
とうもろこし類 1本=150〜250g — スイートコーン 未熟種子 生	06175	50 / 77.1	89	3.6	0	1.7
スイートコーン 缶詰 ホールカーネルスタイル	06180	0 / 78.4	78	2.3	(0)	0.5

説明文省略。

食物繊維総量 g (2.0)	炭水化物 g (20.0)	カルシウム mg (200)	鉄 mg (2.0)	β-カロテン当量 μg (200)	レチノール活性当量 μg (50)	ビタミンD μg (10.0)	ビタミンE α-トコフェロール mg (2.0)	ビタミンB₁ mg (0.20)	ビタミンB₂ mg (0.20)	ビタミンC mg (20)	食塩相当量 g (2.0)
5.7	15.4	46	0.7	1	Tr	(0)	0.6	0.05	0.04	3	0
1.9	2.4	170	2.8	3100	260	(0)	0.9	0.09	0.13	39	0
7.3	7.5	230	1.7	11000	880	(0)	3.9	0.13	0.34	26	0
3.2	3.9	120	1.7	4500	380	(0)	1.7	0.10	0.16	19	0.2
2.1	6.6	12	0.5	5	Tr	(0)	0.1	0.03	0.02	2	0
1.5	3.6	39	0.2	44	4	(0)	0.2	0.03	0.03	7	0.1
2.6	15.5	22	2.3	240	20	(0)	Tr	0.30	0.20	23	0
1.9	3.3	54	0.5	1900	160	(0)	2.1	0.08	0.13	47	0
1.4	4.1	24	0.2	0	(0)	(0)	0	0.02	0.01	12	0
21.3	69.7	500	3.1	2	0	(0)	0	0.35	0.20	28	0.5
3.3	5.5	17	0.4	12	1	0	1.0	0.04	0.09	8	0
1.5	8.4	17	0.3	1	0	0	Tr	0.04	0.01	7	0
1.2	2.0	100	1.1	2000	170	(0)	0.7	0.03	0.07	24	0.1
46.4	58.4	74	6.8	17000	1500	(0)	30.0	0.50	1.40	1	0
3.0	16.8	3	0.8	53	4	(0)	0.3	0.15	0.10	8	0
3.3	17.8	2	0.4	62	5	(0)	0.1	0.03	0.05	2	0.5

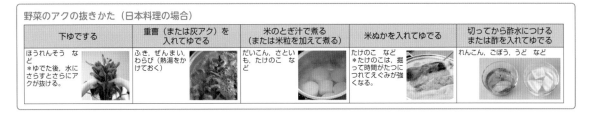

野菜のアクの抜きかた（日本料理の場合）

下ゆでする	重曹（または灰アク）を入れてゆでる	米のとぎ汁で煮る（または米粒を加えて煮る）	米ぬかを入れてゆでる	切ってから酢水につけるまたは酢を入れてゆでる
ほうれんそう　など ＊ゆでた後，水にさらすとさらにアクが抜ける。	ふき，ぜんまい，わらび（熱湯をかけておく）	だいこん，さといも，たけのこ　など	たけのこ　など ＊たけのこは，掘って時間がたつにつれてえぐみが強くなる。	れんこん，ごぼう，うど　など

6 野菜類

	食品番号	廃棄率 % 水分 g	エネルギー kcal 200	たんぱく質 g 20.0	コレステロール mg 100	脂質 g 20.0
トマト類 中1個=100〜200g，ミニトマト1個=10〜30g ナス科の果菜。色合いによって桃色種，赤色種，黄色種に分けられる。生食用に多く用いられるのは桃色系で，甘みに富み，トマト臭が少ない。現在は完熟（甘熟）型が多く，桃太郎はその代表である。 　赤色系は酸味や臭いが強く，加工用に用いられる。 　ミニトマトは，プチトマトやチェリートマトとも呼ばれる。普通のトマトよりも甘味が強く，栄養価も高い。 　加工品には，皮，へたなどを取り除いて全形（ホール）のまま水煮にし缶に詰めたホールトマトなどがある。	赤色トマト 果実 生 06182	3 94.0	20	0.7	0	0.1
	赤色ミニトマト 果実 生 06183	2 91.0	30	1.1	(0)	0.1
	加工品 ホール 食塩無添加 06184	0 93.3	21	0.9	(0)	0.2
なす 1個=60〜100g 夏から秋にかけての代表的な野菜の一つ。胴に張りがあり，色つやがよく，さわって弾力のあるものがよい。	果実 生 06191	10 93.2	18	1.1	1	0.1
にら 1株=3〜8g 小葉にら・大葉にら・花にら・黄にらなどがある。カロテン，ビタミンEを多く含む。特有の臭気は硫化アリルによるものである。	葉 生 06207	5 92.6	18	1.7	Tr	0.3
にんじん 中1本=200〜250g 太くて短く肉質がやわらかい西洋種と，細長い東洋種がある。ビタミンAの供給源となるカロテンが多い。	根 皮つき 生 06212	3 89.1	35	0.7	(0)	0.2
にんにく 1個=50〜60g 地中のりん茎で球になるにんにくを香辛料として利用するが，葉にんにく，茎にんにく（にんにくの芽）の需要も増加している。	りん茎 生 06223	9 63.9	129	6.4	(0)	0.9
ねぎ類 根深ねぎ中1本=150〜200g ねぎは暑さ・寒さに強く，適応性があるため全国各地で栽培されている。品種は多いが，白い部分を食用とする根深ねぎ（関東型）と緑の葉を食用とする葉ねぎ（関西型）に大別される。	根深ねぎ 葉 軟白 生 06226	40 89.6	35	1.4	2	0.1
	こねぎ 葉 生 06228	10 91.3	26	2.0	(0)	0.3
はくさい 中1枚=約100g 秋から春先にかけて豊富に出回るが，冬が最も美味である。葉が白くてかたく巻き，重みがあるものがよい。	結球葉 生 06233	6 95.2	13	0.8	(0)	0.1
バジル 1枚=約0.5g バジリコ，スイートバジルとも呼ばれ，香辛料や香草として利用される代表的なハーブの一種。	葉 生 06238	20 91.5	21	2.0	(0)	0.6
ピーマン類 青ピーマン中1個=25〜40g ピーマンはとうがらしの甘味種の一種。旬は夏だが，ハウス栽培で一年中出回っている。夏野菜の中では栄養があり，特にビタミンA，ビタミンCは豊富である。 　出回っているものは青ピーマンが多い。赤ピーマンは，ピーマンの中でもカロテン，ビタミンEを豊富に含む。肉厚でピーマン臭さがなく，生食あるいはサラダとしても用いられる。赤ピーマンはやや酸を含むが，黄ピーマンは酸が少なくさわやかな味である。	青ピーマン 果実 生 06245	15 93.4	20	0.9	0	0.2
	赤ピーマン 果実 生 06247	10 91.1	28	1.0	(0)	0.2
	黄ピーマン 果実 生 06249	10 92.0	28	0.8	(0)	0.2
ふき 1本=約100g 特有の香りと苦味をもつ。葉柄の皮をむき，アクを抜いたのち，煮たり，缶詰や漬物にしたりする。	葉柄 生 06256	40 95.8	11	0.3	(0)	0
ブロッコリー 1株=約200g 芽花野菜，緑花野菜ともいわれ，キャベツの一変種である。和洋中華のいずれの料理にも用いられる。	花序 生 06263	35 86.2	37	5.4	0	0.6

野菜の色

性質	色素		主な野菜	色
脂溶性 （油に溶ける）	クロロフィル		ほうれんそう，ピーマン，その他の緑色野菜	緑
	カロテノイド	カロテン	にんじん，かぼちゃ	黄〜オレンジ
		リコピン	トマト	赤
水溶性 （水に溶ける）	フラボノイド		カリフラワー，たまねぎ	白色〜黄色
	アントシアン		なす，赤じそ，レッドキャベツ	赤〜紫〜青

食物繊維総量 g	炭水化物 g	カルシウム mg	鉄 mg	β-カロテン当量 μg	レチノール活性当量 μg	ビタミンD μg	ビタミンE α-トコフェロール mg	ビタミンB₁ mg	ビタミンB₂ mg	ビタミンC mg	食塩相当量 g
1.0	4.7	7	0.2	540	45	(0)	0.9	0.05	0.02	15	0
1.4	7.2	12	0.4	960	80	(0)	0.9	0.07	0.05	32	0
1.3	4.4	9	0.4	570	47	(0)	1.2	0.06	0.03	10	Tr
2.2	5.1	18	0.3	100	8	(0)	0.3	0.05	0.05	4	0
2.7	4.0	48	0.7	3500	290	(0)	2.5	0.06	0.13	19	0
2.8	9.3	28	0.2	8600	720	(0)	0.4	0.07	0.06	6	0.1
6.2	27.5	14	0.8	2	0	(0)	0.5	0.19	0.07	12	Tr
2.5	8.3	36	0.3	83	7	(0)	0.2	0.05	0.04	14	0
2.5	5.4	100	1.0	2200	190	(0)	1.3	0.08	0.14	44	0
1.3	3.2	43	0.3	99	8	(0)	0.2	0.03	0.03	19	0
4.0	4.0	240	1.5	6300	520	(0)	3.5	0.08	0.19	16	0
2.3	5.1	11	0.4	400	33	(0)	0.8	0.03	0.03	76	0
1.6	7.2	7	0.4	1100	88	(0)	4.3	0.06	0.14	170	0
1.3	6.6	8	0.3	200	17	(0)	2.4	0.04	0.03	150	0
1.3	3.0	40	0.1	49	4	(0)	0.2	Tr	0.02	2	0.1
5.1	6.6	50	1.3	900	75	0	3.0	0.17	0.23	140	Tr

野菜を色よく仕上げるには

クロロフィル（緑色）を含む野菜	フラボノイド（白色～黄色）を含む野菜	アントシアン（赤色～紫色～青色）を含む野菜
● 短時間の加熱にする。 ※ゆでた場合は冷水にひたし，急冷する。 ● 重曹（アルカリ性になる）を加えてゆでる。 ※やわらかくなりすぎることがあるので注意する。 ● 酸性の液中で長く煮ない。 ※みそ汁，トマト煮など。	● カリフラワーを白く仕上げるには，酢（酸性になる）を加えてゆでる。	● なすを色よく漬けるには，みょうばんをこすりつけてから漬ける。 ● いちごは卵白と混ぜない。 ● 紫キャベツは酢で赤くなる。

6 野菜類

食品	食品番号	廃棄率 % / 水分 g	エネルギー kcal (200)	たんぱく質 g (20.0)	コレステロール mg (100)	脂質 g (20.0)
ほうれんそう 1わ＝250〜400g 各種ビタミンやミネラルなどの栄養素を多く含む。おひたし、スープやみそ汁の具、炒め物など使用範囲が広い。 葉 通年平均 生	06267	10 / 92.4	18	2.2	0	0.4
みずな 1株＝40〜50g 細く白い茎と鋭い切れ込みのある葉が特徴。カロテン、ビタミンCの他、カルシウムも多く含む。 葉 生	06072	15 / 91.4	23	2.2	(0)	0.1
糸みつば 1本＝1〜2g 培養液に浮かべたスポンジで水耕栽培したもの。茎も緑色を帯びているので、青みつばともいう。 葉 生	06278	8 / 94.6	12	0.9	(0)	0.1
みょうが 1個＝約15g 地下茎から出る花穂を食用とする。わが国原産の野菜で、独特の芳香と辛味が珍重されている。 花穂 生	06280	3 / 95.6	11	0.9	(0)	0.1
もやし類 1C＝50〜60g もやしの原料には、米・麦・豆類、各種野菜種子が用いられる。現在は豆類を用いたものが多い。 **だいずもやし**は、豆もやしともいい、太くて長く、歯ざわりがシャキシャキしている。 **りょくとうもやし**は、青あずき（やえなり）を栽培してつくられ、芽の先に薄緑色の豆をつけている。 だいずもやし 生	06287	4 / 92.0	29	3.7	Tr	1.5
りょくとうもやし 生	06291	3 / 95.4	15	1.7	(0)	0.1
レタス 中1個＝約450g レタス類の中で結球するもので、玉ちしゃともいわれる。よく結球しているものが良質とされている。 土耕栽培 結球葉 生	06312	2 / 95.9	11	0.6	(0)	0.1
れんこん 中1節＝約200g れんこんは、はすの地下茎をいう。晩秋から冬にかけて収穫される。煮物、揚げ物、きんぴらなどに利用される。 根茎 生	06317	20 / 81.5	66	1.9	0	0.1

7 果実類

食品	食品番号	廃棄率 % / 水分 g	エネルギー kcal (200)	たんぱく質 g (20.0)	コレステロール mg (100)	脂質 g (20.0)
アボカド 中1個＝約200g なめらかな口当たりで淡白な味。森のバターと言われるほど果実類の中では脂質が多く、ビタミンB₂、ビタミンEも豊富。 生	07006	30 / 71.3	178	2.1	Tr	17.5
いちご 中1粒＝約13〜17g、ジャム大1＝約12g 5〜6月が旬の季節的な果物だったが、栽培方法、品種改良が進み、現在は一年中出回るようになった。甘味と酸味のバランスと香りのよいもの、大粒のものが好まれる。 ジャムは、粒を残したプレザーブ型と、つぶして裏ごししたものとがある。 生	07012	2 / 90.0	31	0.9	0	0.1
ジャム 低糖度	07014	0 / 50.7	194	0.5	(0)	0.1
うめ 梅干し1粒＝約10g 果肉は酸味が強く、生食には向かない。古くから健康食品として利用され、梅干しのほか、梅漬、梅酒などにする。 梅干し 塩漬け	07022	25 / 72.2	29	0.9	0	0.7
うんしゅうみかん 1個＝約100g 日本の代表的なみかんで、一般に「みかん」という場合はこれをいう。ビタミンCだけでなくカロテンも豊富。 10月上旬に収穫できる極早生、10月下旬の早生温州、11月中旬の普通温州と多くの種類がある。生産量の20%はジュース、シロップ漬け缶詰に加工される。うんしゅうみかんのシロップ漬け缶詰が果肉缶詰の大半を占める。 じょうのう 普通 生	07027	20 / 86.9	49	0.7	0	0.1
缶詰 果肉	07035	0 / 83.8	63	0.5	(0)	0.1
オレンジ 1個＝約170g バレンシアオレンジは、晩生のスイートオレンジ類の仲間。日本では温度不足のためあまり栽培されておらず、米国などから輸入される。 バレンシア 米国産 砂じょう 生	07041	40 / 88.7	42	1.0	0	0.1

野菜の栽培法

露地栽培	ハウス栽培	水耕栽培
野菜を屋根のない畑で栽培する方法。味はよいが天候により生産量、熟度が影響される。	生産性を高めたり、収穫時期をかえたりするために、温室のような施設を利用した方法。	土を用いず、生育に必要な成分を含む液で栽培する方法。

野菜のビタミンCの調理による損失

　野菜はビタミンを多く含むが、加熱調理によってある程度は損失する。最も変化が大きいのはビタミンCで、特に葉菜類で損失が大きく、いも類では少ない。ビタミンCは水溶性なので、ゆでる操作ではゆで汁へ溶け出す。ゆで時間が短い方が損失率が少ない。また、ほうれんそうを2分間ゆでる場合、1%食塩水溶液でゆでると損失率は約60%で、水の70%より損失率は少ない。

食物繊維総量 g	炭水化物 g	カルシウム mg	鉄 mg	β-カロテン当量 μg	レチノール活性当量 μg	ビタミンD μg	ビタミンE α-トコフェロール mg	ビタミンB₁ mg	ビタミンB₂ mg	ビタミンC mg	食塩相当量 g
2.0	20.0	200	2.0	200	50	10.0	2.0	0.20	0.20	20	2.0
2.8	3.1	49	2.0	4200	350	(0)	2.1	0.11	0.20	35	0
3.0	4.8	210	2.1	1300	110	(0)	1.8	0.08	0.15	55	0.1
2.3	2.9	47	0.9	3200	270	(0)	0.9	0.04	0.14	13	0
2.1	2.6	25	0.5	31	3	(0)	0.1	0.05	0.05	2	0
2.3	2.3	23	0.5	(Tr)	(0)	(0)	0.5	0.09	0.07	5	0
1.3	2.6	10	0.2	6	Tr	(0)	0.1	0.04	0.05	8	0
1.1	2.8	19	0.3	240	20	(0)	0.3	0.05	0.03	5	0
2.0	15.5	20	0.5	3	Tr	(0)	0.6	0.10	0.01	48	0.1

食物繊維総量 g	炭水化物 g	カルシウム mg	鉄 mg	β-カロテン当量 μg	レチノール活性当量 μg	ビタミンD μg	ビタミンE α-トコフェロール mg	ビタミンB₁ mg	ビタミンB₂ mg	ビタミンC mg	食塩相当量 g
5.6	7.9	8	0.6	87	7	(0)	3.3	0.09	0.20	12	Tr
1.4	8.5	17	0.3	18	1	(0)	0.4	0.03	0.02	62	0
1.1	48.4	12	0.4	Tr	(0)	(0)	0.2	0.01	0.01	10	0
3.3	8.6	33	1.1	6	1	0	0.2	0.02	0.01	0	18.2
1.0	12.0	21	0.2	1000	84	(0)	0.4	0.10	0.03	32	0
0.5	15.3	8	0.4	410	34	(0)	0.5	0.05	0.02	15	0
0.8	9.8	21	0.3	120	10	(0)	0.3	0.10	0.03	40	0

果実の分類

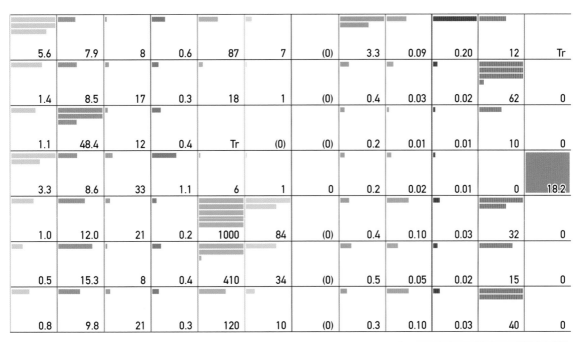

分類	果菜類			準仁果類		仁果類			液果類		核果類	
特徴	草木の果実			子房の外果皮が皮に，中果皮が可食部に発達したもの		可食部の大部分が花托の皮層のもの			1果が1つの子房からできているもの		子房の内果皮がかたい核になり，中に種子があるもの	
果実例	いちご	すいか	メロン	柑橘類	かき	りんご	なし	びわ	ぶどう	バナナ	もも	プルーン

7 果実類

食品名	区分	食品番号	廃棄率 % / 水分 g	エネルギー kcal (200)	たんぱく質 g (20.0)	コレステロール mg (100)	脂質 g (20.0)
ゆず 1個=約130g 酢みかんとも呼ばれる。果皮は香気成分が多く、香りがよく、わんものの吸い口などとして用いられる。	果皮 生	07142	0 / 83.7	50	1.2	(0)	0.5
レモン 1個=約100g, 果汁大1=約15g インド原産。クエン酸を豊富に含み、酸味が強く、生食には適さないが、輪切りにして紅茶やカクテルなどに使う。また、魚、肉のマリネ、サラダ調理に用いられたり、さわやかな酸味のある飲料水としてジュース、レモネード、スカッシュ等に用いられたりする。	全果 生	07155	3 / 85.3	43	0.9	0	0.7
	果汁 生	07156	0 / 90.5	24	0.4	0	0.2
キウイフルーツ 1個=約120g 種産地ニュージーランドの国鳥「キーウィ」から名づけられた。多汁質で甘味と渋い酸味をもつ。	緑肉種 生	07054	15 / 84.7	51	1.0	0	0.2
すいか 中1個=約1kg 品種によって、形、果皮の色や模様、果肉の色、大きさなどが異なる。カロテンが豊富に含まれている。	赤肉種 生	07077	40 / 89.6	41	0.6	0	0.1
バナナ 1本=100〜120g ほとんどがフィリピン・台湾などからの輸入品。果実中ではエネルギー量が多い。	生	07107	40 / 75.4	93	1.1	0	0.2
メロン 1個=500〜600g ウリ科のつる性一年草。品種が多く、大きさ、形、色などさまざまである。世界中で栽培されている。	露地メロン 緑肉種 生	07135	45 / 87.9	45	1.0	0	0.1
もも 中1個=約200g 古くから日本で栽培されている。白桃は、果肉がやわらかく、多汁で、甘味と芳香のあるものがよい。	白肉種 生	07136	15 / 88.7	38	0.6	0	0.1
りんご 中1個=約200g 日本のりんご生産量はみかんに次いで多い。くせがなく、味・香りともに生食に向く。果実の中では保存がきくほうである。	皮なし 生	07148	15 / 84.1	53	0.1	(0)	0.2

8 きのこ類

食品名	区分	食品番号	廃棄率 % / 水分 g	エネルギー kcal (200)	たんぱく質 g (20.0)	コレステロール mg (100)	脂質 g (20.0)
えのきたけ 直径1cm束=約10g 暗所での栽培品が多く、乳白色。茎の歯切れと淡い風味が特徴。火を通しすぎると味が落ちる。	生	08001	15 / 88.6	34	2.7	0	0.2
しいたけ 生1個=約15g, 干し1個=2〜5g 原木栽培や、近年増加しているおが屑等の菌床栽培による。一年中生産されているが、旬は春と秋である。独特の香りととろりとした歯切れが特徴で、焼き物、天ぷら、なべ物など各種加熱調理に用いる。 　乾しいたけ（干ししいたけ）は、乾燥したことによりビタミンDが豊富に含まれる。	生しいたけ 菌床栽培 生	08039	20 / 89.6	25	3.1	0	0.3
	乾しいたけ 乾	08013	20 / 9.1	258	21.2	0	2.8
ぶなしめじ 1パック=約100g 人工栽培される。薄褐色のかさは肉厚で、紡錘形の柄の根元には軟毛がある。グルタミン酸を多く含み、味と歯ごたえがよい。	生	08016	10 / 91.1	22	2.7	0	0.5
まいたけ 1パック=約100g 菌床栽培品が周年出回る。歯切れがよく、うま味と独特の風味があり、幅広く利用される。	生	08028	10 / 92.7	22	2.0	(0)	0.5
まつたけ 中1本=約30g 赤松に発生するきのこで、昔から秋の味覚として珍重され、香りと歯切れが格別で高価である。	生	08034	3 / 88.3	32	2.0	(0)	0.6

果実の色

　果実の緑色は葉緑素（クロロフィル）による。果実が成熟するにつれてクロロフィルが分解され、赤色や黄色に変化するものが多い。

　カロテノイドは、黄色ないし赤色をした水に不溶の色素で、ビタミンA効果がある。あんず、黄桃、かき、柑橘類、すいか、びわなどに含まれる。

　フラボノイドは、柑橘類に多く存在する無色または黄色の色素である。アントシアンは花青素とも呼ばれ、細胞液中に溶存している。ざくろ、いちご、さくらんぼ、桃、りんごなどの色がそうである。

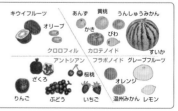

食物繊維総量 g 2.0	炭水化物 g 20.0	カルシウム mg 200	鉄 mg 2.0	β-カロテン当量 μg 200	レチノール活性当量 μg 50	ビタミンD μg 10.0	ビタミンE α-トコフェロール mg 2.0	ビタミンB₁ mg 0.20	ビタミンB₂ mg 0.20	ビタミンC mg 20	食塩相当量 g 2.0
6.9	14.2	41	0.3	240	20	(0)	3.4	0.07	0.10	160	0
4.9	12.5	67	0.2	26	2	(0)	1.6	0.07	0.07	100	0
Tr	8.6	7	0.1	6	1	(0)	0.1	0.04	0.02	50	0
2.6	13.4	26	0.3	53	4	(0)	1.3	0.01	0.02	71	0
0.3	9.5	4	0.2	830	69	(0)	0.1	0.03	0.02	10	0
1.1	22.5	6	0.3	56	5	(0)	0.5	0.05	0.04	16	0
0.5	10.4	6	0.2	140	12	(0)	0.2	0.05	0.02	25	0
1.3	10.2	4	0.1	5	Tr	(0)	0.7	0.01	0.01	8	0
1.4	15.5	3	0.1	15	1	(0)	0.1	0.02	Tr	4	0

食物繊維総量 g 2.0	炭水化物 g 20.0	カルシウム mg 200	鉄 mg 2.0	β-カロテン当量 μg 200	レチノール活性当量 μg 50	ビタミンD μg 10.0	ビタミンE α-トコフェロール mg 2.0	ビタミンB₁ mg 0.20	ビタミンB₂ mg 0.20	ビタミンC mg 20	食塩相当量 g 2.0
3.9	7.6	Tr	1.1	(0)	(0)	0.9	0	0.24	0.17	0	0
4.9	6.4	1	0.4	0	0	0.3	0	0.13	0.21	0	0
46.7	62.5	12	3.2	(0)	(0)	17.0	0	0.48	1.74	20	Tr
3.5	4.8	1	0.5	(0)	(0)	0.5	0	0.15	0.17	0	0
3.5	4.4	Tr	0.2	(0)	(0)	4.9	(0)	0.09	0.19	0	0
4.7	8.2	6	1.3	(0)	(0)	0.6	(0)	0.10	0.10	0	0

きのこの味と香りの成分

味の成分

　きのこの味の成分には，強いうま味を呈する5-グアニル酸がある。このほか，グルタミン酸などの遊離アミノ酸類，また糖類のトレハロース，グルコース，フルクトース，ガラクトース，糖アルコール類のD-アラビトール，D-マンニトール，グリセロール，イノシトール，さらに有機酸のリンゴ酸，クエン酸，コハク酸，フマル酸などが含まれ，各きのこ独特のうま味をつくっている。

香り，その他の成分

　きのこの香り成分としては，1-オクテン-3-オール（マツタケアルコール）や桂皮酸メチルが代表的で，何種もの香気成分が関与して独特の香気をかもし出している。また，歯ざわりやぬめりは，主に食物繊維による。

9 藻類

	食品番号	廃棄率 % 水分 g	エネルギー kcal 200	たんぱく質 g 20.0	コレステロール mg 100	脂質 g 20.0
まこんぶ 10cm角＝約10g 北海道が主産地。生のときはオリーブ色で，乾燥すると暗褐色になる。だしに用いるほか，煮物などにも使われる。	素干し 乾 09017	0 9.5	170	5.8	0	1.3
てんぐさ 角寒天1本＝7～8g てんぐさは，一般的に寒天製造の原藻となるまぐさ，おにくさ，おばくさなどの総称。 　角寒天は，てんぐさから熱水で粘質物を抽出し，凝固凍結脱水したもので，ようかんなどに使われる。 　粉寒天は，角寒天に比較して凝固力が強いとされている。	角寒天 09027	0 20.5	159	2.4	Tr	0.2
	粉寒天 09049	0 16.7	160	0.2	0	0.3
ひじき 小1＝約5g 褐藻で海水にぬれると黄褐色，空中にさらすと黒褐色になる。ほしひじきは原藻を蒸し煮にした後，乾燥したもの。	ほしひじき ステンレス釜 乾 09050	0 6.5	180	9.2	Tr	3.2
わかめ みそ汁1杯分＝5～10g 生のほか，乾燥品，塩蔵品など多様な形態で商品化されている。汁の実，酢の物，サラダなどに用いられる。	湯通し塩蔵わかめ 塩抜き 生 09045	0 93.3	13	1.5	0	0.3

10 魚介類

	食品番号	廃棄率 % 水分 g	エネルギー kcal	たんぱく質 g	コレステロール mg	脂質 g
まあじ 中1尾＝約100g 一年中出回るが，特に脂がのって美味なのが5～7月。味にくせがないので，利用範囲が広い。	皮つき 生 10003	55 75.1	112	19.7	68	4.5
いわし類 まいわし1尾＝約80g，煮干し1尾＝約1g 　まいわし，うるめいわし，かたくちいわしなどを総称していわしと呼ぶが，いわしといえばまいわしをさすことが多い。 　**まいわし**は，体側に7個の青黒い斑点があり，ナナツボシともいわれる。鮮度のよいものは刺し身やたたきなどに用いられる。また，塩焼き，しょうが煮，フライなどにも利用される。 　**煮干し**は，まいわし，かたくちいわしの幼魚を薄い食塩水で煮て乾燥させたもの。煮て干すので煮干しという。 　**田作り**は，かたくちいわしの幼魚の日干し乾燥品。これをからいりし，しょうゆ，砂糖，みりんをあめ状に煮詰めた液でからめたものはおせち料理の一つとして欠かせない。 　**しらす干し**はいわしの稚魚を食塩水でゆでて干したもの。関西ではちりめんじゃこという。	かたくちいわし 煮干し 10045	0 15.7	298	64.5	550	6.2
	かたくちいわし 田作り 10046	0 14.9	304	66.6	720	5.7
	まいわし 生 10047	60 68.9	156	19.2	67	9.2
	しらす干し 微乾燥品 10055	0 67.5	113	24.5	250	2.1
かつお類 削り節1C＝約10g かつおの加工品である削り節は，かつおぶし（かつおの身をゆでた後にいぶして乾燥させる）を薄く削ったもの。	加工品 削り節 10092	0 17.2	327	75.7	190	3.2
まがれい 1尾＝約200g 扁平な体で，目が右側にあるのが特徴。まがれいの旬は冬で，特に産卵前のこもちがれいが好まれる	生 10100	0 77.8	89	19.6	71	1.3
しろさけ 切り身1切れ＝60～80g 　**しろさけ**は，最も一般的なさけで漁獲時期によって，ときしらず，あきあじ，鼻曲がりと別名がある。肉は淡桃色で，味もよい。焼き物，揚げ物，蒸し物などに向く。 　**塩ざけ**は，しろさけの塩蔵品である。塩蔵すると身はかたくなり，生とは異なるうま味が生じる。 　**イクラ**はロシア語で魚卵のこと。さけの成熟卵を一粒ずつばらばらにほぐして塩漬けにする。粒に張りがあり，光沢のあるオレンジ色のものが新鮮。	生 10134	0 72.3	124	22.3	59	4.1
	塩ざけ 10139	0 63.6	183	22.4	64	11.1
	イクラ 10140	0 48.4	252	32.6	480	15.6

こんぶのうま味成分

　こんぶは，だし用として多く使われている。こんぶのうま味成分はグルタミン酸ナトリウムであり，含量も多い。日本料理では，かつおぶしとともに一番だし（混合だし）の材料となる。かつおぶしのイノシン酸ナトリウムとグルタミン酸ナトリウムの間には相乗効果があり，うま味が増強される。

わかめ

　わかめは産地によって外形が大きく異なり，北海道，三陸沿岸のものは，他の産地のものに比べて茎葉部が長く，成実葉は茎葉部の下方に付着し，葉状部の切込みが深い。十分に成長すると1～2mに達する。各地で養殖が盛んで，一般的には乾燥品に加工されるが，早春のやわらかいものは生で販売される。

食物繊維総量 g (2.0)	炭水化物 g (20.0)	カルシウム mg (200)	鉄 mg (2.0)	β-カロテン当量 μg (200)	レチノール活性当量 μg (50)	ビタミンD μg (10.0)	ビタミンE α-トコフェロール mg (2.0)	ビタミンB₁ mg (0.20)	ビタミンB₂ mg (0.20)	ビタミンC mg (20)	食塩相当量 g (2.0)
32.1	64.3	780	3.2	1600	130	(0)	2.6	0.26	0.31	29	6.6
74.1	74.1	660	4.5	(0)	(0)	(0)	0	0.01	0	0	0.3
79.0	81.7	120	7.3	0	0	(0)	0	0	Tr	0	0.4
51.8	58.4	1000	6.2	4400	360	(0)	5.0	0.09	0.42	0	4.7
3.2	3.4	50	0.5	210	17	(0)	0.1	0.01	0.01	0	1.4

食物繊維総量 g	炭水化物 g	カルシウム mg	鉄 mg	β-カロテン当量 μg	レチノール活性当量 μg	ビタミンD μg	ビタミンE α-トコフェロール mg	ビタミンB₁ mg	ビタミンB₂ mg	ビタミンC mg	食塩相当量 g
(0)	0.1	66	0.6	0	7	8.9	0.6	0.13	0.13	Tr	0.3
(0)	0.3	2200	18.0	(0)	(Tr)	18.0	0.9	0.10	0.10	(0)	4.3
(0)	0.3	2500	3.0	(0)	(Tr)	30.0	0.8	0.10	0.11	(0)	1.8
(0)	0.2	74	2.1	0	8	32.0	2.5	0.03	0.39	0	0.2
0	0.1	280	0.6	0	190	12.0	1.1	0.11	0.03	0	4.2
(0)	0.4	46	9.0	0	24	4	1.1	0.38	0.57	Tr	1.2
(0)	0.1	43	0.2	(0)	5	13.0	1.5	0.03	0.35	1	0.3
(0)	0.1	14	0.5	(0)	11	32.0	1.2	0.15	0.21	1	0.2
(0)	0.1	16	0.3	(0)	24	23.0	0.4	0.14	0.15	1	1.8
(0)	0.2	94	2.0	(0)	330	44.0	9.1	0.42	0.55	6	2.3

魚介類の分類

海水産魚類					淡水産魚類	貝類	軟体類	甲殻類	その他
近海回遊魚類	遠洋回遊魚類	沿岸魚類	底棲魚類	昇(降)河魚類					
あじ, いわし, かんぱち, きびなご, さば, さわら, さんま, とびうお, にしん, はまち, ひらまさ, ぶり	えい, かじき, かつお, さめ, しいら, まぐろ	いかなご, いさき, かます, このしろ, さより, しらうお, すずき, たかべ, はたはた, ふぐ	あいなめ, あなご, あんこう, いとより, かれい, ぎんだら, たい, たちうお, たら, はも, ひらめ	さけ, ます, うなぎ	あゆ, いわな, こい, ししゃも, どじょう, なまず, にじます, はぜ, ふな, やまめ, わかさぎ	あかがい, あさり, あわび, かき, さざえ, しじみ, とりがい, はまぐり, ほたてがい	いか, たこ	あみ, えび, かに, しゃこ	うに, くらげ, なまこ, ほや

9
10

10 魚介類

食品	説明	食品番号	廃棄率 %／水分 g	エネルギー kcal 200	たんぱく質 g 20.0	コレステロール mg 100	脂質 g 20.0
まさば 中1尾＝約800g	代表的な青背の魚。秋さばと称されるのは、脂がのった秋が旬のまさば。まさばの味が落ちる産卵期の夏場は、体表腹部に黒ごまのような斑点があるごまさばが出回る。さばの生き腐れといわれるほど鮮度低下が早い。 缶詰をはじめ、塩干物、さば節などの加工品も多い。缶詰は、骨まで食べられるためカルシウムが豊富。	生 10154	50／62.1	211	20.6	61	16.8
		水煮 10155	0／57.4	253	22.6	80	22.6
ししゃも 1尾＝約22g	海で育ち、10月ごろに産卵のため川をさかのぼる。肉は淡白で、子持ちの雌がおいしい。	生干し 生 10180	10／67.6	152	21.0	230	8.1
まだい 中1尾＝400〜500g	桃色で長円形の姿が特徴。肉はかたい白身で、美味。冬から春が旬。縁起のよい魚として祝儀に用いる。	天然 生 10192	50／72.2	129	20.6	65	5.8
かずのこ 1本＝20〜30g	にしん（青背の魚）の卵巣の塩漬けがかずのこ。流通しているものの大部分は輸入品である。	生 10222	／66.1	139	25.2	370	6.7
ぶり 切り身1切れ＝80〜100g、刺し身1切れ＝約15g	成長に応じて呼び名が変わる出世魚。全長1m前後の成魚がぶり。冬が旬で、濃厚な味で脂ののった寒ぶりは美味。	成魚 生 10241	0／59.6	222	21.4	72	17.6
まぐろ類 刺し身1切れ＝約20g	まぐろは、くろまぐろを指す場合と、くろまぐろ、めばち、きはだ、みなみまぐろ、びんながを総称する場合がある。 くろまぐろは、わが国で食されているまぐろのうちで最も美味で値段も高いので、まぐろの中のまぐろという意味でほんまぐろと呼ばれる。腹側の脂質の多い部分はトロ（大トロ、中トロ）と呼ばれ、背側の赤身に比べて高い。 水煮や油漬の缶詰は、そのまま食べてもよいし、料理素材としても手軽に利用できる。肉色が白いびんながを用いたものがホワイト、加熱すると明るい桃色になるきはだを用いたものがライトと呼ばれている。	くろまぐろ 天然 赤身 生 10253	0／70.4	115	26.4	50	1.4
		くろまぐろ 天然 脂身 生 10254	0／51.4	308	20.1	55	27.5
		缶詰 油漬 フレーク ライト 10263	0／59.1	265	17.7	32	21.7
あさり むき身1個＝約5g	淡水が混じる河口や浅瀬の砂泥地に生息している。一年中採取されるが、冬から春にかけてが旬で最もおいしい。	生 10281	60／90.3	27	6.0	40	0.3
あわび むき身1個＝250〜300g	生食する場合は、塩で洗って身をしめ、コリコリした感触を楽しむ。加熱すると肉質はやわらかくなる。	くろあわび 生 10427	55／79.5	76	14.3	110	0.8
かき むき身1個＝約40g	一般に出回っているものは、各地の内湾で養殖されているまがきである。各種栄養素をバランスよく含む。	養殖 生 10292	75／85.0	58	6.9	38	2.2
しじみ 殻付き1C＝約170g	淡水または汽水（半海水）域に生息している。カルシウムのほか、鉄、ビタミンB₂を多く含む。	生 10297	75／86.0	54	7.5	62	1.4
しばえび 1尾＝約10g	体長が13cm前後の小型のえび。かつて東京の芝浦で多く漁獲されたことが和名の由来である。	生 10328	50／79.3	78	18.7	170	0.4
毛がに 1ぱい＝約500g	主として食用にする脚肉は、加熱によってほぐれやすくなり、味もよくなるので、ゆでたものを二杯酢で食べることが多い。	生 10333	70／81.9	67	15.8	47	0.5
するめいか 生1ぱい＝250〜300g	体が細長く、菱形のひれ（エンペラ）をもつ。日本では古来から食用として親しまれてきた。	生 10345	30／80.2	76	17.9	250	0.8

優れた生理機能をもつ魚の脂質

　魚の脂質には、エイコサペンタエン酸（EPA）やドコサヘキサエン酸（DHA）という多価不飽和脂肪酸が多く含まれている。EPAやDHAは血栓症の予防に効果があるといわれ、DHAは脳の活性化に関連があると注目を集めている。これらの脂肪酸は、畜肉や植物油にはほとんど含まれない。青背の魚は、脂質含量が高いので、EPAやDHAの重要な供給源である。ただし、魚油は酸化しやすいので、注意する。

各食品の脂質の脂肪酸組成（%）

食品	リノール酸	アラキドン酸	EPA	DHA
まいわし	1.3	1.5	11.2	12.6
かつお	1.8	1.8	8.5	20.7
さば	1.1	1.5	5.7	7.9
さんま	1.4	0.5	6.7	10.2
ぶり	1.5	1.3	7.5	13.8
まぐろ	1.1	2.2	3.6	16.0
まだい	1.1	1.9	6.7	13.8
牛肉	2.8	0.1	0	0
ぶた肉	10.3	0.4	0	0.1
とりもも肉	12.5	0.6	Tr	0.1
大豆油	53.5	0	0	0

食物繊維総量 g	炭水化物 g	カルシウム mg	鉄 mg	β-カロテン当量 μg	レチノール活性当量 μg	ビタミンD μg	ビタミンE α-トコフェロール mg	ビタミンB₁ mg	ビタミンB₂ mg	ビタミンC mg	食塩相当量 g
2.0	20.0	200	2.0	200	50	10.0	2.0	0.20	0.20	20	2.0
(0)	0.3	6	1.2	1	37	5.1	1.3	0.21	0.31	1	0.3
(0)	0.3	7	1.3	0	31	4.3	2.0	0.25	0.30	0	0.2
(0)	0.2	330	1.6	6	100	0.6	0.8	0.02	0.25	1	1.2
(0)	0.1	11	0.2	0	8	5	1.0	0.09	0.05	1	0.1
(0)	0.2	50	1.2	(0)	15	13.0	5.1	0.15	0.22	Tr	0.8
(0)	0.3	5	1.3	(0)	50	8	2.0	0.23	0.36	2	0.1
(0)	0.1	5	1.1	0	83	5	0.8	0.10	0.05	2	0.1
(0)	0.1	7	1.6	0	270	18.0	1.5	0.04	0.07	4	0.2
(0)	0.1	4	0.5	0	8	2	2.8	0.01	0.03	0	0.9
(0)	0.4	66	3.8	22	4	0	0.4	0.02	0.16	1	2.2
(0)	3.6	25	2.2	17	1	(0)	0.3	0.15	0.09	1	1.1
(0)	4.9	84	2.1	6	24	0.1	1.3	0.07	0.14	3	1.2
(0)	4.5	240	8.3	100	33	0.2	1.7	0.02	0.44	2	0.4
(0)	0.1	56	1.0	20	4	(0)	1.7	0.02	0.06	2	0.6
(0)	0.2	61	0.5	(0)	(Tr)	(0)	2.2	0.07	0.23	Tr	0.6
(0)	0.1	11	0.1	0	13	0.3	2.1	0.07	0.05	1	0.5

10

白身魚と赤身魚

　魚は，肉の色によって，白身魚と赤身魚に分類される。赤色はミオグロビンという色素による。

　白身魚は，一般に味が淡白である。刺し身はふぐやたい，ひらめのようにかたい。しかし，加熱すると肉がやわらかく，ほぐれやすくなる。一方，赤身魚は白身魚より味が濃厚である。生肉はねっとりとやわらかいが，加熱するとかたくしまる。

魚介類の発酵食品

　なれずしは，えらや内臓を取り除いて塩漬けした川魚を，米飯と一緒に貯蔵した食品である。飯の乳酸発酵を利用して，魚肉の保存性を高めている。強い発酵臭と独特の酸味がある。滋賀県のふなずしが有名。ほかにも，日本には伝統的な魚の発酵食品が数多くある。
- ●塩を加えて発酵させる食品
　塩辛，くさや
- ●塩と他の食品を組み合わせて発酵させる食品
　なれずし，いずし，ぬか漬（ふぐ，さんまなど）

10 魚介類

まだこ
足中1本＝約150g

新鮮なものは生のまま刺し身にする。ゆでるときは塩をまぶしてこすり、ぬめりと汚れを除いて、さっとゆがく。

水産練り製品
蒸しかまぼこ1本＝110〜250g
はんぺん1枚＝80〜120g
さつま揚げ1枚＝30〜60g

魚肉に食塩を加えてすりつぶし、糊状のすり身をつくる。これを加熱すると弾力のあるゲル状の食品が得られる。この原理によってつくられた食品を水産練り製品、または魚肉練り製品という。加熱方法、副材料、形状などの違いにより、多種多様な製品がある。
原材料はぐち、えそ、はも、とびうお、かれい、すけとうだらなどの白身魚が多く、これらのすり身からは弾力の強い製品ができる。現在はすけとうだらの冷凍すり身が主原料になっている。

食品番号	廃棄率 %／水分 g	エネルギー kcal (200)	たんぱく質 g (20.0)	コレステロール mg (100)	脂質 g (20.0)
生					
10361	15 / 81.1	70	16.4	150	0.7
蒸しかまぼこ					
10379	0 / 74.4	93	12.0	15	0.9
はんぺん					
10385	0 / 75.7	93	9.9	15	1.0
さつま揚げ					
10386	0 / 67.5	135	12.5	20	3.7

11 肉類

うし
ばら焼肉用1枚＝15〜20g

牛肉は、食肉のうち世界で最も多く食べられている。肉用牛と乳用牛に分けられるが、乳用牛も食肉として利用される。
和牛は、日本在来の牛を明治以降輸入された肉用牛と交配し、改良されたものである。味のよい和牛としては但馬牛、近江牛、米沢牛などが有名である。
日常よく食べられているのは、乳用肥育雄牛である。肥育とは、特定の飼育期間に栄養に富んだ飼料を与えて肉量を増やし、肉質を改善することである。
かたは、腕を中心とした部位。運動量の多い部分なので肉はかたく、脂肪が少ない。
ばらは、腹側の肉でカルビとも呼ばれる。赤身肉と脂肪が交互に層になっている。
ももは、腰から大腿部にかけての部位。内側はきめの粗い赤身肉で、肉質はやわらかい。
牛は内臓から尾まですべて食べられる。内臓は、くせはあるが味はバラエティに富み、若い牛肉ほど臭みやくせがなく、食べやすい。
肝臓はレバーとも呼ばれる。肉類の中で鉄、ビタミンB₂、ビタミンCが多い部位である。

食品番号	廃棄率 %／水分 g	エネルギー kcal (200)	たんぱく質 g (20.0)	コレステロール mg (100)	脂質 g (20.0)
和牛肉 かた 皮下脂肪なし 生					
11005	0 / 60.7	239	18.3	71	19.8
和牛肉 ばら 脂身つき 生					
11018	0 / 38.4	472	11.0	98	50.0
和牛肉 もも 皮下脂肪なし 生					
11020	0 / 63.4	212	20.2	73	15.5
ひき肉 生					
11089	0 / 61.4	251	17.1	64	21.1
肝臓 生					
11092	0 / 71.5	119	19.6	240	3.7

ぶた [大型種肉]
ロースとんかつ用1枚＝100〜150g

現在流通している豚肉は大型種が主で、ランドレース種、大ヨークシャー種、デュロック種などである。一般的に生後6〜8か月、体重90〜100kgの豚を屠殺する。豚肉は、他の食肉に比べて概して脂質含量が高いため、たんぱく質、水分などの含量が低い。
豚肉の成分は、部位による差が著しく、ばら肉の脂質含量はもも肉の2倍程度ある。脂肪分は、リノール酸など不飽和脂肪酸の含量が多く、コレステロール値は低い。また、ビタミンB₁も多い。不飽和脂肪酸が多いため、牛肉より脂肪が酸化されやすく、保存性が劣る。
ロースは、豚の背中の筋肉部位の肉をさす。肉の表面は厚い脂肪におおわれるが、肉には脂肪の差しの少ないものがよい。ロースの名称は料理法のroast、あぶり焼きに由来するといわれ、脂肪層とともに肉をローストすると脂肪の風味が加味されて、よりおいしくなる。
ばらは、豚の腹側部位の肉をさす。脂肪と赤身肉が層状になっているため、別名を三枚肉ともいう。
ももは、豚のでん部からももの内側の部位をさす。市販品は、脂肪が除かれているので、脂肪含量の少ない赤身肉で、肉質もそれほどかたくない。
ヒレは、豚ではロースの内側の筋肉部位の肉を指す。脂肪におおわれているが、ヒレの赤身肉には脂肪は少なく、きめは細かく、全部位中最もやわらかい。脂肪が少ないため、加熱しすぎると身が締まってかたくなり、まずくなる。

食品番号	廃棄率 %／水分 g	エネルギー kcal (200)	たんぱく質 g (20.0)	コレステロール mg (100)	脂質 g (20.0)
かた 皮下脂肪なし 生					
11116	0 / 69.8	158	19.7	64	9.3
かたロース 皮下脂肪なし 生					
11120	0 / 65.1	212	17.8	69	16.0
ロース 皮下脂肪なし 生					
11126	0 / 65.7	190	21.1	61	11.9
ばら 脂身つき 生					
11129	0 / 49.4	366	14.4	70	35.4
もも 皮下脂肪なし 生					
11131	0 / 71.2	138	21.5	66	6.0
ヒレ 赤肉 生					
11140	0 / 73.4	118	22.2	59	3.7

魚肉は畜肉より、なぜやわらかい？

魚肉は、畜肉と同様に、細長い筋繊維が集まった筋肉（横紋筋）である。筋肉を構成するたんぱく質は水溶性、塩溶性、不溶性の3つに大別される。同じ筋肉でありながら、魚肉が畜肉よりやわらかいのは、筋肉の成分や構造が次のように異なるからである。

魚肉と畜肉のたんぱく質組成の比較

	魚肉	畜肉
筋形質たんぱく質（水溶性）	25%	25%
筋原繊維たんぱく質（塩溶性）	70%	50%
肉基質たんぱく質（不溶性）	5%以下	25%

● 魚肉の肉基質たんぱく質（コラーゲン）は畜肉より低温で可溶化
コラーゲンは、加熱すると溶解して、筋繊維間の結着力を弱める。そして、肉はほぐれやすくなる。
● 魚肉の筋繊維は畜肉より短い
筋繊維が薄い隔膜で分断されている。この隔膜が存在するため、魚肉は加熱すると層状にはがれてくる。

食物繊維総量 g 2.0	炭水化物 g 20.0	カルシウム mg 200	鉄 mg 2.0	β-カロテン当量 μg 200	レチノール活性当量 μg 50	ビタミンD μg 10.0	ビタミンE α-トコフェロール mg 2.0	ビタミンB₁ mg 0.20	ビタミンB₂ mg 0.20	ビタミンC mg 20	食塩相当量 g 2.0
(0)	0.1	16	0.6	(0)	5	(0)	1.9	0.03	0.09	Tr	0.7
(0)	9.7	25	0.3	(0)	(Tr)	2	0.2	Tr	0.01	0	2.5
(0)	11.4	15	0.5	(0)	(Tr)	Tr	0.4	Tr	0.01	(0)	1.5
(0)	13.9	60	0.8	(0)	(Tr)	1	0.4	0.05	0.10	(0)	1.9

食物繊維総量 g 2.0	炭水化物 g 20.0	カルシウム mg 200	鉄 mg 2.0	β-カロテン当量 μg 200	レチノール活性当量 μg 50	ビタミンD μg 10.0	ビタミンE α-トコフェロール mg 2.0	ビタミンB₁ mg 0.20	ビタミンB₂ mg 0.20	ビタミンC mg 20	食塩相当量 g 2.0
(0)	0.3	4	0.8	Tr	Tr	0	0.4	0.08	0.22	1	0.1
(0)	0.1	4	1.4	Tr	3	0	0.6	0.04	0.11	1	0.1
(0)	0.6	4	2.7	0	0	0	0.2	0.09	0.21	1	0.1
(0)	0.3	6	2.4	11	13	0.1	0.5	0.08	0.19	1	0.2
(0)	3.7	5	4.0	40	1100	0	0.3	0.22	3.00	30	0.1
(0)	0.2	4	0.4	0	4	0.2	0.3	0.71	0.25	2	0.1
(0)	0.1	4	0.5	0	6	0.3	0.4	0.66	0.25	2	0.1
(0)	0.3	5	0.3	0	5	0.1	0.3	0.75	0.16	1	0.1
(0)	0.1	3	0.6	0	11	0.5	0.5	0.51	0.13	1	0.1
(0)	0.2	4	0.7	0	3	0.1	0.3	0.94	0.22	1	0.1
(0)	0.3	3	0.9	(0)	3	0.3	0.3	1.32	0.25	1	0.1

日本の食肉文化

日本では，肉食を罪悪視する仏教などの影響で，江戸時代までは家畜を食べる習慣はなかったと言われている。

縄文・弥生時代の遺跡から，古代日本人はシカやイノシシの肉を食べていたことがわかる。奈良時代に仏教が渡来してから，牛，豚，鶏などを殺して食べることは禁じられた。それでも，地方によっては野生のシカなどが食べられ，江戸時代後期には肉を売る店が現れた。

牛肉，豚肉などの家畜が食べられるようになったのは明治の文明開化以後で，肉食の習慣が一般に普及したのは1950年代以降である。

1世帯あたりの肉類の年間支出額

（円）　■生鮮肉　■加工肉（ハム，ソーセージなど）

年	生鮮肉	加工肉
1995	69,471	18,803
2000	63,164	17,976
2005	59,347	16,022
2010	59,543	16,754
2015	71,000	18,367
2020	79,947	19,126

（総務省「家計調査報告」2020年）

11 肉類

ぶた

ロースハム1枚＝約15g
ベーコン1枚＝約20g
ウインナーソーセージ＝約20g

牛と同様に内臓も大部分を利用する。牛の内臓と比べて，味は淡白でやわらかい。

肝臓（通称レバー）は，1頭の豚から約1kgほど得られる暗赤褐色の塊で，たんぱく質に富み，脂質は少ない。ビタミンAや鉄の含有量が多く，ビタミン，ミネラルの宝庫である。

ハムは，もともも肉（英語でham）を加工したことからこの名がついた。現在は，部位ごとに名称が異なる（例：ロースハム，ショルダーハムなど）。ロースハムは，豚ロース肉を整形，塩漬けして，ケーシングなどで包装したのち，燻煙，湯煮または蒸し煮してつくられる。

ベーコンは，豚肉を塩漬け加工したものの総称。現在は主に豚ばら肉を用いる。ばら肉を整形し，塩漬け後乾燥させ，燻煙してつくる。

ウインナーソーセージは，JASの規定でケーシングに羊腸を使用したもの，または太さが20mm未満のものとされている。オーストリアのウィーンが発祥でこの名がある。

ゼラチンは，動物の真皮や腱に含まれるコラーゲンや背中のオセインから分離精製される。主成分はたんぱく質で，水に溶けてふくらみ，低温でかたまる。ゼリー等，寄せ物料理に使う。

にわとり

むね1枚＝250〜300g
もも1枚＝200〜300g
ささみ1枚＝約40g

部位によって色や肉質，調理法が異なる。一般に白身の肉のほうが赤身のものより筋繊維がやわらかく，消化もよい。牛や豚に比べて脂肪が少なく，脂肪の融点も低く，味も淡白である。

むねは，胸の部分の肉で骨をとった正肉だけのものが一般的である。肉質はやわらかく，脂肪が少ないので，味は淡白である。

ももは，脚からももの付け根の部分。肉質は胸肉よりかたく，腱がある。動物は一般に，運動する部分の肉のほうが運動しない部分よりかたく，筋肉の色が濃い。もも肉が他の肉よりかたく色も濃いのはこのためである。脂肪が少なく，味にこくがある。

ささみは，胸の肉で手羽の内側にあり，形が笹の葉に似ている。牛，豚のひれに相当する部分で，肉質はやわらかい。脂肪が少なく，味は淡白である。

ひき肉は，表面積が大きくいたみやすいので，購入当日か翌日には調理したほうがよい。

肝臓は，きめが細かくくせがないので食べやすい。ビタミン類の宝庫でビタミンA，B₁，B₂，Cが多い。ミネラルでは鉄が多い。

食品番号	廃棄率 % / 水分 g	エネルギー kcal (200)	たんぱく質 g (20.0)	コレステロール mg (100)	脂質 g (20.0)
ひき肉 生 11163	0 / 64.8	209	17.7	74	17.2
肝臓 生 11166	0 / 72.0	114	20.4	250	3.4
ハム類 ロースハム 11176	0 / 61.1	211	18.6	61	14.5
ベーコン類 ばらベーコン 11183	0 / 45.0	400	12.9	50	39.1
ソーセージ類 ウインナーソーセージ 11186	0 / 52.3	319	11.5	60	30.6
ゼラチン 11198	0 / 11.3	347	87.6	2	0.3
若どり むね 皮なし 生 11220	0 / 74.6	105	23.3	72	1.9
若どり もも 皮つき 生 11221	0 / 68.5	190	16.6	89	14.2
若どり ささみ 生 11227	5 / 75.0	98	23.9	66	0.8
ひき肉 生 11230	0 / 70.2	171	17.5	80	12.0
肝臓 生 11232	0 / 75.7	100	18.9	370	3.1

12 卵類

うずら卵

1個＝10〜12g

うずらは，採卵のためにわが国で家畜化された。大きさは鶏卵の約4分の1。鶏卵よりも鉄やビタミンA，B₁，B₂が多い。

鶏卵

中1個＝50〜70g
卵黄中1個＝約18g
卵白1個分＝32〜35g

卵黄，卵白，卵殻の重量比は3：6：1。白玉，赤玉の卵殻の色の違いからは，栄養成分の差は認められない。

卵黄には，卵の脂質，ビタミン，ミネラルのほとんどが含まれている。乳化性をもつ成分のレシチンが含まれているので，マヨネーズ製造に利用されている。

卵白は，新鮮卵では，濃厚卵白と水様卵白の比が6：4であり，古くなると濃厚卵白が減少し，水様卵白が増えてくる。起泡性にすぐれ，メレンゲやスポンジケーキに利用される。

食品番号	廃棄率 % / 水分 g	エネルギー kcal (200)	たんぱく質 g (20.0)	コレステロール mg (100)	脂質 g (20.0)
全卵 生 12002	15 / 72.9	157	12.6	470	13.1
全卵 生 12004	14 / 75.0	142	12.2	370	10.2
卵黄 生 12010	0 / 49.6	336	16.5	1200	34.3
卵白 生 12014	0 / 88.3	44	10.1	1	Tr

肉をやわらかくする4つの方法

❶肉繊維を細かくする（ひき肉）。肉たたきでたたく。繊維に対して直角に薄切りにする。

❷調理前に肉をレモン汁，酢，ワインなどに浸す。肉を酸性にすると，肉のたんぱく質の保水性がよくなり，加熱しても水分を保ち，やわらかい肉になる。

❸しょうが，パパイアなどの汁に漬ける。これらに含まれるたんぱく質分解酵素によりやわらかくなる。

❹長時間，汁のなかで煮る。肉基質たんぱく質が可溶化する。

食物繊維総量 g 2.0	炭水化物 g 20.0	カルシウム mg 200	鉄 mg 2.0	β-カロテン当量 μg 200	レチノール活性当量 μg 50	ビタミンD μg 10.0	ビタミンE α-トコフェロール mg 2.0	ビタミンB₁ mg 0.20	ビタミンB₂ mg 0.20	ビタミンC mg 20	食塩相当量 g 2.0
(0)	0.1	6	1.0	0	9	0.4	0.5	0.69	0.22	1	0.1
(0)	2.5	5	13.0	Tr	13000	1.3	0.4	0.34	3.60	20	0.1
0	2.0	4	0.5	0	3	0.2	0.1	0.70	0.12	25	2.3
(0)	0.3	6	0.6	(0)	6	0.5	0.6	0.47	0.14	35	2.0
0	3.3	6	0.5	Tr	2	0.4	0.4	0.35	0.12	32	1.9
(0)	0	16	0.7	(0)	(0)	0	0	(0)	(0)	(0)	0.7
(0)	0.1	4	0.3	0	9	0.1	0.3	0.10	0.11	3	0.1
(0)	0	5	0.6	-	40	0.4	0.7	0.10	0.15	3	0.2
(0)	0.1	4	0.3	Tr	5	0	0.7	0.09	0.11	3	0.1
(0)	0	8	0.8	0	37	0.1	0.9	0.09	0.17	1	0.1
(0)	0.6	5	9.0	30	14000	0.2	0.4	0.38	1.80	20	0.2

食物繊維総量 g	炭水化物 g	カルシウム mg	鉄 mg	β-カロテン当量 μg	レチノール活性当量 μg	ビタミンD μg	ビタミンE mg	ビタミンB₁ mg	ビタミンB₂ mg	ビタミンC mg	食塩相当量 g
(0)	0.3	60	3.1	16	350	2.5	0.9	0.14	0.72	(0)	0.3
0	0.4	46	1.5	7	210	3.8	1.3	0.06	0.37	0	0.4
0	0.2	140	4.8	24	690	12.0	4.5	0.21	0.45	0	0.1
0	0.5	5	Tr	0	0	0	0	0	0.35	0	0.5

卵の調理性

付着性（粘着性）	熱凝固性	界面活性	
		起泡性	乳化性
生卵は、そのままでたんぱく質の強い粘りをもつ。加熱、食塩・砂糖を添加するとさらにその性質が強まる。 ハンバーグ，しめ卵，鶏卵素麺 など	卵白は58℃で凝固し始めるが、しっかりかたまるのは70〜80℃である。卵黄は62℃以上で粘りがでて，70℃までに凝固する。水分で薄めても凝固する。 かたゆで卵，温泉卵，卵豆腐 など	かくはんすると起泡するたんぱく質を含む。 スポンジケーキ，フリッター，メレンゲ など	卵黄の脂肪中に含まれるレシチンは親水基と疎水基をもつ。そのはたらきで、本来混じり合わない水と油を乳化する。 マヨネーズ など

11

12

13 乳類

食品	説明	食品番号	廃棄率 % / 水分 g	エネルギー kcal (200)	たんぱく質 g (20.0)	コレステロール mg (100)	脂質 g (20.0)
普通牛乳 1C=約210g	一般に市販されている牛乳で，生乳を殺菌しただけのものをいう。無脂乳固形分8.0%以上，乳脂肪分3.0%以上とされる。	13003	0 / 87.4	61	3.3	12	3.8
加工乳 1C=約210g 低脂肪	加工乳とは，生乳または脱脂乳やクリーム等の乳製品を原料として加工した飲料。「低脂肪」や「濃厚」がある。	13005	0 / 88.8	42	3.8	6	1.0
乳児用調整粉乳 小1=約2g	生乳や牛乳などを主原料とし，乳幼児に必要な栄養素を加えて粉末状にしたもの。育児用粉ミルクとも呼ばれる。	13011	0 / 2.6	510	12.4	63	26.8
クリーム 小1=約5g 乳脂肪	本来は乳脂肪のみの製品であるが，一部またはすべてを植物性脂肪で置き換えた製品もある。	13014	0 / 48.2	404	1.9	64	43.0
ヨーグルト 100mL=約100g 全脂無糖	牛乳等に乳酸菌を加えて発酵させ，酸によりカゼインを凝固させた発酵乳。無脂乳固形分8%以上。	13025	0 / 87.7	56	3.6	12	3.0
チーズ類 プロセスチーズ（6Pチーズ）1個=15～20g ナチュラルチーズ モッツァレラ	乳に乳酸菌や凝乳酵素を加えてできた凝乳から水分を除去したもの。ナチュラルチーズとプロセスチーズに大別される。**ナチュラルチーズ**は世界各地で伝統的な手法があり，それぞれに特徴的な名称がつけられている。	13056	0 / 56.3	269	18.4	62	19.9
プロセスチーズ	**プロセスチーズ**は，ナチュラルチーズを砕いて粉にし，加熱溶融し，乳化し型につめて成型したものである。	13040	0 / 45.0	313	22.7	78	26.0
アイスクリーム 中カップ1個=約80g 普通脂肪	乳または乳製品を原料とし，糖類，安定剤，乳化剤および空気を十分含むように加え，凍結させて製造される。乳脂肪8%以上。	13043	0 / 63.9	178	3.9	53	8.0
人乳	母乳は，乳児の発育に最も適した栄養源である。出産後数日間の初乳は，新生児に必要な免疫物質が多い。	13051	0 / 88.0	61	1.1	15	3.5

14 油脂類

食品	説明	食品番号	廃棄率 % / 水分 g	エネルギー kcal	たんぱく質 g	コレステロール mg	脂質 g
オリーブ油 大1=12g	主に地中海沿岸のオリーブの果肉から採油される。オリーブ油中の脂肪酸の約70%はオレイン酸で，他の食用油に比べて酸化しにくい。	14001	0 / 0	894	0	0	100
ごま油 大1=12g	ごまの種子に含まれる油を抽出してつくられる。脂肪酸中50%近くをリノール酸が占め，良質である。	14002	0 / 0	890	0	0	100
調合油 大1=12g	2種類以上の油を混合してつくられる。天ぷら油やサラダ油は調合することで料理の目的に合った油に仕上がる。	14006	0 / 0	886	0	2	100
なたね油 大1=12g	なたねの種子から採油される。日本では食用油として古くから重要であり，消費量も多い。オレイン酸の含有量が多い。	14008	0 / 0	887	0	2	100
牛脂 1C=約170g	別名ヘット。牛の脂肪組織や付随筋肉，骨から溶かし出したもの。融点が40～50℃と高いので，口中で溶けにくい。	14015	0 / Tr	869	0.2	100	99.8
ラード 1C=約170g	別名豚脂。豚の皮下脂肪組織や腎臓などの特定の内臓の蓄積脂肪から分離したもの。	14016	0 / 0	885	0	100	100

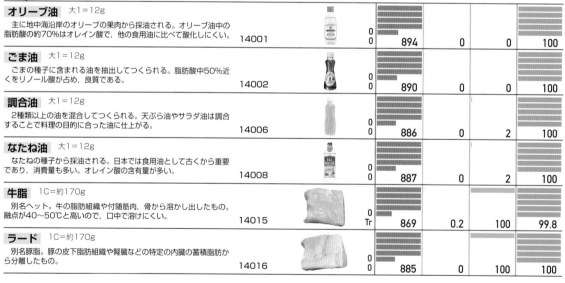

牛乳の成分

牛乳 ┬ 水分
　　　└ 全乳固形分 ┬ 乳脂肪 ┬ たんぱく質
　　　　　　　　　　└ 無脂乳固形分 ├ 乳糖
　　　　　　　　　　　　　　　　　　├ 無機質
　　　　　　　　　　　　　　　　　　├ ビタミン
　　　　　　　　　　　　　　　　　　└ その他

●殺菌
135～150℃　ＬＬ牛乳　1～3秒　85℃ 予備加熱
120～130℃　超高温殺菌（UHT）1～3秒
72～85℃　高温短時間殺菌（HTST）15秒
75℃　高温長時間殺菌（HTLT）15分
62～65℃　低温長時間殺菌（LTLT）30分

食物繊維総量 g (2.0)	炭水化物 g (20.0)	カルシウム mg (200)	鉄 mg (2.0)	β-カロテン当量 μg (200)	レチノール活性当量 μg (50)	ビタミンD μg (10.0)	ビタミンE α-トコフェロール mg (2.0)	ビタミンB₁ mg (0.20)	ビタミンB₂ mg (0.20)	ビタミンC mg (20)	食塩相当量 g (2.0)
(0)	4.8	110	0.02	6	38	0.3	0.1	0.04	0.15	1	0.1
(0)	5.5	130	0.1	3	13	Tr	Tr	0.04	0.18	Tr	0.2
(0)	55.9	370	6.5	85	560	9.3	5.5	0.41	0.72	53	0.4
0	6.5	49	0.1	110	160	0.3	0.4	0.02	0.13	0	0.1
(0)	4.9	120	Tr	3	33	0	0.1	0.04	0.14	1	0.1
(0)	4.2	330	0.1	-	-	0.2	0.6	0.01	0.19	-	0.2
(0)	1.3	630	0.3	230	260	Tr	1.1	0.03	0.38	0	2.8
0.1	23.2	140	0.1	30	58	0.1	0.2	0.06	0.20	Tr	0.3
(0)	7.2	27	0.04	12	46	0.3	0.4	0.01	0.03	5	0

食物繊維総量 g	炭水化物 g	カルシウム mg	鉄 mg	β-カロテン当量 μg	レチノール活性当量 μg	ビタミンD μg	ビタミンE α-トコフェロール mg	ビタミンB₁ mg	ビタミンB₂ mg	ビタミンC mg	食塩相当量 g
0	0	Tr	0	180	15	(0)	7.4	0	0	(0)	0
0	0	1	0.1	Tr	0	(0)	0.4	0	0	(0)	0
0	0	Tr	0	0	0	(0)	13.0	0	0	(0)	0
0	0	Tr	0	0	0	(0)	15.0	0	0	(0)	0
0	0	Tr	0.1	0	85	0	0.6	0	0	0	0
0	0	0	0	0	0	0.2	0.3	0	0	0	0

乳酸菌とは？

　糖類を発酵して乳酸をつくる菌類（乳酸かん菌，連鎖球菌など）を総称して，乳酸菌という。ヨーグルト，チーズ，発酵バター，乳酸菌飲料などを製造するときに利用されている。腸内運動を活発化させたり，有害菌の増殖をおさえ，有用菌とのバランスを整えたりしてくれる。ビフィズス菌にも同じはたらきがある。

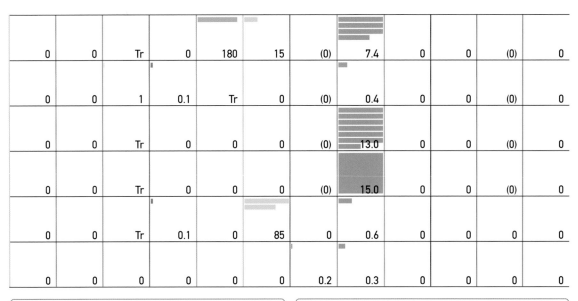

脂質摂取の内訳の推移 （厚生労働省「国民健康・栄養調査」より作成）

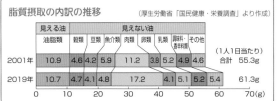

	見える油		見えない油								
	油脂類	穀類	豆類	魚介類	肉類	卵類	乳類	調味料・香辛料類	その他		（1人1日当たり）
2001年	10.9	4.6	4.2	5.9	11.2	3.8	5.2	4.9	4.6		合計 55.3g
2019年	10.7	4.7	4.1	4.8	17.2		4.1	5.1	5.2	5.4	61.3g

14 油脂類

	食品番号	廃棄率 % / 水分 g	エネルギー kcal (200)	たんぱく質 g (20.0)	コレステロール mg (100)	脂質 g (20.0)
バター類 大1＝12g バター類は，牛乳から分離したクリームの脂肪をかき混ぜて塊状に集め，それを練り上げてつくったもの。原料のクリームを乳酸菌で発酵させる発酵バターと，発酵させない無発酵バターに大別される。さらに，食塩を1〜2%添加した有塩バター，添加しない食塩不使用バター（無塩バター）がある。	無発酵バター 有塩バター 14017	0 16.2	700	0.6	210	81.0
	無発酵バター 食塩不使用バター 14018	0 15.8	720	0.5	220	83.0
マーガリン 大1＝約12g 動物性油脂や硬化油を精製して無臭にし，水，食塩，色素，乳化剤などを加えて練り，バター様の性状や風味をもたせたもの。	家庭用 有塩 14020	0 14.7	715	0.4	5	83.1

15 菓子類

	食品番号	廃棄率 % / 水分 g	エネルギー kcal (200)	たんぱく質 g (20.0)	コレステロール mg (100)	脂質 g (20.0)
カステラ 1切れ＝40〜60g 16世紀末，南蛮菓子として長崎に伝わった。小麦粉，卵，砂糖を用いて生地をつくり，木枠に入れて焼き上げる。	15009	0 (25.6)	312	(7.1)	(160)	(5.0)
大福もち 1個＝50〜100g 代表的なもち菓子。もち米（もち粉）を蒸してついた生地であんをつつんだもの。	つぶしあん入り 15155	0 (41.5)	223	(4.7)	0	(0.6)
しょうゆせんべい 1枚＝15〜20g 製粉したうるち米を用いて生地をつくり，型抜きして乾燥させ，しょうゆ等の調味液を塗って焼いたもの。	15060	0 (5.9)	368	(7.3)	0	(1.0)
ショートケーキ 1個＝60〜120g スポンジケーキを上下に2分し，泡立てて砂糖を加えたクリームと果物をはさみ，全体を飾ったもの。	いちご 15170	0 (35.0)	314	(6.9)	(140)	(14.7)
カスタードプリン 1個＝70〜100g 卵，砂糖，牛乳を用いてつくる菓子。カラメルソースを入れた容器に卵液を流し込んで，80〜85℃で約20分蒸す。	15086	0 (74.1)	116	(5.7)	(120)	(5.5)
ミルクチョコレート 1枚＝55〜100g カカオマスから調製されたカカオ素材を主材料に，砂糖，粉乳などを加えて製造する。	15116	0 0.5	551	6.9	19	34.1

16 し好飲料類

	食品番号	廃棄率 % / 水分 g	エネルギー kcal (200)	たんぱく質 g (20.0)	コレステロール mg (100)	脂質 g (20.0)
清酒 小1＝5g 米を原料とした日本の伝統的醸造酒。一定の条件に該当する酒のみに，吟醸酒，純米酒，本醸造酒などの特定名称が表示される。	本醸造酒 16003	0 82.8	106	0.4	0	0
ビール 大びん1本＝633mL 大麦麦芽とホップを原料とした発泡酒。ホップはビール特有の芳香と苦味を付けるために使用される。	淡色 16006	0 92.8	39	0.3	0	0
ぶどう酒 1本＝750mL ぶどうの液汁を酵母によって発酵させた醸造酒。 白ワインは，皮を除いた果汁のみを低温発酵させたもの。甘口，辛口があり，魚や鶏肉料理に合う。 赤ワインは，黒ぶどう，赤ぶどうを皮ごとつぶして発酵させたもので，果皮の色素が浸出するため赤くなる。牛肉などの赤身の肉料理に合う。	白 16010	0 88.6	75	0.1	(0)	Tr
	赤 16011	0 88.7	68	0.2	(0)	Tr
みりん 小1＝6g アルコール分12〜22%，糖分25〜38%の甘い酒。焼酎に蒸したもち米と米こうじを入れてつくる。調味に適する。	本みりん 16025	0 47.0	241	0.3	-	Tr

食用油脂の原料による分類

植物油			動物脂			加工油脂
種子油	果実油	胚芽油	動物脂	海産動物油脂	乳脂	人造油脂
大豆油 なたね油 ごま油 綿実油 ひまわり油 紅花油	オリーブ油	米油 とうもろこし油	牛脂 豚脂 羊脂 鶏油	鯨油 いわし油 にしん油	バター	マーガリン ショートニング

油脂の変敗を防ぐには

変敗とは，光，熱，空気，金属，微生物などにより油脂の品質が悪くなることで，味，におい，栄養上などで問題がある。このため，料理に使用した油を保存するときは，ろ過後，非金属の容器に入れ，ふたをして，低温で暗い場所に置くようにする。油を構成している脂肪酸のうち，オレイン酸は酸化しにくい性質があるので，オレイン酸含有量が多いオリーブ油などは比較的変敗しにくい。

食物繊維総量 g (2.0)	炭水化物 g (20.0)	カルシウム mg (200)	鉄 mg (2.0)	β-カロテン当量 μg (200)	レチノール活性当量 μg (50)	ビタミンD μg (10.0)	ビタミンE α-トコフェロール mg (2.0)	ビタミンB₁ mg (0.20)	ビタミンB₂ mg (0.20)	ビタミンC mg (20)	食塩相当量 g (2.0)
(0)	0.2	15	0.1	190	520	0.6	1.5	0.01	0.03	0	1.9
(0)	0.2	14	0.4	190	800	0.7	1.4	0	0.03	0	0
(0)	0.5	14	Tr	300	25	11.0	15.0	0.01	0.03	0	1.3

食物繊維総量 g	炭水化物 g	カルシウム mg	鉄 mg	β-カロテン当量 μg	レチノール活性当量 μg	ビタミンD μg	ビタミンE α-トコフェロール mg	ビタミンB₁ mg	ビタミンB₂ mg	ビタミンC mg	食塩相当量 g
(0.5)	(61.8)	(27)	(0.7)	(7)	(91)	(2.3)	(2.3)	(0.05)	(0.18)	0	(0.2)
(2.7)	(52.8)	(10)	(0.7)	0	0	0	(0.1)	(0.03)	(0.02)	0	(0.1)
(0.6)	(83.9)	(8)	(1.0)	0	0	0	(0.2)	(0.10)	(0.04)	0	(1.3)
(0.9)	(42.7)	(5)	(0.2)	(32)	(61)	(1.3)	(0.7)	(0.05)	(0.15)	(15)	0
0	(14.0)	(81)	(0.5)	(4)	(23)	(1.4)	(0.5)	(0.04)	(0.20)	(1)	(0.2)
3.9	55.8	240	2.4	37	66	1	0.7	0.19	0.41	(0)	0.2

食物繊維総量 g	炭水化物 g	カルシウム mg	鉄 mg	β-カロテン当量 μg	レチノール活性当量 μg	ビタミンD μg	ビタミンE α-トコフェロール mg	ビタミンB₁ mg	ビタミンB₂ mg	ビタミンC mg	食塩相当量 g
0	4.5	3	Tr	0	0	0	0	Tr	0	0	0
0	3.1	3	Tr	0	0	0	0	0	0.02	0	0
-	2.0	8	0.3	(0)	(0)	(0)	-	0	0	0	0
-	1.5	7	0.4	(0)	(0)	(0)	-	0	0.01	0	0
-	43.2	2	0	(0)	(0)	-	-	Tr	0	0	0

日本各地の名菓

広島 もみじまんじゅう
兵庫 瓦せんべい
石川 加賀宝生
新潟 笹だんご
岩手 南部せんべい
福岡 梅が枝もち
島根 源氏巻
京都 生八つ橋
長野 栗かのこ
埼玉 草加せんべい
福島 薄皮まんじゅう
鹿児島 かるかん
長崎 カステラ
愛知 二人静
東京 羽二重だんご
宮城 白松がもなか
沖縄 ちんすこう

16 し好飲料類

	食品番号	廃棄率 % 水分 g	エネルギー kcal 200	たんぱく質 g 20.0	コレステロール mg 100	脂質 g 20.0
玉露 浸出液1C=約200g 玉露は日本緑茶中の最高級品。鮮緑色で，良質のあおのりのような香りをもつ。まろやかな甘味とうま味がある。	浸出液 16034	0 97.8	5	1.3	(0)	(0)
紅茶 浸出液1C=約200g 生葉中の酵素をはたらかせ発酵・乾燥させた茶。タンニンを酸化させた赤黒色の茶で，芳香がある。	浸出液 16044	0 99.7	1	0.1	(0)	(0)
コーヒー 浸出液1C=約200g コーヒー樹の種子（コーヒー豆）をばい煎し，特有の香りを出させたもの。カフェインを含み，特有の苦みと渋みがある。	浸出液 16045	0 98.6	4	0.2	0	Tr
ココア 大1=約6g カカオ樹の実のカカオ豆をばい煎してから殻を除き，加熱後脱脂し，粉砕したもの。鉄，食物繊維を豊富に含む。	ピュアココア 16048	0 4.0	386	18.5	1	21.6
麦茶 浸出液1C=約200g 麦茶は大麦やハダカ麦を殻ごといって熱湯で煮出したもの。水に浸出させるティーバッグ型もある。いり麦のこうばしい香りが特徴。	浸出液 16055	0 99.7	1	Tr	(0)	(0)

17 調味料及び香辛料類

	食品番号	廃棄率 % 水分 g	エネルギー kcal 200	たんぱく質 g 20.0	コレステロール mg 100	脂質 g 20.0
ウスターソース類 大1=約16g トマト，たまねぎ，りんごなど，野菜や果実のしぼり汁，煮出し汁，ピューレーあるいはその濃縮物に砂糖，食塩，香辛料，カラメルなどを加えて調製した液体調味料で，塩味，酸味，辛味のほかに甘味なども含まれ，風味がある。 粘度の高い順に，濃厚ソース，中濃ソース，ウスターソースとされる。	ウスターソース 17001	0 61.3	122	1.0	-	0.1
	中濃ソース 17002	0 60.9	132	0.8	-	0.1
しょうゆ類 大1=18g 日本古来の発酵調味料で，塩味，うま味のほか，特有の色，香りをもつ。近年は外国でもソイソースとして使用されている。 **こいくちしょうゆ**は，色が濃く，香り，うま味が強い。 **うすくちしょうゆ**は，関西を中心に，素材を生かす煮物や吸い物に多く用いられる。こいくちに比べて色は薄く，香りは弱いが，塩分は多い。	こいくちしょうゆ 17007	0 67.1	77	7.7	(0)	0
	うすくちしょうゆ 17008	0 69.7	60	5.7	(0)	0
食塩 小1=6g 主成分は塩化ナトリウムで99％以上であるが，にがり分も残っている。精製塩，食塩，並塩の順に純度が高い。	17012	0 0.1	0	0	(0)	0
米酢 大1=15g 米酢は，米を原料としてでんぷんを糖化，アルコール発酵，酢酸発酵させてつくる醸造酢。うま味や独特の香りがある。	17016	0 87.9	59	0.2	(0)	0
かつおだし 1C=約200g 沸とう水に3％のかつお削り節を加え，再沸とう後に火を止め，上澄みをとったもの。吸い物などに用いる。	荒節 17019	0 99.4	2	0.4	0	Tr
固形ブイヨン 1個=約4g スープの素。肉エキスなどに糖類，食塩，うま味調味料を加え乾燥したもの。	17027	0 0.8	233	7.0	Tr	4.3
顆粒和風だし 小1=約3g うま味調味料と風味原料（かつお節，煮干し，昆布，貝柱などの粉末または抽出物）に，砂糖，食塩などを加え，乾燥し顆粒状にしたもの。	17028	0 1.6	223	24.2	23	0.3
トマトケチャップ 大1=15g トマトを裏ごしし濃縮したトマトピューレーに食塩，砂糖，食酢，香辛料などを加え，さらに濃縮したもの。	17036	0 66.0	106	1.6	0	0.2

カフェインと健康

カフェインは一種の興奮剤で，苦味のもとになる。その含有量はコーヒーより玉露，紅茶のほうが多いが，タンニンの関連で，その効果はコーヒーのほうが強い。

カフェインを少量とった場合，警戒心や集中力を高め，胃液の分泌を盛んにし，時には鎮静効果を示す。とりすぎると，刺激が過剰になり，動悸や不眠症といった症状が現れる場合もある。

アメリカでは，児童への影響を考慮して，コーラ飲料のカフェイン含有量を規制している。

●飲料浸出液のカフェイン含有（％）

種類	カフェイン	タンニン
玉露	0.16	0.23
せん茶	0.02	0.07
番茶	0.01	0.03
ほうじ茶	0.02	0.04
玄米茶	0.01	0.01
ウーロン茶	0.02	0.03
紅茶	0.03	0.10
コーヒー	0.06	0.25
インスタントコーヒー	4.0	12.0

食物繊維総量 g (2.0)	炭水化物 g (20.0)	カルシウム mg (200)	鉄 mg (2.0)	β-カロテン当量 μg (200)	レチノール活性当量 μg (50)	ビタミンD μg (10.0)	ビタミンE α-トコフェロール mg (2.0)	ビタミンB₁ mg (0.20)	ビタミンB₂ mg (0.20)	ビタミンC mg (20)	食塩相当量 g (2.0)
-	Tr	4	0.2	(0)	(0)	(0)	-	0.02	0.11	19	0
-	0.1	1	0	(0)	(0)	(0)	-	0	0.01	0	0
-	0.7	2	Tr	0	0	0	0	0	0.01	0	0
23.9	42.4	140	14.0	30	3	(0)	0.3	0.16	0.22	0	0
-	0.3	2	Tr	(0)	(0)	(0)	0	0	0	(0)	0

食物繊維総量 g	炭水化物 g	カルシウム mg	鉄 mg	β-カロテン当量 μg	レチノール活性当量 μg	ビタミンD μg	ビタミンE α-トコフェロール mg	ビタミンB₁ mg	ビタミンB₂ mg	ビタミンC mg	食塩相当量 g
0.5	27.1	59	1.6	47	4	(0)	0.2	0.01	0.02	0	8.5
1.0	30.9	61	1.7	87	7	(0)	0.5	0.02	0.04	(0)	5.8
(Tr)	7.9	29	1.7	0	0	(0)	0	0.05	0.17	0	14.5
(Tr)	5.8	24	1.1	0	0	(0)	0	0.05	0.11	0	16.0
(0)	0	22	Tr	(0)	(0)	(0)	-	(0)	(0)	(0)	99.5
(0)	7.4	2	0.1	0	0	(0)	-	0.01	0.01	0	0
0	0	2	Tr	0	0	0	0	Tr	0.01	0	0.1
0.3	42.1	26	0.4	0	0	Tr	0.7	0.03	0.08	0	43.2
0	31.1	42	1.0	0	0	0.8	0.1	0.03	0.20	0	40.6
1.7	27.6	16	0.5	510	43	0	2.0	0.06	0.04	8	3.1

調味料とは

　調味料は，食べ物の調理の際に用いられる場合と，食べるときに使用する場合がある。甘味をつける砂糖，みりん，酸味をつける食酢，塩味をつける塩，しょうゆ，みそなどが基本的なものであるが，この他にトマトケチャップ，マヨネーズ，ソース，風味調味料など，多くの調味料が使用されている。香辛料まで含めて調味料ということもある。
　食品成分表では，砂糖は「砂糖及び甘味類」，みりんは「し好飲料類」で扱い，その他のものが，「調味料及び香辛料類」としてまとめられている。

味の相互作用

相乗効果：昆布とかつお節の混合だしはうま味が強い。アミノ酸系うま味成分のグルタミン酸と核酸系のイノシン酸が混合されるとうま味は相乗的に増す。

対比効果：あんに少量の塩を入れると甘味が強まる。だし汁に少量の塩を入れるとうま味が強くなる。

相殺効果：夏みかんに砂糖，コーヒーに砂糖など，甘味は酸味や苦味を弱く感じさせる。

17 調味料及び香辛料類

	食品番号	廃棄率 %／水分 g	エネルギー kcal 200	たんぱく質 g 20.0	コレステロール mg 100	脂質 g 20.0
マヨネーズ 大1=12g サラダ油，食酢，卵，食塩，砂糖，こしょう，辛子などでつくる半固形状の調味料。卵黄のはたらきで酢と油を乳化してエマルジョン（乳濁液）とし，分離せずクリーム状となっている。全卵を用いた全卵型，卵黄のみを用いた卵黄型があり，卵黄型のほうが味が濃厚である。 全卵型	17042	0／16.6	669	1.4	55	76.0
卵黄型	17043	0／19.7	669	2.5	140	74.7
フレンチドレッシング 大1=約14g サラダ油などの植物性油と食酢または柑橘類の果汁に食塩，砂糖，香辛料などを加えてつくる調味料。 乳化液状	17149	0／(44.1)	376	(0.1)	(7)	(38.8)
みそ類 大1=18g 蒸した大豆に食塩と米，麦または大豆のこうじを混ぜて発酵，熟成させたもの。調味料であるとともに，古来から日本人にとって，貴重なたんぱく源でもあった。大豆たんぱく質の約30%はアミノ酸となって存在している。 米みそ 甘みそ	17044	0／42.6	206	9.7	(0)	3.0
米みそは，原料こうじに米こうじを用いたもの。甘みそはこうじの使用量が多く，塩分濃度は5〜7%。辛みその塩分濃度は11〜14%で，甘みその2倍くらい塩辛味が強い。 米みそ 赤色辛みそ	17046	0／45.7	178	13.1	(0)	5.5
麦みそは，原料こうじに大麦または裸麦でつくった麦こうじを用いたもの。 麦みそ	17047	0／44.0	184	9.7	(0)	4.3
練りマスタード 小1=約2g 練りマスタードは，からしに食酢，食塩，植物油脂等をまぜたものである。フレンチマスタードとも呼ばれる。	17059	0／65.7	175	4.8	(Tr)	10.6
こしょう 小1=約2g こしょうの実を乾燥したもの。黒こしょうは未熟な実からつくり，白こしょうは完熟後に外皮を除いてつくる。 黒 粉	17063	0／12.7	362	11.0	(0)	6.0
とうがらし 小1=約2g 辛味種の唐辛子を乾燥・粉砕したもので，強烈な辛味がある。焼き物，鍋物，めん類，汁物の薬味などに用いる。 粉	17073	0／1.7	412	16.2	(0)	9.7
酵母 乾燥小1=約7g イーストとも呼ばれる。パンづくりに用い，パン生地はイーストの発酵で発生する二酸化炭素によってふくらむ。 パン酵母 乾燥	17083	0／8.7	307	37.1	0	6.8

18 調理済み流通食品類

	食品番号	廃棄率 %／水分 g	エネルギー kcal 200	たんぱく質 g 20.0	コレステロール mg 100	脂質 g 20.0
とん汁 ぶた肉，だいこん，にんじん，こんにゃく，ごぼう等を煮込んで，みそで調味した汁物。ぶた汁ともいう。	18028	0／(94.4)	26	(1.5)	(3)	(1.5)
肉じゃが 牛肉，じゃがいも，玉ねぎなどを炒め，甘めのしょうゆ味で煮込んだもの。とり肉やぶた肉を用いる場合もある。	18036	0／(79.6)	78	(4.3)	(9)	(1.3)
ビーフカレー 牛肉を炒め，野菜とともにカレーソースで煮込んだもの。	18001	0／(78.5)	119	(2.4)	(10)	(9.0)
合いびきハンバーグ 合いびき肉にたまねぎ，パン粉，卵等を加え，楕円形にまとめて焼いたもの。	18050	0／(62.8)	197	(13.4)	(47)	(12.2)
ぎょうざ ひき肉とキャベツなどの野菜を加えたあんをぎょうざの皮でつつんだもの。焼いたり，蒸したりして食べる。	18002	0／(57.8)	209	(6.9)	(19)	(11.3)

みその分類

種類	味	名称（例）	材料の割合（重量） 大豆	米（麦）	食塩	色
米みそ	辛みそ	仙台みそ	1	0.6〜0.8	0.4〜0.5	赤
	辛みそ	信州みそ	1	0.7〜0.8	0.4〜0.45	淡黄
	甘みそ	西京みそ	1	1.8〜2.0	0.3〜0.5	白
麦みそ	辛みそ	田舎みそ	1	(1〜2)	0.5〜0.6	赤・淡黄
豆みそ	辛みそ	八丁みそ	1	−	0.2〜0.23	赤

香辛料の種類

種類	主な香辛料
辛味の香辛料	辛子，こしょう，わさび，さんしょう，唐辛子など
香りの香辛料	ナツメグ，ローリエ，シナモン，バニラ，八角など
色の香辛料	ターメリック（黄），パプリカ（赤），サフラン（橙黄）など
混合の香辛料	カレー粉，七味唐辛子，五香粉，チリパウダーなど

食物繊維総量 g 2.0	炭水化物 g 20.0	カルシウム mg 200	鉄 mg 2.0	β-カロテン当量 μg 200	レチノール活性当量 μg 50	ビタミンD μg 10.0	ビタミンE α-トコフェロール mg 2.0	ビタミンB₁ mg 0.20	ビタミンB₂ mg 0.20	ビタミンC mg 20	食塩相当量 g 2.0
(0)	3.6	8	0.3	1	24	0.3	13.0	0.01	0.03	0	1.9
(0)	0.6	20	0.6	3	54	0.6	11.0	0.03	0.07	0	2.0
0	(9.3)	(1)	(Tr)	0	(3)	(0.1)	(5.0)	(Tr)	(0.01)	(1)	(6.4)
5.6	37.9	80	3.4	(0)	(0)	(0)	0.3	0.05	0.10	(0)	6.1
4.1	21.1	130	4.3	(0)	(0)	(0)	0.5	0.03	0.10	(0)	13.0
6.3	30.0	80	3.0	(0)	(0)	(0)	0.4	0.04	0.10	(0)	10.7
-	13.1	71	1.8	54	4	(Tr)	1.2	0.14	0.04	Tr	3.0
-	66.6	410	20.0	180	15	(0)	-	0.10	0.24	(0)	0.2
-	66.8	110	12.0	8600	720	(0)	-	0.43	1.15	Tr	0
32.6	43.1	19	13.0	0	0	2.8	Tr	8.81	3.72	1	0.3

食物繊維総量 g 2.0	炭水化物 g 20.0	カルシウム mg 200	鉄 mg 2.0	β-カロテン当量 μg 200	レチノール活性当量 μg 50	ビタミンD μg 10.0	ビタミンE α-トコフェロール mg 2.0	ビタミンB₁ mg 0.20	ビタミンB₂ mg 0.20	ビタミンC mg 20	食塩相当量 g 2.0
(0.5)	(2.0)	(10)	(0.2)	(200)	(17)	(Tr)	(0.1)	(0.03)	(0.01)	(1)	(0.6)
(1.3)	(13.0)	(13)	(0.8)	(630)	(53)	0	(0.2)	(0.05)	(0.05)	(9)	(1.2)
(0.9)	(8.1)	(20)	(0.7)	(90)	(9)	0	(0.4)	(0.02)	(0.03)	(1)	(1.7)
(1.1)	(10.0)	(29)	(1.3)	(84)	(18)	(0.2)	(0.6)	(0.23)	(0.15)	(2)	(0.9)
(1.5)	(22.3)	(22)	(0.6)	(77)	(10)	(0.1)	(0.6)	(0.14)	(0.07)	(4)	(1.2)

17

18

マヨネーズのつくり方

【材料】
卵黄 …… 1個
酢 ……… 15mL
サラダ油 … 75〜150mL
塩 ……… 2g
砂糖 …… 1g
からし … 1g
こしょう … 少々

①ボウルに卵黄，塩，こしょう，からし，砂糖を入れ，よく混ぜる。
②酢の半量（大さじ1/2）を加えて混ぜる。
③混ぜながらサラダ油を少量ずつ加えて，更に混ぜる。
④最後に残りの酢を加えて混ぜる。あるいは，③で少しかたくなったら酢を少量加え，
　油と酢を交互に加えて混ぜてもよい。
　油と酢が卵黄の働きで乳化し，エマルジョンとなる。

市販食品・ファストフードの栄養成分

ビッグマック®
日本マクドナルド㈱

1食当たり（217g）

エネルギー	525kcal
たんぱく質	26.0g
脂質	28.3g
炭水化物	41.8g
カルシウム	143mg
鉄	2.2mg
ビタミンA	74μg
ビタミンB₁	0.17mg
ビタミンB₂	0.24mg
ビタミンC	2mg

食塩相当量2.6g，ナトリウム1007mg，カリウム372mg，リン275mg，ナイアシン4.4mg，コレステロール69mg，食物繊維2.6g

チキンマックナゲット®5ピース（バーベキューソース）
日本マクドナルド㈱

1食当たり（120g）

エネルギー	303kcal
たんぱく質	16.0g
脂質	17.3g
炭水化物	20.8g
カルシウム	12mg
鉄	0.6mg
ビタミンA	26μg
ビタミンB₁	0.10mg
ビタミンB₂	0.10mg
ビタミンC	2mg

食塩相当量1.8g，ナトリウム688mg，カリウム307mg，リン258mg，ナイアシン7.3mg，コレステロール63mg，食物繊維1.2g

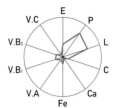

ハンバーガー
㈱ロッテリア

1食当たり

エネルギー	262kcal
たんぱく質	11.0g
脂質	10.8g
炭水化物	30.7g

食塩相当量1.2g

フレンチフライポテト（M）
㈱ロッテリア

1食当たり

エネルギー	278kcal
たんぱく質	3.2g
脂質	14.4g
炭水化物	34.8g

食塩相当量0.7g

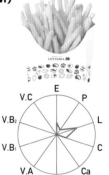

モスライスバーガー焼肉
㈱モスフードサービス

1食当たり（172.9g）

エネルギー	362kcal
たんぱく質	11.1g
脂質	10.4g
炭水化物	56.0g
カルシウム	14mg
鉄	0.6mg
ビタミンA	26μg
ビタミンB₁	0.03mg
ビタミンB₂	0.04mg
ビタミンC	2mg

コレステロール17mg，食物繊維1.3g食塩相当量1.4g，ナトリウム570mg，カリウム132mg，リン46mg，ナイアシン1.1mg，ビタミンD0.1μg，ビタミンE0.4mg

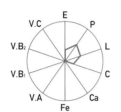

オニオンフライ
㈱モスフードサービス

1食当たり（80.4g）

エネルギー	250kcal
たんぱく質	4.0g
脂質	14.5g
炭水化物	26.0g
カルシウム	112mg
鉄	0.4mg
ビタミンA	0μg
ビタミンB₁	0.03mg
ビタミンB₂	0.40mg
ビタミンC	2mg

コレステロール0mg，食物繊維1.5g食塩相当量1.2g，ナトリウム460mg，カリウム75mg，リン53mg，ナイアシン0.5mg，ビタミンD0.0μg，ビタミンE2.8mg

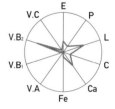

チキンフィレサンド
日本ケンタッキー・フライド・チキン㈱

1食当たり（165g）

エネルギー	415kcal
たんぱく質	19.5g
脂質	21.8g
炭水化物	34.1g
カルシウム	21mg
鉄	0.8mg
ビタミンA	31μg
ビタミンB₁	0.13mg
ビタミンB₂	0.13mg
ビタミンC	3mg

灰分3.4g，ナトリウム1054mg，カリウム305mg，リン164mg，レチノール25μg，β-カロテン当量52μg，ナイアシン7.9mg，食物繊維1.5g，食塩相当量2.7mg

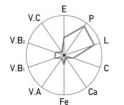

オリジナルチキン
日本ケンタッキー・フライド・チキン㈱

1食当たり（87g）

エネルギー	237kcal
たんぱく質	18.3g
脂質	14.7g
炭水化物	7.9g
カルシウム	28mg
鉄	0.6mg
ビタミンA	18μg
ビタミンB₁	0.07mg
ビタミンB₂	0.33mg
ビタミンC	2mg

灰分2.4g，ナトリウム668mg，カリウム234mg，リン200mg，レチノール17μg，β-カロテン当量6μg，ナイアシン7.6mg，食物繊維0.3g，食塩相当量1.7mg

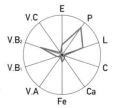

カップヌードル

日清食品㈱
1食当たり（78g）

エネルギー	351kcal
たんぱく質	10.5g
脂質	14.6g
炭水化物	44.5g
カルシウム	105mg
ビタミンB₁	0.19mg
ビタミンB₂	0.32mg

食塩相当量4.9g
（めん・かやく2.4g，スープ2.5g）

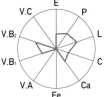

チキンラーメンどんぶり

日清食品㈱
1食当たり（85g）

エネルギー	386kcal
たんぱく質	9.6g
脂質	14.9g
炭水化物	53.3g
カルシウム	132mg
ビタミンB₁	0.26mg
ビタミンB₂	0.40mg

食塩相当量5.3g
（めん・かやく2.3g，スープ3.0g）

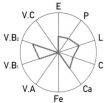

赤いきつねうどん

（東北，甲信越，関東，静岡，中京地区）
東洋水産㈱
1食当たり（96g）

エネルギー	432kcal
たんぱく質	10.6g
脂質	19.1g
炭水化物	54.4g
カルシウム	172mg
ビタミンB₁	0.31mg
ビタミンB₂	0.31mg

食塩相当量6.6g
（めん・かやく2.8g，スープ3.8g）

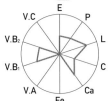

緑のたぬき天そば

（東北，信越，関東，静岡，中京地区）
東洋水産㈱
1食当たり（101g）

エネルギー	480kcal
たんぱく質	11.2g
脂質	24.8g
炭水化物	52.9g
カルシウム	152mg
ビタミンB₁	0.37mg
ビタミンB₂	0.28mg

食塩相当量5.9g
（めん・かやく1.9g，スープ4.0g）

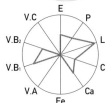

明星　チャルメラカップ しょうゆ

明星食品㈱
1食当たり（68g）

エネルギー	313kcal
たんぱく質	7.9g
脂質	13.7g
炭水化物	39.5g
カルシウム	86mg
ビタミンB₁	0.35mg
ビタミンB₂	0.24mg

食塩相当量4.4g
（めん・かやく2.0g，スープ2.4g）

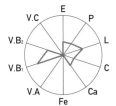

明星　一平ちゃん 夜店の焼そば

明星食品㈱
1食当たり（135g）

エネルギー	602kcal
たんぱく質	9.9g
脂質	26.8g
炭水化物	80.2g
カルシウム	161mg
ビタミンB₁	0.31mg
ビタミンB₂	0.35mg

食塩相当量4.6g

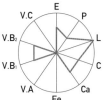

スーパーカップ1.5倍 豚キムチラーメン

エースコック㈱
1食当たり（107g）

エネルギー	465kcal
たんぱく質	9.4g
脂質	17.4g
炭水化物	67.6g
カルシウム	332mg
ビタミンB₁	0.39mg
ビタミンB₂	0.49mg

食塩相当量7.4g
（めん・かやく2.2g，スープ5.2g）

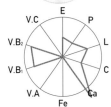

ワンタンメンどんぶり タンメン味

エースコック㈱
1食当たり（79g）

エネルギー	336kcal
たんぱく質	7.3g
脂質	11.7g
炭水化物	50.4g
カルシウム	252mg
ビタミンB₁	0.26mg
ビタミンB₂	0.31mg

食塩相当量5.7g
（めん・かやく1.6g，スープ4.1g）

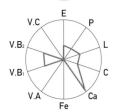

商品名・パッケージ・成分値は，2022年1月末現在のもの。成分値は各企業が公表の数値をもとに掲載。
グラフの円周は，身体活動レベルⅡ（ふつう）における15～17歳男子の1日の食事摂取基準の1/3（1食分）を示す。

冷凍
日清もちっと生パスタ
クリーミーボロネーゼ
日清食品冷凍㈱

1食当たり（295g）

エネルギー	472kcal
たんぱく質	13.8g
脂質	17.3g
炭水化物	65.2g

食塩相当量2.5g

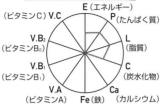

オーマイプレミアム
ナポリタン
㈱ニップン

1食当たり（290g）

エネルギー	451kcal
たんぱく質	14.2g
脂質	15.7g
炭水化物	63.2g

カリウム377.0mg，リン191.4mg，
食塩相当量3.5g

レンジミックスピザ2枚入
マルハニチロ㈱

1枚当たり（117g）

エネルギー	279kcal
たんぱく質	11.4g
脂質	8.5g
炭水化物	39.3g
カルシウム	298mg

ナトリウム550mg，食塩相当量1.4g，
カリウム166mg，リン178mg

えびグラタン
マルハニチロ㈱

1個当たり（110g）

エネルギー	85kcal
たんぱく質	3.9g
脂質	2.6g
炭水化物	11.4g

ナトリウム337mg，食塩相当量0.9g，
カリウム68mg，リン56mg

えびピラフ
㈱ニチレイフーズ

1/2袋当たり（225g）

エネルギー	340kcal
たんぱく質	7.0g
脂質	6.1g
炭水化物	64.4g

食塩相当量2g，カリウム137mg，
リン90mg

本格炒め炒飯®
㈱ニチレイフーズ

1/2袋当たり（225g）

エネルギー	479kcal
たんぱく質	12.8g
脂質	17.1g
炭水化物	68.6g

食塩相当量2g，カリウム115mg，
リン140mg

わが家の麺自慢
ちゃんぽん
日本水産㈱

1食当たり（402g）

エネルギー	406kcal
たんぱく質	19.8g
脂質	8.9g
炭水化物	61.5g

食塩相当量7.1g
（めん・具1.6g，スープ5.5g）

五目あんかけ焼そば
マルハニチロ㈱

1食当たり（346g）

エネルギー	398kcal
たんぱく質	12.8g
脂質	13.1g
炭水化物	57.1g

ナトリウム1353mg，食塩相当量3.4g
カリウム249mg，リン111mg

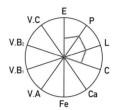
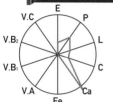
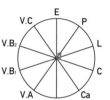
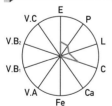
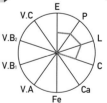
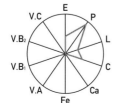
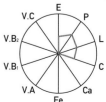

ごっつ旨い　お好み焼
テーブルマーク㈱

1食当たり（300g）

エネルギー	407kcal
たんぱく質	12.9g
脂質	18.0g
炭水化物	48.3g

食塩相当量4.1g, カリウム546mg,
リン189mg

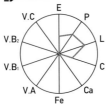

とろ～りたこ焼
テーブルマーク㈱

1食当たり（190g）

エネルギー	292kcal
たんぱく質	10.1g
脂質	10.6g
炭水化物	39.1g

食塩相当量2.8g, カリウム171mg,
リン103mg

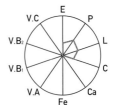

肉まん
㈱中村屋

1個当たり

エネルギー	215kcal
たんぱく質	6.8g
脂質	6.8g
炭水化物	31.7g

食塩相当量0.7g

ピザまん
㈱中村屋

1個当たり

エネルギー	206kcal
たんぱく質	7.2g
脂質	5.5g
炭水化物	31.8g

食塩相当量0.9g

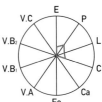

ランチパック ツナマヨネーズ
山崎製パン㈱

1袋当たり

エネルギー	312kcal
たんぱく質	10.6g
脂質	17.6g
炭水化物	27.8g

食塩相当量1.6g, 飽和脂肪酸2.6g,
トランス脂肪酸0g,
コレステロール16mg

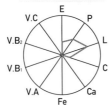

まるごとソーセージ
山崎製パン㈱

1個当たり

エネルギー	396kcal
たんぱく質	10.1g
脂質	23.2g
炭水化物	36.7g

食塩相当量1.6g, 飽和脂肪酸4.9g,
トランス脂肪酸0.4g,
コレステロール32mg

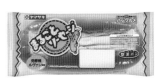

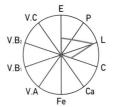

カロリーメイト ブロック チーズ味
大塚製薬㈱

1箱（4本入）当たり（80g）

エネルギー	400kcal
たんぱく質	8.4g
脂質	22.2g
炭水化物	42.7g
カルシウム	200mg
鉄	2mg
ビタミンA	385μg
ビタミンB₁	0.6mg
ビタミンB₂	0.7mg
ビタミンC	50mg

糖質40.7g, 食物繊維2g, 食塩相当量0.94g,
マグネシウム50mg, リン100mg,
ビタミンB₆0.65mg, ビタミンB₁₂1.2μg,
ナイアシン6.5mg, パントテン酸2.4mg, 葉酸120μg,
ビタミンD2.8μg, ビタミンE3.2mg, カリウム97mg

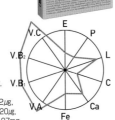

ソイジョイ アーモンド&チョコレート
大塚製薬㈱

1本当たり（30g）

エネルギー	145kcal
たんぱく質	5g
脂質	9.7g
炭水化物	12.2g

飽和脂肪酸2.2g, トランス脂肪酸0g,
コレステロール6～13mg, 糖質7.6g,
食物繊維4.6g, 食塩相当量0.09～0.20g,
大豆イソフラボン18mg

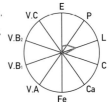

商品名・パッケージ・成分値は，2022年1月末現在のもの。成分値は各企業が公表の数値をもとに掲載。

グラフの円周は，身体活動レベルⅡ（ふつう）における15〜17歳男子の1日の食事摂取基準の1/3（1食分）を示す。

ポテトチップス　うすしお味

カルビー㈱

1袋当たり（60g）

エネルギー	336kcal
たんぱく質	3.1g
脂質	21.6g
炭水化物	32.3g

食塩相当量0.5g，カリウム600mg，リン61mg

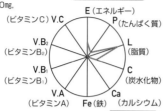

（ビタミンC）V.C　　E（エネルギー）
　　　　　　　　　　　P（たんぱく質）
V.B₂　　　　　　　　　L（脂質）
（ビタミンB₂）
V.B₁　　　　　　　　　C（炭水化物）
（ビタミンB₁）
　　V.A　　　Fe（鉄）　Ca（カルシウム）
（ビタミンA）

じゃがりこ　サラダ

カルビー㈱

1箱当たり（57g）

エネルギー	285kcal
たんぱく質	4.1g
脂質	13.7g
炭水化物	36.2g

食塩相当量0.8g

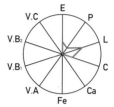

ポッキーチョコレート

江崎グリコ㈱

1箱当たり（72g）

エネルギー	364kcal
たんぱく質	6.0g
脂質	16.4g
炭水化物	48.0g

食塩相当量0.36g

ハイチュウ　グレープ

森永製菓㈱

1包装当たり（12粒55.2g）

エネルギー	228kcal
たんぱく質	0.84g
脂質	4.32g
炭水化物	45.6g

食塩相当量0g

ガルボチョコ ポケットパック

㈱明治

1袋当たり（42g）

エネルギー	237kcal
たんぱく質	2.9g
脂質	14.4g
炭水化物	23.8g

食塩相当量0.06g

果汁グミ温州みかん

㈱明治

1袋当たり（51g）

エネルギー	169kcal
たんぱく質	2.9g
脂質	0g
炭水化物	39.2g

食塩相当量0.02g，コラーゲン2300mg

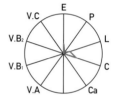

ピノ

森永乳業㈱

1箱当たり（6粒60ml）

エネルギー	186kcal
たんぱく質	2.4g
脂質	12.0g
炭水化物	17.4g

ナトリウム36mg

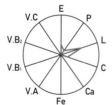

ハーゲンダッツ ミニカップ 『クッキー＆クリーム』

ハーゲンダッツ ジャパン㈱

1個当たり（110ml）

エネルギー	247kcal
たんぱく質	4.5g
脂質	15.8g
炭水化物	21.7g

食塩相当量0.2〜0.3g

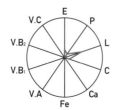

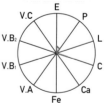
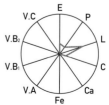

マッチ

大塚食品㈱

1本当たり（500ml）

エネルギー	195kcal
たんぱく質	0 g
脂質	0 g
炭水化物	49.0g
カルシウム	5〜20mg
ビタミンC	350mg

糖質49g，食物繊維0 g，
食塩相当量0.445g，カリウム75mg，
マグネシウム2.0〜7.5mg，
ビタミンB$_6$6.5mg，ナイアシン20.0mg

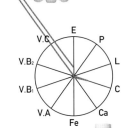

なっちゃんオレンジ

サントリー食品インターナショナル㈱

1本当たり（425ml）

エネルギー	187kcal
たんぱく質	0 g
脂質	0 g
炭水化物	45.5g

食塩相当量0.21g，カリウム約213mg，
リン約128mg

ポカリスエット

大塚製薬㈱

1本当たり（500ml）

エネルギー	125kcal
たんぱく質	0 g
脂質	0 g
炭水化物	31.0g
カルシウム	10mg

食塩相当量0.60mg，カリウム100mg，
マグネシウム3.0mg

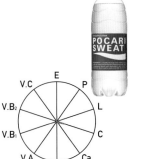

キリン メッツ
超刺激クリアグレープフルーツ

キリンビバレッジ㈱

1本当たり（480ml）

エネルギー	173kcal
たんぱく質	0 g
脂質	0 g
炭水化物	43g

食塩相当量0.43g，リン検出せず，
カリウム検出せず

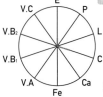
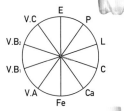

ヤクルト400

㈱ヤクルト本社

1本当たり（80ml）

エネルギー	62kcal
たんぱく質	1.0g
脂質	0.1g
炭水化物	14.4g

食塩相当量0〜0.1g

カルピスウォーター

アサヒ飲料㈱

1本当たり（500ml）

エネルギー	235kcal
たんぱく質	1.5g
脂質	0 g
炭水化物	55g
カルシウム	約50mg

食塩相当量0.20g，リン50mg未満，
カリウム約50mg

キリン 午後の紅茶
レモンティー

キリンビバレッジ㈱

1本当たり（500ml）

エネルギー	140kcal
たんぱく質	0 g
脂質	0 g
炭水化物	35g

食塩相当量0.10g，リン検出せず，
カリウム35mg，カフェイン45mg

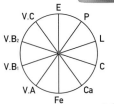
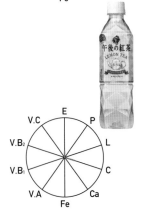

カフェオーレ

江崎グリコ㈱

1本当たり（180ml）

エネルギー	107kcal
たんぱく質	4.7g
脂質	2.0g
炭水化物	17.5g
カルシウム	163mg

糖質17.5g，食物繊維0 g，
食塩相当量0.22g，
カリウム318mg，リン125mg

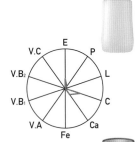
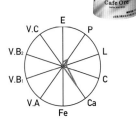

日本人の食事摂取基準（2020年版）

1 食事摂取基準とは

目的：国民の健康の保持・増進，生活習慣病の予防及び重症化予防，高齢者の低栄養予防やフレイル予防のために参照するエネルギー及び栄養素の摂取量の基準を示すもの。

対象：健康な個人及び健康な者を中心として構成されている集団とし，生活習慣病等に関する危険因子を有していたり，また，高齢者においてはフレイルに関する危険因子を有していたりしても，おおむね自立した日常生活を営んでいる者は含む。

用途：保健所，保健センター，民間健康増進施設等において実施される栄養指導，学校や事業所等の給食提供にあたって基礎となる科学的データである。

巻末資料

2 指標

●エネルギー

エネルギーの摂取量及び消費量のバランス（エネルギー収支バランス）の維持を示す指標として，**BMI**を用いた。

なお，エネルギー必要量については，無視できない個人間差が要因として多数存在するため，性・年齢区分・身体活動レベル別に単一の値として示すのは困難であるが，エネルギー必要量の概念は重要であること，目標とするBMIの提示が成人に限られていること，エネルギー必要量に依存することが知られている栄養素の推定平均必要量の算出に当たってエネルギーの必要量の概数が必要となることなどから，（中略）**推定エネルギー必要量**を参考表として示した。

●栄養素

摂取不足の回避を目的とする3種類の指標（**推定平均必要量，推奨量，目安量**），過剰摂取による健康障害の回避を目的とする指標（**耐容上限量**）及び生活習慣病の発症予防を目的とする指標（**目標量**）から構成する。

推定平均必要量	当該集団に属する50%の者が必要量を満たすと推定される摂取量。
推奨量	当該集団に属するほとんどの者（97〜98%）が充足している量。
目安量	特定の集団における，ある一定の栄養状態を維持するのに十分な量。十分な科学的根拠が得られず推定平均必要量が算定できない場合に用いる。
耐容上限量	健康障害をもたらすリスクがないとみなされる習慣的な摂取量の上限。
目標量	生活習慣病の発症予防を目的として，現在の日本人が当面の目標とすべき摂取量。

【食事摂取基準の各指標を理解するための概念図】

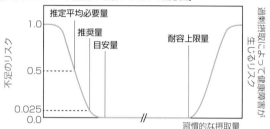

不足の確率が推定平均必要量では0.5（50%）あり，推奨量では0.02〜0.03（中間値として0.025）（2〜3%または2.5%）あることを示す。耐容上限量以上の量を摂取した場合には過剰摂取による健康障害が生じる潜在的なリスクが存在することを示す。そして，推奨量と耐容上限量との間の摂取量では，不足のリスク，過剰摂取による健康障害が生じるリスクともに0（ゼロ）に近いことを示す。

目安量については，推定平均必要量及び推奨量と一定の関係を持たない。しかし，推奨量と目安量を同時に算定することが可能であれば，目安量は推奨量よりも大きい（図では右方）と考えられるため，参考として記載した。

目標量は，ここに示す概念や方法とは異なる性質のものであることから，ここには図示できない。

3 エネルギー

■目標とするBMIの範囲（18歳以上）[1, 2]

年齢（歳）	目標とするBMI（kg/m²）
18〜49	18.5〜24.9
50〜64	20.0〜24.9
65〜74[3]	21.5〜24.9
75以上[3]	21.5〜24.9

1　男女共通。あくまでも参考として使用すべきである。

2　観察疫学研究において報告された総死亡率が最も低かったBMIを基に，疾患別の発症率とBMIの関連，死因とBMIとの関連，喫煙や疾患の合併によるBMIや死亡リスクへの影響，日本人のBMIの実態に配慮し，総合的に判断し目標とする範囲を設定。

3　高齢者では，フレイルの予防及び生活習慣病の発症予防の両者に配慮する必要があることも踏まえ，当面目標とするBMIの範囲を21.5〜24.9kg/m²とした。

■参照体重における基礎代謝量

性別	男性			女性		
年齢（歳）	基礎代謝基準値（kcal/kg体重/日）	参照体重（kg）	基礎代謝量（kcal/日）	基礎代謝基準値（kcal/kg体重/日）	参照体重（kg）	基礎代謝量（kcal/日）
1〜2	61.0	11.5	700	59.7	11.0	660
3〜5	54.8	16.5	900	52.2	16.1	840
6〜7	44.3	22.2	980	41.9	21.9	920
8〜9	40.8	28.0	1,140	38.3	27.4	1,050
10〜11	37.4	35.6	1,330	34.8	36.3	1,260
12〜14	31.0	49.0	1,520	29.6	47.5	1,410
15〜17	27.0	59.7	1,610	25.3	51.9	1,310
18〜29	23.7	64.5	1,530	22.1	50.3	1,110
30〜49	22.5	68.1	1,530	21.9	53.0	1,160
50〜64	21.8	68.0	1,480	20.7	53.8	1,110
65〜74	21.6	65.0	1,400	20.7	52.1	1,080
75以上	21.5	59.6	1,280	20.7	48.8	1,010

■身体活動レベル別に見た活動内容と活動時間の代表例

身体活動レベル[1]	低い（I）	ふつう（II）	高い（III）
	1.50（1.40〜1.60）	1.75（1.60〜1.90）	2.00（1.90〜2.20）
日常生活の内容[2]	生活の大部分が座位で，静的な活動が中心の場合	座位中心の仕事だが，職場内での移動や立位での作業・接客等，通勤・買い物での歩行，家事，軽いスポーツ，のいずれかを含む場合	移動や立位の多い仕事への従事者，あるいは，スポーツ等余暇における活発な運動習慣を持っている場合
中程度の強度（3.0〜5.9メッツ）の身体活動の1日あたりの合計時間（時間/日）	1.65	2.06	2.53
仕事での1日あたりの合計歩行時間（時間/日）	0.25	0.54	1.00

1　代表値。（　）内はおよその範囲。

2　身体活動レベル（PAL）に及ぼす仕事時間中の労作の影響が大きいことを考慮して作成。

■成長にともなう組織増加分のエネルギー（エネルギー蓄積量）

性別	男児				女児			
	(A) 参照体重 (kg)	(B) 体重増加量 (kg/年)	組織増加分		(A) 参照体重 (kg)	(B) 体重増加量 (kg/年)	組織増加分	
年齢等			(C) エネルギー密度 (kcal/g)	(D) エネルギー蓄積量 (kcal/日)			(C) エネルギー密度 (kcal/g)	(D) エネルギー蓄積量 (kcal/日)
0～5 （月）	6.3	9.4	4.4	115	5.9	8.4	5.0	115
6～8 （月）	8.4	4.2	1.5	15	7.8	3.7	1.8	20
9～11 （月）	9.1	2.5	2.7	20	8.4	2.4	2.3	15
1～2 （歳）	11.5	2.1	3.5	20	11.0	2.2	2.4	15
3～5 （歳）	16.5	2.1	1.5	10	16.1	2.2	2.0	10
6～7 （歳）	22.2	2.6	2.1	15	21.9	2.5	2.8	20
8～9 （歳）	28.0	3.4	2.5	25	27.4	3.6	3.2	30
10～11 （歳）	35.6	4.6	3.0	40	36.3	4.5	2.6	30
12～14 （歳）	49.0	4.5	1.5	20	47.5	3.0	3.0	25
15～17 （歳）	59.7	2.0	1.9	10	51.9	0.6	4.7	10

体重増加量 (B) は，比例配分的な考え方により，参照体重 (A) から以下のようにして計算した。
例：9～11か月の女児における体重増加量 (kg/年)
X＝〔（9～11か月 (10.5か月時) の参照体重）－（6～8か月 (7.5か月時) の参照体重）〕/
〔0.875 (歳) －0.625 (歳)〕＋〔（1～2歳の参照体重）－（9～11か月の参照体重）〕/〔2 (歳)
－0.875 (歳)〕
体重増加量＝X/2
＝〔（8.4－7.8) /0.25＋ (11.0－8.4) /1.125）/2
≒2.4

組織増加分のエネルギー密度 (C) は，アメリカ・カナダの食事摂取基準より計算。
組織増加分のエネルギー蓄積量 (D) は，組織増加量 (B) と組織増加分のエネルギー密度 (C)
の積として求めた。
例：9～11か月の女児における組織増加分のエネルギー (kcal/日)
＝〔（2.4 (kg/年) ×1,000/365日）〕×2.3 (kcal/g)
＝14.8
≒15

■推定エネルギー必要量 （kcal/日）

性別	男子			女子		
身体活動レベル[1]	Ⅰ	Ⅱ	Ⅲ	Ⅰ	Ⅱ	Ⅲ
0～5 （月）	－	550	－	－	500	－
6～8 （月）	－	650	－	－	600	－
9～11 （月）	－	700	－	－	650	－
1～2 （歳）	－	950	－	－	900	－
3～5 （歳）	－	1,300	－	－	1,250	－
6～7 （歳）	1,350	1,550	1,750	1,250	1,450	1,650
8～9 （歳）	1,600	1,850	2,100	1,500	1,700	1,900
10～11 （歳）	1,950	2,250	2,500	1,850	2,100	2,350
12～14 （歳）	2,300	2,600	2,900	2,150	2,400	2,700
15～17 （歳）	2,500	2,800	3,150	2,050	2,300	2,550
18～29 （歳）	2,300	2,650	3,050	1,700	2,000	2,300
30～49 （歳）	2,300	2,700	3,050	1,750	2,050	2,350
50～64 （歳）	2,200	2,600	2,950	1,650	1,950	2,250
65～74 （歳）	2,050	2,400	2,750	1,550	1,850	2,100
75以上 （歳）[2]	1,800	2,100	－	1,400	1,650	
妊婦 （付加量）[3] 初期				+50	+50	+50
中期				+250	+250	+250
後期				+450	+450	+450
授乳婦 （付加量）				+350	+350	+350

1 身体活動レベルは，低い，ふつう，高いの3つのレベルとして，それぞれⅠ，Ⅱ，Ⅲで示した。
2 レベルⅡは自立している者，レベルⅠは自宅にいてほとんど外出しない者に相当する。レベルⅠは高齢者施設で自立に近い状態で過ごしている者にも適用できる値である。
3 妊婦個々の体格や妊娠中の体重増加量及び胎児の発育状況の評価を行うことが必要である。
注1：活用に当たっては，食事摂取状況のアセスメント，体重及びBMIの把握を行い，エネルギーの過不足は，体重の変化又はBMIを用いて評価すること。
注2：身体活動レベルⅠの場合，少ないエネルギー消費量に見合った少ないエネルギー摂取量を維持することになるため，健康の保持・増進の観点からは，身体活動量を増加させる必要がある。

4 栄養素

■たんぱく質の食事摂取基準 （推定平均必要量，推奨量，目安量：g/日，目標量：%エネルギー）

性別	男性				女性			
年齢等	推定平均必要量	推奨量	目安量	目標量[1]	推定平均必要量	推奨量	目安量	目標量[1]
0～5 （月）	－	－	10	－	－	－	10	－
6～8 （月）	－	－	15	－	－	－	15	－
9～11 （月）	－	－	25	－	－	－	25	－
1～2 （歳）	15	20	－	13～20	15	20	－	13～20
3～5 （歳）	20	25	－	13～20	20	25	－	13～20
6～7 （歳）	25	30	－	13～20	25	30	－	13～20
8～9 （歳）	30	40	－	13～20	30	40	－	13～20
10～11 （歳）	40	45	－	13～20	40	50	－	13～20
12～14 （歳）	50	60	－	13～20	45	55	－	13～20
15～17 （歳）	50	65	－	13～20	45	55	－	13～20
18～29 （歳）	50	65	－	13～20	40	50	－	13～20
30～49 （歳）	50	65	－	13～20	40	50	－	13～20
50～64 （歳）	50	65	－	14～20	40	50	－	14～20
65～74 （歳）[2]	50	60	－	15～20	40	50	－	15～20
75以上 （歳）[2]	50	60	－	15～20	40	50	－	15～20
妊婦 （付加量）初期					+0	+0	－	—[3]
中期					+5	+5	－	—[3]
後期					+20	+25	－	—[4]
授乳婦 （付加量）					+15	+20	－	—[4]

1 範囲に関しては，おおむねの値を示したものであり，弾力的に運用すること。
2 65歳以上の高齢者について，フレイル予防を目的とした量を定めることは難しいが，身長・体重が参照体位に比べて小さい者や，特に75歳以上であって加齢に伴い身体活動量が大きく低下した者など，必要エネルギー摂取量が低い者では，下限が推奨量を下回る場合があり得る。この場合でも，下限は推奨量以上とすることが望ましい。
3 妊婦 （初期・中期）の目標量は，13～20%エネルギーとした。　4 妊婦 （後期）及び授乳婦の目標量は，15～20%エネルギーとした。

■脂質の食事摂取基準（%エネルギー）

性別	男性		女性	
年齢等	目安量	目標量[1]	目安量	目標量[1]
0～5（月）	50	－	50	－
6～11（月）	40	－	40	－
1～2（歳）	－	20～30	－	20～30
3～5（歳）	－	20～30	－	20～30
6～7（歳）	－	20～30	－	20～30
8～9（歳）	－	20～30	－	20～30
10～11（歳）	－	20～30	－	20～30
12～14（歳）	－	20～30	－	20～30
15～17（歳）	－	20～30	－	20～30
18～29（歳）	－	20～30	－	20～30
30～49（歳）	－	20～30	－	20～30
50～64（歳）	－	20～30	－	20～30
65～74（歳）	－	20～30	－	20～30
75以上（歳）	－	20～30	－	20～30
妊婦				20～30
授乳婦				20～30

1 範囲に関しては，おおむねの値を示したものである。

■炭水化物の食事摂取基準（%エネルギー）

性別	男性	女性
年齢等	目標量[1, 2]	目標量[1, 2]
0～5（月）	－	－
6～11（月）	－	－
1～2（歳）	50～65	50～65
3～5（歳）	50～65	50～65
6～7（歳）	50～65	50～65
8～9（歳）	50～65	50～65
10～11（歳）	50～65	50～65
12～14（歳）	50～65	50～65
15～17（歳）	50～65	50～65
18～29（歳）	50～65	50～65
30～49（歳）	50～65	50～65
50～64（歳）	50～65	50～65
65～74（歳）	50～65	50～65
75以上（歳）	50～65	50～65
妊婦		50～65
授乳婦		50～65

1 範囲に関しては，おおむねの値を示したものである。
2 アルコールを含む。ただし，アルコールの摂取を勧めるものではない。

■食物繊維の食事摂取基準（g/日）

性別	男性	女性
年齢等	目標量	目標量
0～5（月）	－	－
6～11（月）	－	－
1～2（歳）	－	－
3～5（歳）	8以上	8以上
6～7（歳）	10以上	10以上
8～9（歳）	11以上	11以上
10～11（歳）	13以上	13以上
12～14（歳）	17以上	17以上
15～17（歳）	19以上	18以上
18～29（歳）	21以上	18以上
30～49（歳）	21以上	18以上
50～64（歳）	21以上	18以上
65～74（歳）	20以上	17以上
75以上（歳）	20以上	17以上
妊婦		18以上
授乳婦		18以上

■ビタミンAの食事摂取基準（μgRAE/日）[1]

性別	男性				女性			
年齢等	推定平均必要量[2]	推奨量[2]	目安量[3]	耐容上限量[3]	推定平均必要量[2]	推奨量[2]	目安量[3]	耐容上限量[3]
0～5（月）	－	－	300	600	－	－	300	600
6～11（月）	－	－	400	600	－	－	400	600
1～2（歳）	300	400	－	600	250	350	－	600
3～5（歳）	350	450	－	700	350	500	－	850
6～7（歳）	300	400	－	950	300	400	－	1,200
8～9（歳）	350	500	－	1,200	350	500	－	1,500
10～11（歳）	450	600	－	1,500	400	600	－	1,900
12～14（歳）	550	800	－	2,100	500	700	－	2,500
15～17（歳）	650	900	－	2,500	500	650	－	2,800
18～29（歳）	600	850	－	2,700	450	650	－	2,700
30～49（歳）	650	900	－	2,700	500	700	－	2,700
50～64（歳）	650	900	－	2,700	500	700	－	2,700
65～74（歳）	600	850	－	2,700	500	700	－	2,700
75以上（歳）	550	800	－	2,700	450	650	－	2,700
妊婦（付加量）初期					+0	+0	－	－
中期					+0	+0	－	－
後期					+60	+80	－	－
授乳婦（付加量）					+300	+450	－	－

1 レチノール活性当量（μgRAE）＝レチノール（μg）＋β-カロテン（μg）×1/12＋α-カロテン（μg）×1/24
　＋β-クリプトキサンチン（μg）×1/24＋その他のプロビタミンAカロテノイド（μg）
　×1/24
2 プロビタミンAカロテノイドを含む。
3 プロビタミンAカロテノイドを含まない。

■ビタミンDの食事摂取基準（μg/日）[1]

性別	男性		女性	
年齢等	目安量	耐容上限量	目安量	耐容上限量
0～5（月）	5.0	25	5.0	25
6～11（月）	5.0	25	5.0	25
1～2（歳）	3.0	20	3.5	20
3～5（歳）	3.5	30	4.0	30
6～7（歳）	4.5	30	5.0	30
8～9（歳）	5.0	40	6.0	40
10～11（歳）	6.5	60	8.0	60
12～14（歳）	8.0	80	9.5	80
15～17（歳）	9.0	90	8.5	90
18～29（歳）	8.5	100	8.5	100
30～49（歳）	8.5	100	8.5	100
50～64（歳）	8.5	100	8.5	100
65～74（歳）	8.5	100	8.5	100
75以上（歳）	8.5	100	8.5	100
妊婦			8.5	－
授乳婦			8.5	－

1 日照により皮膚でビタミンDが産生されることを踏まえ，フレイル予防を図る者はもとより，全年齢区分を通じて，日常生活において可能な範囲内での適度な日光浴を心掛けるとともに，ビタミンDの摂取については，日照時間を考慮に入れることが重要である。

■ビタミンB₁の食事摂取基準（mg/日）[1, 2]

性別	男性			女性		
年齢等	推定平均必要量	推奨量	目安量	推定平均必要量	推奨量	目安量
0～5（月）	－	－	0.1	－	－	0.1
6～11（月）	－	－	0.2	－	－	0.2
1～2（歳）	0.4	0.5	－	0.4	0.5	－
3～5（歳）	0.6	0.7	－	0.6	0.7	－
6～7（歳）	0.7	0.8	－	0.7	0.8	－
8～9（歳）	0.8	1.0	－	0.8	0.9	－
10～11（歳）	1.0	1.2	－	0.9	1.1	－
12～14（歳）	1.2	1.4	－	1.1	1.3	－
15～17（歳）	1.3	1.5	－	1.0	1.2	－
18～29（歳）	1.2	1.4	－	0.9	1.1	－
30～49（歳）	1.2	1.4	－	0.9	1.1	－
50～64（歳）	1.1	1.3	－	0.9	1.1	－
65～74（歳）	1.1	1.3	－	0.9	1.1	－
75以上（歳）	1.0	1.2	－	0.8	0.9	－
妊婦（付加量）				+0.2	+0.2	－
授乳婦（付加量）				+0.2	+0.2	－

1 チアミン塩化物塩酸塩（分子量＝337.3）の重量として示した。
2 身体活動レベルⅡの推定エネルギー必要量を用いて算定した。
特記事項：推定平均必要量は，ビタミンB₁の欠乏症である脚気を予防するに足る最小必要量からではなく，尿中にビタミンB₁の排泄量が増大し始める摂取量（体内飽和量）から算定。

■ビタミンB₂の食事摂取基準（mg/日）[1]

性別	男性			女性		
年齢等	推定平均必要量	推奨量	目安量	推定平均必要量	推奨量	目安量
0～5（月）	－	－	0.3	－	－	0.3
6～11（月）	－	－	0.4	－	－	0.4
1～2（歳）	0.5	0.6	－	0.5	0.5	－
3～5（歳）	0.7	0.8	－	0.6	0.8	－
6～7（歳）	0.8	0.9	－	0.7	0.9	－
8～9（歳）	0.9	1.1	－	0.9	1.0	－
10～11（歳）	1.1	1.4	－	1.0	1.3	－
12～14（歳）	1.3	1.6	－	1.2	1.4	－
15～17（歳）	1.4	1.7	－	1.2	1.4	－
18～29（歳）	1.3	1.6	－	1.0	1.2	－
30～49（歳）	1.3	1.6	－	1.0	1.2	－
50～64（歳）	1.2	1.5	－	1.0	1.2	－
65～74（歳）	1.2	1.5	－	1.0	1.2	－
75以上（歳）	1.1	1.3	－	0.9	1.0	－
妊婦（付加量）				+0.2	+0.3	－
授乳婦（付加量）				+0.5	+0.6	－

1 身体活動レベルⅡの推定エネルギー必要量を用いて算定した。
特記事項：推定平均必要量は，ビタミンB₂の欠乏症である口唇炎，口角炎，舌炎などの皮膚炎を予防するに足る最小量からではなく，尿中にビタミンB₂の排泄量が増大し始める摂取量（体内飽和量）から算定。

■ナイアシンの食事摂取基準（mgNE/日）[1,2]

性別	男性				女性			
年齢等	推定平均必要量	推奨量	目安量	耐容上限量[3]	推定平均必要量	推奨量	目安量	耐容上限量[3]
0～5（月）[4]	－	－	2	－	－	－	2	－
6～11（月）	－	－	3	－	－	－	3	－
1～2（歳）	5	6	－	60(15)	4	5	－	60(15)
3～5（歳）	6	8	－	80(20)	6	7	－	80(20)
6～7（歳）	7	9	－	100(30)	7	8	－	100(30)
8～9（歳）	9	11	－	150(35)	8	10	－	150(35)
10～11（歳）	11	13	－	200(45)	10	10	－	150(45)
12～14（歳）	12	15	－	250(60)	12	14	－	250(60)
15～17（歳）	14	17	－	300(70)	11	13	－	250(65)
18～29（歳）	13	15	－	300(80)	9	11	－	250(65)
30～49（歳）	13	15	－	350(85)	10	12	－	250(65)
50～64（歳）	12	14	－	350(85)	9	11	－	250(65)
65～74（歳）	12	14	－	300(80)	9	11	－	250(65)
75以上（歳）	11	13	－	300(75)	9	10	－	250(60)
妊婦（付加量）					+0	+0	－	－
授乳婦（付加量）					+3	+3	－	－

1 ナイアシン当量（NE）＝ナイアシン＋1/60トリプトファンで示した。
2 身体活動レベルⅡの推定エネルギー必要量を用いて算定した。
3 ニコチンアミドの重量（mg/日），（ ）内はニコチン酸の重量（mg/日）。
4 単位はmg/日。

■ビタミンCの食事摂取基準（mg/日）[1]

性別	男性			女性		
年齢等	推定平均必要量	推奨量	目安量	推定平均必要量	推奨量	目安量
0～5（月）	－	－	40	－	－	40
6～11（月）	－	－	40	－	－	40
1～2（歳）	35	40	－	35	40	－
3～5（歳）	40	50	－	40	50	－
6～7（歳）	50	60	－	50	60	－
8～9（歳）	60	70	－	60	70	－
10～11（歳）	70	85	－	70	85	－
12～14（歳）	85	100	－	85	100	－
15～17（歳）	85	100	－	85	100	－
18～29（歳）	85	100	－	85	100	－
30～49（歳）	85	100	－	85	100	－
50～64（歳）	85	100	－	85	100	－
65～74（歳）	80	100	－	80	100	－
75以上（歳）	80	100	－	80	100	－
妊婦（付加量）				+10	+10	－
授乳婦（付加量）				+40	+45	－

1 L-アスコルビン酸（分子量＝176.12）の重量で示した。
特記事項：推定平均必要量は，ビタミンCの欠乏症である壊血病を予防するに足る最小量からではなく，心臓血管系の疾病予防効果及び抗酸化作用の観点から算定。

■ナトリウムの食事摂取基準（mg/日，（ ）は食塩相当量 [g/日]）[1]

性別	男性			女性		
年齢等	推定平均必要量	目安量	目標量	推定平均必要量	目安量	目標量
0～5（月）	－	100(0.3)	－	－	100(0.3)	－
6～11（月）	－	600(1.5)	－	－	600(1.5)	－
1～2（歳）	－	－	(3.0未満)	－	－	(3.0未満)
3～5（歳）	－	－	(3.5未満)	－	－	(3.5未満)
6～7（歳）	－	－	(4.5未満)	－	－	(4.5未満)
8～9（歳）	－	－	(5.0未満)	－	－	(5.0未満)
10～11（歳）	－	－	(6.0未満)	－	－	(6.0未満)
12～14（歳）	－	－	(7.0未満)	－	－	(6.5未満)
15～17（歳）	－	－	(7.5未満)	－	－	(6.5未満)
18～29（歳）	600(1.5)	－	(7.5未満)	600(1.5)	－	(6.5未満)
30～49（歳）	600(1.5)	－	(7.5未満)	600(1.5)	－	(6.5未満)
50～64（歳）	600(1.5)	－	(7.5未満)	600(1.5)	－	(6.5未満)
65～74（歳）	600(1.5)	－	(7.5未満)	600(1.5)	－	(6.5未満)
75以上（歳）	600(1.5)	－	(7.5未満)	600(1.5)	－	(6.5未満)
妊婦				600(1.5)	－	(6.5未満)
授乳婦				600(1.5)	－	(6.5未満)

1 高血圧及び慢性腎臓病（CKD）の重症化予防のための食塩相当量は，男女とも6.0g/日未満とした。

■カルシウムの食事摂取基準（mg/日）

性別	男性				女性			
年齢等	推定平均必要量	推奨量	目安量	耐容上限量	推定平均必要量	推奨量	目安量	耐容上限量
0～5（月）	－	－	200		－	－	200	
6～11（月）	－	－	250		－	－	250	
1～2（歳）	350	450	－		350	400	－	
3～5（歳）	500	600	－		450	550	－	
6～7（歳）	500	600	－		450	550	－	
8～9（歳）	550	650	－		600	750	－	
10～11（歳）	600	700	－		600	750	－	
12～14（歳）	850	1,000	－		700	800	－	
15～17（歳）	650	800	－		550	650	－	
18～29（歳）	650	800	－	2,500	550	650	－	2,500
30～49（歳）	600	750	－	2,500	550	650	－	2,500
50～64（歳）	600	750	－	2,500	550	650	－	2,500
65～74（歳）	600	750	－	2,500	550	650	－	2,500
75以上（歳）	600	700	－	2,500	500	600	－	2,500
妊婦（付加量）					+0	+0	－	
授乳婦（付加量）					+0	+0	－	

■鉄の食事摂取基準（mg/日）

性別	男性				女性					
					月経なし		月経あり			
年齢等	推定平均必要量	推奨量	目安量	耐容上限量	推定平均必要量	推奨量	推定平均必要量	推奨量	目安量	耐容上限量
0～5（月）	－	－	0.5	－	－	－	－	－	0.5	－
6～11（月）	3.5	5.0	－	－	3.5	4.5	－	－	－	－
1～2（歳）	3.0	4.5	－	25	3.0	4.5	－	－	－	20
3～5（歳）	4.0	5.5	－	25	4.0	5.5	－	－	－	25
6～7（歳）	5.0	5.5	－	30	4.5	5.5	－	－	－	30
8～9（歳）	6.0	7.0	－	35	6.0	7.5	－	－	－	35
10～11（歳）	7.0	8.5	－	35	7.0	8.5	10.0	12.0	－	35
12～14（歳）	8.0	10.0	－	40	7.0	8.5	10.0	12.0	－	40
15～17（歳）	8.0	10.0	－	50	5.5	7.0	8.5	10.5	－	40
18～29（歳）	6.5	7.5	－	50	5.5	6.5	8.5	10.5	－	40
30～49（歳）	6.5	7.5	－	50	5.5	6.5	9.0	10.5	－	40
50～64（歳）	6.5	7.5	－	50	5.5	6.5	9.0	11.0	－	40
65～74（歳）	6.0	7.5	－	50	5.0	6.0	－	－	－	40
75以上（歳）	6.0	7.0	－	50	5.0	6.0	－	－	－	40
妊婦（付加量）初期					+2.0	+2.5	－	－	－	－
中期・後期					+8.0	+9.5	－	－	－	－
授乳婦（付加量）					+2.0	+2.5	－	－	－	－

第3表　アミノ酸組成によるたんぱく質1g当たりのアミノ酸成分表

たんぱく質の栄養価は，主に構成アミノ酸の種類と量によって決まる。ことに必須アミノ酸は，体内では合成できないので，十分配慮して，食品を選ぶ必要がある。

※含硫アミノ酸＝メチオニン＋シスチン，芳香族アミノ酸＝フェニルアラニン＋チロシン

単位：mg/gたんぱく質

食品番号	食品名	イソロイシン	ロイシン	リシン	含硫アミノ酸	芳香族アミノ酸	トレオニン	トリプトファン	バリン	ヒスチジン
1	**穀類**									
01006	おおむぎ 押麦 乾	43	85	40	51	100	44	16	60	27
01015	小麦粉 薄力粉 1等	41	79	24	50	92	34	14	49	26
01020	強力粉 1等	40	78	22	46	92	32	13	47	26
01026	角形食パン 食パン	42	81	23	48	99	33	12	48	27
01034	ロールパン	43	81	25	43	95	35	12	50	27
01039	うどん ゆで	42	79	23	41	94	32	12	49	25
01047	中華めん 生	41	79	24	40	98	33	12	50	25
01063	マカロニ・スパゲッティ 乾	43	83	21	44	91	34	13	52	30
01080	こめ[水稲穀粒] 玄米	46	93	45	54	110	45	17	70	32
01083	精白米 うるち米	47	96	42	55	110	44	16	69	31
01088	水稲めし 精白米 うるち米	47	96	41	56	110	44	16	67	30
01114	上新粉	48	96	40	57	110	43	16	72	30
01117	もち	47	94	39	58	120	43	16	69	29
01120	白玉粉	49	97	39	58	120	43	16	71	30
01127	そば 生	42	79	38	43	89	38	15	51	27
2	**いも及びでんぷん類**									
02006	さつまいも 塊根 皮なし 生	50	74	59	37	110	76	17	71	24
02010	さといも 球茎 生	39	91	57	52	130	54	24	64	24
02017	じゃがいも 塊茎 皮なし 生	42	65	68	36	82	48	14	66	22
02023	ながいも 塊根 生	39	57	47	26	79	44	19	51	25
3	**砂糖及び甘味類**									
03001	黒砂糖	20	29	9.5	23	31	30	6.5	40	6.2
4	**豆類**									
04004	あずき あん こし生あん	53	100	88	29	110	44	12	63	38
04028	だいず 水煮缶詰 黄大豆	54	92	70	33	100	50	15	57	31
04029	きな粉 黄大豆 全粒大豆	55	91	61	35	100	50	15	58	34
04032	木綿豆腐	52	89	72	33	110	44	15	59	30
04033	絹ごし豆腐	53	91	72	33	110	43	15	55	31
04040	油揚げ 生	54	91	69	27	110	47	14	59	30
04042	凍り豆腐 乾	54	91	71	27	110	43	15	57	29
04046	糸引き納豆	54	91	78	33	110	46	15	64	34
04051	おから 生	52	91	75	32	94	54	15	60	34
5	**種実類**									
05001	アーモンド 乾	46	78	35	27	89	35	11	53	30
05005	カシューナッツ フライ 味付け	50	86	55	48	91	43	19	68	28
05010	日本ぐり 生	41	68	61	33	74	45	15	54	28
05014	くるみ いり	48	84	32	41	91	41	19	54	28
05018	ごま いり	45	80	29	58	92	46	18	58	32
05031	マカダミアナッツ いり 味付け	38	70	45	49	93	38	16	56	29
05034	らっかせい 大粒種 乾	40	72	42		110	38	15	51	29
6	**野菜類**									
06007	アスパラガス 若茎 生	41	70	69	33	74	48	14	59	24
06010	いんげんまめ さやいんげん 若さや 生	44	70	63	30	86	60	15	63	32
06015	えだまめ 生	52	87	73	33	99	45	15	55	33
06020	さやえんどう 若ざや 生	47	73	60	25	73	59	14	68	24
06023	グリンピース 生	51	91	89	25	94	54	11	59	29
06032	オクラ 果実 生	41	70	60	30	90	47	14	54	27
06036	かぶ 根 皮つき 生	48	60	87	36	90	62	17	71	32
06048	西洋かぼちゃ 果実 生	46	74	63	41	100	47	18	58	31
06054	カリフラワー 花序 生	53	86	73	37	95	60	19	76	28
06061	キャベツ 結球葉 生	35	54	56	22	62	47	12	46	24
06065	きゅうり 果実 生	44	73	66	29	82	41	16	53	24
06084	ごぼう 根 生	38	46	58	20	58	38	12	43	27
06086	こまつな 葉 生	51	88	72	24	110	58	25	73	29
06095	しそ 葉 生	56	110	70	36	120	61	27	72	29
06099	しゅんぎく 葉 生	53	93	69	30	110	59	21	70	29
06103	しょうが 根茎 皮なし 生	40	58	29	22	77	60	18	55	24
06119	セロリ 葉柄 生	43	64	57	18	73	47	15	65	29
06124	そらまめ 未熟豆 生	48	87	80	23	95	45	10	55	33
06132	だいこん 根 皮つき 生	45	57	61	22	67	56	12	67	28
06149	たけのこ 若茎 生	35	62	61	32	110	54	12	54	25
06153	たまねぎ りん茎 生	21	38	66	24	70	29	17	27	24
06160	チンゲンサイ 葉 生	49	81	69	17	95	56	23	67	27
06175	とうもろこし類 スイートコーン 未熟種子 生	41	120	57	52	95	51	11	61	30
06182	赤色トマト 果実 生	31	49	54	30	57	37	10	35	24
06191	なす 果実 生	46	72	76	31	88	50	16	62	33
06207	にら 葉 生	50	86	74	30	100	62	25	65	24
06212	にんじん 根 皮つき 生	46	68	57	21	67	56	14	64	25
06223	にんにく りん茎 生	29	55	54	32	65	37	17	48	22
06226	根深ねぎ 葉 軟白 生	38	65	68	24	82	46	14	52	27
06233	はくさい 結球葉 生	43	71	71	32	78	53	14	61	27
06245	青ピーマン 果実 生	46	76	76	30	90	55	16	63	26
06267	ほうれんそう 葉 通年平均 生	50	86	67	39	110	56	25	66	31
06287	だいずもやし 生	52	74	54	28	97	49	17	62	35
06291	りょくとうもやし 生	56	62	61	15	75	50	15	75	43
06312	レタス 土耕栽培 結球葉 生	51	79	68	20	87	62	16	62	24
06317	れんこん 根茎 生	25	38	54	28	61	33	13	34	24
7	**果実類**									
07006	アボカド 生	53	91	79	49	95	58	18	69	34
07012	いちご 生	38	65	51	42	58	44	13	50	23
07019	うめ 生	33	49	48	19	51	35	10	43	26
07027	うんしゅうみかん じょうのう 普通 生	35	60	57	26	56	40	9.7	47	24
07142	ゆず 果皮 生	41	67	52	21	83	46	12	53	30
07156	レモン 果汁 生	20	32	33	23	42	29	6.9	30	13
07054	キウイフルーツ 緑肉種 生	62	75	67	45	61	61	18	68	30
07077	すいか 赤肉種 生	49	53	49	41	73	33	19	49	34
07107	バナナ 生	49	97	71	41	92	49	14	68	110
07135	メロン 露地メロン 緑肉種 生	26	37	35	29	44	37	12	44	23
07136	もも 白肉種 生	25	40	40	21	36	36	5.8	34	19
07148	りんご 皮なし 生	39	52	51	41	90	42	9.2	45	22
8	**きのこ類**									
08001	えのきたけ 生	51	81	76	32	120	67	22	66	44
08039	しいたけ 生しいたけ 菌床栽培 生	53	82	74	25	89	66	20	65	29
08013	しいたけ 乾しいたけ 乾	48	80	71	36	81	64	19	59	28
08016	ぶなしめじ 生	52	81	74	26	93	60	21	64	32
08028	まいたけ 生	49	57	72	24	100	73	22	73	35
08034	まつたけ 生	48	83	67	32	92	69	15	60	33
9	**藻類**									
09017	まこんぶ 素干し 乾	38	68	47	41	65	51	12	53	18
09049	てんぐさ 粉寒天	100	170	41	32	120	42	4.7	120	6.5
09050	ほしひじき ステンレス釜 乾	60	100	42	47	100	67	21	74	22
09045	湯通し塩蔵わかめ 塩抜き 生	57	100	71	49	110	62	23	73	25

巻末資料

10 魚介類

食品番号	食品名	イソロイシン	ロイシン	リシン	含硫アミノ酸	芳香族アミノ酸	トレオニン	トリプトファン	バリン	ヒスチジン
10003	まあじ 皮つき 生	52	91	110	47	88	57	13	59	47
10044	かたくちいわし 生	54	91	110	49	89	57	13	63	60
10047	まいわし 生	56	93	110	46	90	58	13	64	61
10055	しらす干し 微乾燥品	53	94	110	46	94	60	15	63	31
10092	かつお類 加工品 削り節	55	93	100	47	92	60	16	64	75
10100	まがれい 生	54	95	110	48	88	59	13	60	29
10134	しろさけ 生	54	90	110	49	89	60	13	63	53
10139	しろさけ 塩ざけ	51	88	110	47	87	58	14	61	30
10154	まさば 生	54	89	100	51	87	58	13	64	73
10182	からふとししゃも 生干し	58	96	93	51	91	58	16	72	30
10192	まだい 天然 生	58	95	110	48	90	59	13	64	31
10241	ぶり 成魚 生	56	90	110	49	87	56	14	63	91
10253	くろまぐろ 天然 赤身 生	54	90	100	46	84	55	13	61	110
10254	くろまぐろ 天然 脂身 生	54	88	110	47	86	54	13	63	100
10281	あさり 生	48	81	84	45	86	52	12	54	25
10427	あわび くろあわび 生	39	72	60	36	68	52	10	44	16
10292	かき 養殖 生	49	78	85	47	88	59	13	55	28
10297	しじみ 生	51	80	91	47	97	76	17	64	30
10328	しばえび 生	53	91	93	51	88	46	13	53	23
10333	毛がに 生	49	82	85	44	86	53	11	52	26
10417	するめいか 胴 皮つき 生	53	90	91	47	83	51	12	51	33
10361	まだこ 生	53	88	55	39	81	51	11	52	27
10379	蒸しかまぼこ	58	94	110	48	82	53	12	61	24

11 肉類

食品番号	食品名	イソロイシン	ロイシン	リシン	含硫アミノ酸	芳香族アミノ酸	トレオニン	トリプトファン	バリン	ヒスチジン
11020	うし 和牛肉 もも 皮下脂肪なし 生	55	96	110	46	91	57	15	59	48
11089	うし ひき肉 生	50	90	110	41	85	54	13	55	42
11092	うし 肝臓 生	53	110	92	47	100	55	17	71	35
11129	ぶた 大型種肉 ばら 脂身つき 生	49	88	95	39	85	53	12	57	41
11131	もも 皮下脂肪なし 生	54	94	100	47	90	57	15	60	50
11140	ヒレ 赤肉 生	56	94	110	46	92	59	16	61	48
11163	ぶた ひき肉 生	49	88	96	42	84	54	13	55	44
11166	ぶた 肝臓 生	54	110	89	50	100	57	17	71	33
11176	ぶた ハム類 ロースハム	47	94	89	48	88	57	14	60	46
11183	ぶた ベーコン類 ばらベーコン	53	91	97	38	86	55	14	60	43
11186	ぶた ソーセージ類 ウインナーソーセージ	45	86	90	39	80	52	12	55	40
11198	ぶた ゼラチン	14	34	42	9.8	26	23	0.1	31	7.8
11220	にわとり 若どり むね 皮なし 生	56	93	100	46	88	57	15	59	61
11221	もも 皮つき 生	51	88	98	43	84	54	13	55	41
11227	ささみ 生	59	97	110	47	90	58	15	61	39
11230	にわとり ひき肉 生	52	89	99	44	86	55	14	57	49
11232	にわとり 肝臓 生	55	100	90	48	100	59	17	69	34

12 卵類

食品番号	食品名	イソロイシン	ロイシン	リシン	含硫アミノ酸	芳香族アミノ酸	トレオニン	トリプトファン	バリン	ヒスチジン
12002	うずら卵 全卵 生	60	100	85	71	110	66	16	76	34
12004	鶏卵 全卵 生	58	98	84	63	110	54	17	73	30
12010	鶏卵 卵黄 生	60	100	89	50	100	61	17	69	31
12014	鶏卵 卵白 生	59	96	77	71	120	54	18	78	30

13 乳類

食品番号	食品名	イソロイシン	ロイシン	リシン	含硫アミノ酸	芳香族アミノ酸	トレオニン	トリプトファン	バリン	ヒスチジン
13003	普通牛乳	58	110	91	36	110	51	16	71	31
13005	加工乳 低脂肪	56	110	91	36	110	51	15	69	31
13011	乳児用調製粉乳	68	110	91	48	84	65	15	74	28
13014	クリーム 乳脂肪	56	110	89	41	110	57	14	68	32
13025	ヨーグルト 全脂無糖	59	110	91	36	120	54	15	75	34
13040	チーズ類 プロセスチーズ	59	110	91	36	120	54	14	75	34
13043	アイスクリーム 普通脂肪	58	110	89	35	110	55	15	71	32
13051	人乳	63	120	74	47	100	53	18	69	31

14 油脂類

食品番号	食品名	イソロイシン	ロイシン	リシン	含硫アミノ酸	芳香族アミノ酸	トレオニン	トリプトファン	バリン	ヒスチジン
14017	無発酵バター 有塩バター	56	110	88	40	100	51	13	72	34
14020	マーガリン 家庭用 有塩	58	110	88	37	110	53	9.8	71	33

16 し好飲料類

食品番号	食品名	イソロイシン	ロイシン	リシン	含硫アミノ酸	芳香族アミノ酸	トレオニン	トリプトファン	バリン	ヒスチジン
16001	清酒 普通酒	43	69	39	27	95	45	4.0	66	34
16006	ビール 淡色	30	42	38	41	84	33	17	53	36
16025	みりん 本みりん	49	89	41	12	77	46	6.4	74	30
16048	ココア ピュアココア	45	78	46	45	110	56	19	71	25

17 調味料及び香辛料類

食品番号	食品名	イソロイシン	ロイシン	リシン	含硫アミノ酸	芳香族アミノ酸	トレオニン	トリプトファン	バリン	ヒスチジン
17001	ウスターソース	28	36	43	10	44	31	0.4	40	18
17002	中濃ソース	34	48	46	18	60	40	3.1	48	26
17007	こいくちしょうゆ	62	91	69	26	70	53	2.9	67	27
17008	うすくちしょうゆ	60	88	66	30	66	51	2.7	66	29
17019	かつおだし 荒節	22	45	73	20	38	28	4.2	31	470
17036	トマトケチャップ	22	33	32	16	52	32	6.1	24	19
17042	マヨネーズ 全卵型	46	76	65	43	81	47	9.5	57	25
17043	マヨネーズ 卵黄型	53	89	76	46	92	55	12	64	28
17044	米みそ 甘みそ	54	95	58	31	110	49	14	62	33
17046	米みそ 赤色辛みそ	60	96	62	34	110	50	14	66	31
17047	麦みそ	55	91	51	38	90	49	14	62	29
17082	酵母 パン酵母 圧搾	61	89	96	37	100	65	16	72	28

18 調理済み流通食品類

食品番号	食品名	イソロイシン	ロイシン	リシン	含硫アミノ酸	芳香族アミノ酸	トレオニン	トリプトファン	バリン	ヒスチジン
18002	ぎょうざ	47	79	57	39	79	40	12	54	27

●アミノ酸価

アミノ酸とはアミノ酸の種類と量を評価して，たんぱく質の栄養価を決めるものである。人にとって理想的なアミノ酸組成（アミノ酸評点パターン）を100とし，食品に含まれるアミノ酸の含量と比較して最も数値の低いアミノ酸を第一制限アミノ酸といい，その数値がアミノ酸価である。

●アミノ酸価の求め方

$$アミノ酸価＝\frac{第一制限アミノ酸量（mg/gたんぱく質）}{アミノ酸評点パターンの同アミノ酸量（mg/gたんぱく質）}×100$$

●アミノ酸価の計算方法（食パンと牛乳の場合）

食パンの場合，リシンは23で，アミノ酸評点パターンの45に満たないので，リシンが制限アミノ酸であり，かつ第一制限アミノ酸である。リシンのアミノ酸評点パターン（A）に対するたんぱく質1gあたりのアミノ酸量（B）の比率（B/A×100）は51であり，これが食パンのアミノ酸価となる。牛乳の場合，全ての必須アミノ酸はアミノ酸評点パターンの数値以上なので，牛乳のアミノ酸価は100である（右図）。

		食パンの場合			牛乳の場合		
		たんぱく質1g当たりのアミノ酸量（mg）		アミノ酸評点パターンに対する比率（B/A×100）	たんぱく質1g当たりのアミノ酸量（mg）		アミノ酸評点パターンに対する比率（B/A×100）
		アミノ酸評点パターン（A）	食パン（B）		アミノ酸評点パターン（A）	牛乳（B）	
必須アミノ酸	イソロイシン	30	42	140	30	58	193
	ロイシン	59	81	137	59	110	186
	リシン	45	23	51	45	91	202
	含硫アミノ酸	22	42	191	22	36	164
	芳香族アミノ酸	38	96	253	38	110	289
	トレオニン	23	33	143	23	51	222
	トリプトファン	6	12	200	6	16	267
	バリン	39	48	123	39	71	182
	ヒスチジン	15	27	180	15	31	207
第一制限アミノ酸			リシン			ー	
アミノ酸価			51			100	

注）アミノ酸評点パターンは成人のもの。（「WHO/FAO/UNU合同専門協議会報告」2007年）

●資料提供取材協力

㈱アールシーコア／愛知絞販売㈱／青木畳店／明石市こども健康センター／アサヒ飲料㈱／朝日新聞社／味の素㈱／アパレルファッション／㈱アフロ／アヲハタ㈱／㈱イケヒコ・コーポレーション／内堀醸造㈱／エースコック㈱／江崎グリコ㈱／NHK放送文化研究所／㈱NTTデータ／大久保 健志／大塚食品㈱／大塚製薬㈱／㈱偕成社／花王㈱／㈲家政教育社／片岡物産㈱／かどや製油㈱／カルビー㈱／川崎市立日本民家園／(特非)「環境・持続社会」研究センター／黄桜㈱／キユーピー㈱／教育図書㈱／京染卸商業組合／極東産機㈱／キリンビバレッジ㈱／金融広報中央委員会／宮内庁京都事務所／京王聖蹟桜ヶ丘ショッピングセンター／㈱K.U.T都市建築研究所／㈱好学社／㈱興建社／㈱講談社／国際アグリバイオ事業団／国分㈱／㈱コプラス／(特非)コレクティブハウジング社／(一社)コンピュータエンターテインメント協会／(福)恩賜財団 済生会／㈱さが美／産経新聞社／サントリー食品インターナショナル㈱／静岡新聞社／シャボン玉石けん㈱／㈱シェアスタイル／㈱旬報社／㈱祥伝社／少年写真新聞社／ストックフォト／㈱すばる舎／セコム㈱／全国児童相談所長会／大建工業㈱／タカオカ 邦彦／宝酒造㈱／㈱太郎二郎社／築地書館㈱／テーブルマーク㈱／㈱電通ダイバーシティ・ラボ／東京新聞社／東京都医師会／㈱童心社／㈱東洋経済新報社／東洋水産㈱／㈱トキワ商事／徳島新聞社／㈱戸田屋商店／中西 新太郎／㈱中村屋／西陣織工業組合／西脇畳敷物店／日清食品冷凍㈱／㈱ニチレイフーズ／日清オイリオグループ㈱／日清食品㈱／日清製粉㈱／㈱ニップン／(公財)ニッポンドットコム／日本経済新聞社／日本ケンタッキー・フライド・チキン㈱／日本小児健康協会／日本水産㈱／日本性教育協会／日本マクドナルド㈱／日本民藝館／(公財)日本ユニセフ／野村総合研究所／ハーゲンダッツ ジャパン㈱／㈱Virtusize／ハインツ日本㈱／㈱VACAVO／㈱花岡／P&Gジャパン(同)／日比野 光敏／廣瀬 雄一／㈱福音館書店／(特非)ふくしま30年プロジェクト／ブルドックソース㈱／㈱平凡社／ベネッセ教育総合研究所／㈱マーナ／毎日新聞社／松井 郁夫／㈱マルハニチロ食品／(福)修敬会 三田保育園／南 和行／美濃焼伝統産業会館／明星食品㈱／㈱明治／㈱明治屋／㈱芽ばえ社／㈱モスフードサービス／森田 洋／森永製菓㈱／森永乳業㈱／㈱ヤクルト本社／山崎製パン㈱／湯浅 誠／雪印メグミルク㈱／㈱ライオン／㈱ライフネット難波／㈱リクルート進学総研／㈱リクルートマーケティングパートナーズ／龍仁窯／㈱良品計画／森林・林業学習館／㈱ロッテリア／わかさ生活／amanaimages／photolibrary／pixta／shutterstock／TNM Image Archives／Wikipedia

●デザインレイアウトイラスト

表紙デザイン　　相羽裕太
目次レイアウト　㈱明昌堂
本文レイアウト　㈱明昌堂
表紙イラスト　　町田季句
本文イラスト　　ありよしきなこ／川野郁代／ソフトウェーブ㈱／町田季句／㈱明昌堂